FP **3**級

テキスト & 問題集

マイナビ出版
FP試験対策
プロジェクト

マイナビ

は　じ　め　に

この度は『スゴい！だけじゃない!! FP 3 級 テキスト＆問題集 2024-2025 年版』を手にして頂き、ありがとうございます。本書は、FP 資格の登竜門である FP 3 級の取得に向けて「いかにわかりやすく、楽しく勉強できるか」そして「無理なく合格ができるか」に重点を置いて作りました。

本書ではイラストや図解、あるいは表組で要点を整理できて、そのまま「イメージ」が頭に残りやすいように工夫しました。
文章による説明だけではすんなり頭に入りにくい部分を補足して、「ああ、なるほど！」と簡単に理解できるようにしてあります。

難解な書き方を避け、「要はこういうことですよ」とパッと頭に入ることができるように何度もページ全体を改良してきました。理解が進むような項目の順番や、長い説明にならないような工夫を随所に散りばめています。

2024 年度（2024 年 6 月）からは、FP 3 級の試験がすべて「CBT 方式」になります。本書は、購入者の方への特典として「CBT 体験プログラム」が付いています。過去の本試験で出題されたオーソドックスな頻出問題を模擬試験の形にまとめて別途制作しました（学科＆実技 3 種）。
「CBT 方式」の試験は、当日に得点がわかりますので、すぐさま FP 2 級チャレンジへの意欲が高まることを願っています。

マイナビ出版
FP試験対策プロジェクト一同

『スゴい！だけじゃない!!
　FP 3 級 予想模試』もあるからね！
合わせて勉強してね！

FP（ファイナンシャル・プランナー）資格の試験制度ってどうなってるの？

FPの資格は2種類あります

FP資格とひとことでいっても、国家資格のFP技能士（1級〜3級）と、民間資格のAFP資格とCFP®資格があります。

FP技能士 （1級〜3級）	国家資格で、有効期限などはなく更新の必要はありません。3級から受検し、合格により2級、1級と順に受けていきます。※1
AFP・CFP®	日本FP協会認定の民間資格。 AFPとその上位資格であるCFP®があります。有効期限があるため定期的に更新する必要があります。※2

試験の実施団体も2つあります

● 一般社団法人　金融財政事情研究会（金財）
　URL：https://www.kinzai.or.jp/fp

● NPO法人　日本ファイナンシャル・プランナーズ協会（日本FP協会）
　URL：https://www.jafp.or.jp

試験は学科試験と実技試験に分かれ、それぞれで合否判定されますが、両方合格して3級FP技能士取得となります。学科試験は2団体共通ですが、実技試験の内容は実施団体と種目によって異なります。

学科試験	2団体共通	
実技試験	金財	「個人資産相談業務」「保険顧客資産相談業務」
	日本FP協会	「資産設計提案業務」

FP資格受検の流れ

3級合格が2級の、2級合格が1級の受検資格ですよ!

```
┌─────────────────┐        ┌─────────────────┐
│   国家資格       │        │  日本FP協会      │
│  FP技能士        │        │  認定資格        │
│ (1級～3級)       │        │ AFP・CFP®       │
│  試験実施団体    │        │  試験実施団体    │
│ 金財・日本FP協会 │        │  日本FP協会      │
└─────────────────┘        └─────────────────┘
```

3級FP技能士受検

合格

AFP認定研修受講修了で2級受検資格取得

2級FP技能士受検

2級FP技能士合格後にAFP認定研修受講

AFP認定研修受講・修了

AFP取得

合格

1級学科試験が免除されます

1級FP技能士受検

CFP®受検

※1 FP技能検定2級は、FP3級技能検定の合格者以外でも以下のいずれかに該当していれば受検できます。
　　①FP業務に関して2年以上の実務経験を有する者※
　　②日本FP協会が認定するAFP認定研修を修了した者
　　③厚生労働省認定金融渉外技能審査3級の合格者
　　※FP業務に関する実務経験とは、資産の設計・運用・管理及びこれらに関わる相談業務、コンサルティング業務に携わった経験を指します。自己申告制（第三者による証明は不要）です。
※2 AFP：Affiliated Financial Planner（アフィリエイテッド ファイナンシャル プランナー）
　　CFP®：Certified Financial Planner（サーティファイド ファイナンシャル プランナー）

試験の出題内容と合格基準

学科試験は6つの分野全てから出題されますが、実技試験は実施団体と出題種目によって異なります。実技試験の出題種目は、金財が2種類、日本FP協会は1種類で、これら3種類の出題種目の中から1つを選びます。

3級金財の場合

種目		出題形式	合格基準	試験時間
学科試験		60問 ○×式30問・三答択一式30問	60点満点で 36点以上	90分
実技試験	個人資産 相談業務	15問 (事例形式5題)	50点満点で 30点以上	60分
	保険顧客 資産相談業務			

3級日本FP協会の場合

種目		出題形式	合格基準	試験時間
学科試験		60問 ○×式30問・三答択一式30問	60点満点で 36点以上	90分
実技試験	資産設計 提案業務	20問 三答択一式	100点満点で 60点以上	60分

実技試験の出題種目と出題分野

出題分野 ＼ 実技試験	[金財] 個人資産相談業務	[金財] 保険顧客資産相談業務	[日本FP協会] 資産設計提案業務
ライフプランニングと 資金計画	●	●	●
リスク管理	×	●	●
金融資産運用	●	×	●
タックスプランニング	●	●	●
不動産	●	×	●
相続・事業承継	●	●	●

CBT方式試験で
受験しやすくなりました

2024年度からFP3級の試験は、CBT方式（Computer Based Testing）試験へ全面移行され、全国にあるテストセンターのパソコンで受検者が希望する日時で受検できるようになりました。

試験日程 2024年5月1日現在

試験日（配信日）	受検申請（試験予約）	合格発表（予定）
2024年 6月1日～ 6月30日	2024年 3月1日～試験日3日前	7月12日（金）
2024年 7月1日～ 7月31日	2024年 4月1日～試験日3日前	8月15日（木）
2024年 8月1日～ 8月31日	2024年 5月1日～試験日3日前	9月13日（金）
2024年 9月1日～ 9月30日	2024年 6月1日～試験日3日前	10月15日（火）
2024年 10月1日～10月31日	2024年 7月1日～試験日3日前	11月15日（金）
2024年 11月1日～11月30日	2024年 8月1日～試験日3日前	12月13日（金）
2024年 12月1日～12月26日	2024年 9月1日～試験日3日前	1月17日（金）
2025年 1月7日～ 1月31日	2024年 10月1日～試験日3日前	2月14日（金）
2025年 2月1日～ 2月28日	2024年 11月1日～試験日3日前	3月14日（金）
2025年 3月1日～ 3月31日	CBT試験 休止期間	
2025年4月1日～5月31日（予）	2025年1月～ 試験日3日前（予）	5・6月中旬（予）

※試験日程は変更される場合がありますので、最新の情報は各試験団体のホームページにてご確認ください。
※2025年4月以降の日程は未発表のため予定となります。

ここに注意！ **法令基準日**

法令に基づく試験問題は「法令基準日」時点で既に施行（法令の効力発効）されているものを基準として出題されます。
2024年6月～2025年5月実施試験の法令基準日は、2024年4月1日です。
毎年、法律の改正がありますので、最新のテキストや問題集で学習しましょう。
※本書は、2024年4月1日現在の法令に基づいて作成しています。

初めてCBT試験を受検される方へ
FP3級CBT方式試験 受検の流れ
学習の前に受検の申込から合格発表までの流れを確認しておきましょう！

1 事前確認

受検の申込をする前に以下の内容を確認しておきましょう。　check!

| 実技試験の受検種目を決める | ☐ |

受検会場（テストセンター）を確認
▶試験団体のホームページからテストセンターを検索　☐

受検日と受検時間帯を決める
▶学科試験と実技試験は同日でも別日でもOK　☐

受検手数料の支払い方法を決める
▶学科・実技 各4,000円（非課税）※別途事務手数料がかかります
▶クレジットカード払い又はコンビニ払い、Pay-easyなど　☐

マイページアカウント用メールアドレスを準備
▶受検するためには受検者ページアカウントの作成が必要です　☐

2 受検申請（試験予約）

❶ **試験実施団体のホームページから受検申請ページにアクセス**
▶一般社団法人　金融財政事情研究会（金財）
　URL：https://www.kinzai.or.jp/fp
▶NPO法人　日本ファイナンシャル・プランナーズ協会（日本FP協会）
　URL：https://www.jafp.or.jp/exam/

登録は
慎重に！

❷ **受検者ページアカウントの作成**
受検者氏名・生年月日・メールアドレスを登録します。

❸ **受検会場（テストセンター）、受検日時を指定して予約**

❹ **受検手数料の決済方法を選択**
決済が完了すると登録したメールアドレス宛に予約完了の確認メールが届きます。

3 試験当日の流れと注意事項

試験当日に必要なもの：本人確認書類（顔写真付き）

受検票は送付されません。予約完了時の確認メールに試験日程・会場のご案内、注意事項が明記されているので、必ず確認しましょう！

❶ **試験開始30分〜15分前までに会場に到着する**

❷ **受付に本人確認書類を提示する**
- ・本人確認後、荷物はすべて受検会場（テストセンター）設置の指定されたロッカーに預けます。
- ・携帯電話、筆記用具、電卓などは持込できません。
- ・計算問題については、試験画面上に表示される電卓機能を利用します。

❸ **試験会場へ入室**
指定されたパソコンにて受検する。

❹ **試験終了後、スコアレポートを受け取る**
試験終了後、受付でスコアレポート（得点が表示）を受け取る。

試験当日に
得点状況がわかるよ！

4 合格発表

受検日の翌月中旬頃を目処に合格発表があります。
合否はマイページで確認することもできます。

合格者には合格発表日翌日頃に試験実施団体より
合否通知書兼一部合格証書が、
総合合格（学科試験と実技試験の両方合格）と
なった方には合格証書が郵送されます。

圧倒的に効率の良い試験の受け方！

● FP3級　学科試験

何も勉強しなくても25問は正解できる!?

3級の学科試験の合格基準は6割です。

ということは、60問中36問正解すれば合格ということです。学科試験は60問ありますが、そのうち30問は○×問題です。2択問題ですから、何も勉強しなくても50%は正解できる確率になります。全部○、あるいは全部×を選んでも、30問中の15問正解が取れます。

続いて残りの30問ですが、これは3択問題です。これもまた、何も勉強せずに受けても10問は正解が取れる確率になりますね。

さあ、そうするとこれだけで25問正解が取れることになります。合格基準の36問正解まで、あと11問です。これさえ攻略できれば、もう合格です！

この11問を正解するためには、3択問題の30問をしっかり勉強する必要があります。各分野の基礎問題を確実に押さえましょう。

Point!

「ライフプランニングと資金計画」は
実技試験でも多く出題される分野なので
特に重点的に学習しましょう！

36問
正解すればいいんだ！

実施団体によっては勉強しなくてもいい分野がある！

学科試験は共通ですが、実技問題は実施団体別に計3種類あります。「どれが簡単か」ということはありませんが、それぞれの傾向があるので、自分の得意分野から見て判断するのがよいでしょう。

●金財

個人資産相談業務

「リスク管理」以外の分野から万遍なく出題されます。特に年金の計算に比重を置いていますから、計算式をしっかり覚えておく必要があります。特徴としては「リスク管理」の分野は出題されない、ということです。

保険顧客資産相談業務

保険に特化しているので、ちょっと特殊な試験です。保険業に携わっている人や、将来仕事で関わりたいという人向けです。ただ、「金融資産運用」と「不動産」の分野からは出題されません。6分野中4分野だけ押さえられればいいのですが、社会保険・民間保険・所得税・相続税とのつながりを考えながら学習する必要があります。

●日本FP協会

資産設計提案業務

6分野すべてから出題されます。ただ、「ライフプランニングと資金計画」から出題される問題が多く、その割合は3～4割近く。6割で合格なので、よく出る問題を徹底的に勉強すればかなり合格基準に近づけます。

がんばらずに合格る！
勉強の5カ条

決めつけた
例文は怪しもう！

① 問題文に「常に」「必ず」があったら×と思え！

物事には必ず例外があります。したがって「常に」「必ず」と決めつけた例文はひっかけ問題になっている可能性が高いです。もちろん、このルールにもさらに例外があり「クーリング・オフは必ず書面で通知する」など、正しいものもあります。もし、わからない問題に出会ったときの非常手段として、頭に入れておいてください。

関連法規の
改正には注意だね！

② あまり古い過去問は見ない

FP試験は、毎年法律の改正にもとづいて内容が変わります。古い過去問で勉強してしまうと間違った知識で覚えてしまう可能性があります。裏を返せば、新しく改正された法律は出題される可能性が高い、ということです。過去問は常に新しいものを選ぶようにしましょう。

法令基準日を
確認してね。

覚えるのが
少なくて済むよ！

③ 「間違い」を暗記する

正しい例文を覚えるより、間違いを覚えた方が効率がいいです。例えば、健康な人のレントゲン写真から病気を見つけるのは難しいもの。同じように正しい例文を覚えようとしても、きりがないのです。むしろ「よく出る間違い」を覚えたほうが楽ちんですよ。

分野と分野の
連携で理解しよう

④ 全分野を横断的に学習する

まず、全体にザーッと目を通してから、分野と分野の関係性を見ながら勉強しましょう。特に税金はあらゆる分野と関わってきますから、「タックスプランニング」と「リスク管理」「不動産」などを行ったり来たりしながら勉強していくと包括的に理解が進みます。

FPは専門士業と
連携するからね

⑤ あまり深入りしない

FPの仕事は広く浅く、さまざまなジャンルに関わっていきます。しかし、社会保険は社労士の、税金は税理士の、不動産は宅建士などの領域ですから、深く関わろうとするときりがありません。それよりも基礎を広く学ぶことが大事です。

広く浅くね！

スゴい！ だけじゃない!!
合格メソッド

 ## テキストを読む

テキストは、6つの「STAGE（分野）」があり、さらに細かく
「LESSON」に分かれています。

各LESSONの最初の
1コママンガは、これ
から学習する内容がイ
メージできます

重要なポイント、覚え
ておくべき事柄など
は、ピックアップして
紹介

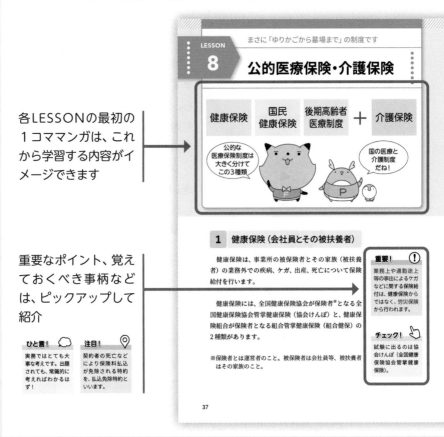

LESSON 8

まさに「ゆりかごから墓場まで」の制度です

公的医療保険・介護保険

健康保険　国民健康保険　後期高齢者医療制度　＋　介護保険

公的な医療保険制度は大きく分けてこの3種類

国の医療と介護制度だね！

1　健康保険（会社員とその被扶養者）

　健康保険は、事業所の被保険者とその家族（被扶養者）の業務外での疾病、ケガ、出産、死亡について保険給付を行います。

　健康保険には、全国健康保険協会が保険者※となる全国健康保険協会管掌健康保険（協会けんぽ）と、健康保険組合が保険者となる組合管掌健康保険（組合健保）の2種類があります。

※保険者とは運営者のこと。被保険者は会社員等、被扶養者はその家族のこと。

重要! ①
業務上や通勤途上等の事由によるケガなどに関する保険給付は、健康保険からではなく、労災保険から行われます。

チェック! 👆
試験に出るのは協会けんぽ（全国健康保険協会管掌健康保険）。

ひと言! ☁
実務ではとても大事な考えです。出題されても、常識的に考えればわかるはず！

注目! ◉
契約者の死亡などにより保険料払込が免除される特約を、払込免除特約といいます。

37

本書はテキストと問題集一体型なので、学習と実践のステップを効率よく進めることができます。さらに、読者の方限定で提供するCBT試験体験プログラムを活用すればしっかり本試験対策ができます。

押さえておきたい重要事項は、「特別講義」や４コママンガでフォローします

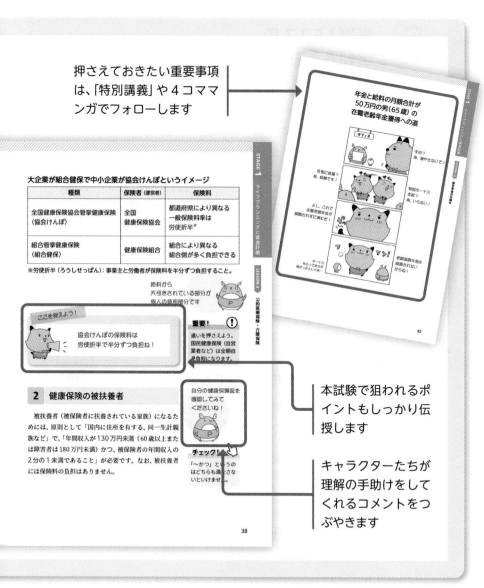

本試験で狙われるポイントもしっかり伝授します

キャラクターたちが理解の手助けをしてくれるコメントをつぶやきます

「1STAGE読み終わったら、
問題集を解く」を繰り返す

厳選！FP3級
学科＆実技問題集を解く

過去の出題傾向から選んだ重要な選択肢と設問を「STAGE」別に収録しています。問題は「LESSON」順に掲載されているので、テキストで学んだ内容を復習するのに役立ちます。

学科問題の★の数は過去10回のペーパー試験での出題傾向からみた重要度を表しています

繰り返し解いてね！

だけじゃない！

全問WEBアプリ対応でいつでも復習できます！

読者特典 1

厳選問題集はアプリを使って、パソコンやスマートフォンなどでも学習できます。復習やスキマ時間の学習に活用しましょう！
【アプリ配信期間】
2024年6月1日〜2025年5月31日

↓ パソコンの方は特設サイトから
「FP3級 厳選問題集」をクリック

https://sugoibook.jp/fp

 だけじゃない!

 Step 3

CBT試験体験プログラムで シミュレーション！

 読者特典 **2**

CBT試験対策として「CBT試験体験プログラム」を読者の方限定で
学科試験と実技試験（3種）を配信します。
自宅模試としてチャレンジしてみましょう。

CBT試験体験版で 確認すること！

☑ 現在の実力をはかる

☑ CBT試験の画面に慣れる
（電卓の使い方など）

☑ ミスの傾向や時間配分の
コツをつかむ

☑ 不得意なまま残されている
分野や論点を発見する

CBT試験体験版は
パソコンで受検してね

〈CBT試験体験版の利用方法〉
①パソコンから特設サイトにアクセス https://sugoibook.jp/fp
②メニューから「FP3級 CBT模試」をクリック

〈CBT試験体験版配信期間〉 2024年6月1日〜2025年5月31日

予想問題集も
あります！

Step 4

さらに多くの問題に挑戦したい方は、学科も実技（3種）も
3回分収載した「スゴい！だけじゃない!! FP3級 徹底分
析！予想模試」（別売り）を解き、合格を確実にしましょ
う！CBTプログラムが全3回フル装備です。

CONTENTS

STAGE 3 金融資産運用 ……………………………… 163

ライフプランニングと
資金計画

ここで学ぶ内容です！

ライフプランニングの基本

ライフプランニングと
三大必要資金

社会保険制度

公的年金制度

企業の年金制度

※年金額は新規裁定の額です。

傾向と対策

🔵学🔵科🔵試🔵験 全分野中、最も重要な分野

公的年金、社会保険制度の範囲から、半数近く出題されます。雇用保険の基本手当、健康保険の任意継続被保険者や傷病手当金、国民年金などは押さえておきましょう。住宅資金や教育資金では、同じ論点が頻出されていますので、得点源にしましょう。関連法規は毎回出題、6つの係数は学科でも頻出されています。確定拠出年金も押さえておきましょう。

🔵実🔵技🔵試🔵験 受検先別の傾向と対策

【金財　個人資産相談業務】

公的年金からは、特に老齢基礎年金の計算問題や、繰上げ・繰下げ、遺族年金が出題されます。老後の年金を増やす制度、健康保険の傷病手当金や高額療養費制度も出題されます。

【金財　保険顧客資産相談業務】

個人資産相談業務と同様に、公的年金の老齢基礎年金の計算問題が出題されます。老齢厚生年金（報酬比例部分）、老後の年金を増やす制度、遺族年金、公的医療保険、公的介護保険も出題されます。

【日本FP協会　資産設計提案業務】

6つの係数を使った問題、キャッシュフロー表の空欄補充問題、個人バランスシートの純資産額、係数計算は必ず出題されます。
公的年金の老齢給付や遺族給付、健康保険の傷病手当金や高額療養費も出題されます。

ライフプランニングとは

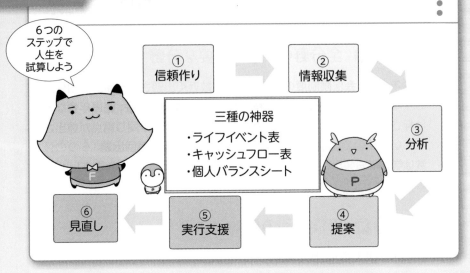

6つの
ステップで
人生を
試算しよう

① 信頼作り → ② 情報収集

三種の神器
・ライフイベント表
・キャッシュフロー表
・個人バランスシート

③ 分析

⑥ 見直し ← ⑤ 実行支援 ← ④ 提案

1 ライフプランニングとは

　ライフプランニングとは人生設計のことをいいます。夢やイベントを実現するために、いつ・いくら必要かを数値や表を使って分析します。

注目!

ひとりひとりの人生における価値観や生きがいをライフデザインといいます。

2 ライフイベントとは

　結婚、出産、子どもの進学、マイホームの取得、退職など、一生における出来事をライフイベントといいます。

三大必要資金

教育資金

住宅資金

老後資金

3　三大必要資金って？

　人生を辿っていくと、大きなお金を必要とする時期が3回あります。子どもが生まれたら教育資金が必要ですし、家族が増えたら住宅も必要でしょう。そして、定年後からの老後のお金。ライフイベントにはさまざまありますが、**教育資金、住宅資金、老後資金**は人生の三大必要資金といわれます。これらの基準を踏まえた上で人生設計をしていくのがライフプランニングなのです。

4　顧客の人生を把握する

　ライフプランニングをするとき、顧客がどんな人生を歩もうとしているかを徹底的にヒアリングする必要があります。個人情報のやりとりがありますから、顧客との信頼関係をしっかり作り上げる必要があります。ファイナンシャル・プランナー（FP）のスタートは、まずは信頼づくりからといっても過言ではありません。

注目！

結婚をするか・しないか、子どもは欲しいか、ということから現在の給与、貯金までを把握するのですから、信頼関係が第一なのです。

5 　ライフプランニング6つのステップ

　ライフプランニングは、以下の6つのステップで行います。

| Step 1 | 顧客と信頼関係を作る |

↓

| Step 2 | 顧客の状況や希望、目標を聞く |
| | 情報（データ）の収集。 |

↓

| Step 3 | 顧客の現状の問題点を分析する |
| | ライフイベント表、キャッシュフロー表、個人バランスシートなどを作成する。 |

↓

| Step 4 | プラン（提案書）を作って、顧客に説明する |
| | 提案書の検討・作成と、提示。 |

↓

| Step 5 | プランの実行を支援する |
| | プランを前に進める。 |

↓

| Step 6 | プランを定期的に見直す |
| | 顧客の状況、経済状況、制度の変更などに応じて見直す。 |

注目!

ライフイベント表、キャッシュフロー表、個人バランスシートの三大ツールをここで作成します。

人生には予定の変更が付きもの！
定期的な見直しをすることで
現状とのズレを修正していきます

6　ライフプランニングの三種の神器

　ライフプランニングを行うときには、**ライフイベント表**、**キャッシュフロー表**、**個人バランスシート**を用います。

7　ライフイベント表

　ライフイベント表とは、家族のイベントと必要な資金を時系列でまとめた表をいいます。

車の買換え時期や
子どもの入学・卒業
などを書き込みます

経過年数	現在	1	2	3	4	5	6	7	8
年齢									
鳥野 春夫様	40	41	42	43	44	45	46	47	48
夏子様	39	40	41	42	43	44	45	46	47
秋美様	7	8	9	10	11	12	13	14	15
冬太様	2	3	4	5	6	7	8	9	10
ライフイベント									
鳥野 春夫様		マイホーム	車買換え						車買換え
夏子様		パート			正社員				
秋美様						中学校入学			高校入学
冬太様		幼稚園入園	現在価値を入れる！		小学校入学				
必要資金		1,000万円	170万円		30万円	20万円			220万円

8 キャッシュフロー表

キャッシュフロー表は、現在の収支や今後のライフイベントをもとに、将来の収支や貯蓄残高の推移を分析するツールです。そのため、給与や物価などは、変動を加味した**将来価値**で記入します。

鳥野様のキャッシュフロー表

単位（万円）

	経過年数 ⑤変動率		現在	1	2	3	4	5	6	7	8
❶年間収入	収入										
	給与収入（春夫様）	1%	700	707[*4]	714[*5]	721[*6]	728	736	743	750	758
	給与収入（夏子様）			90	90	90	90	90	90	90	90
	その他										100
	収入合計		700	797	804	811	818	826	833	840	948
❷年間支出	支出										
	基本生活費	1%	350	354	357	361	364	368	372	375	379
	住居費		180	180	180	180	180	180	180	180	180
	教育費	2%	20	40	41	42	44	68	69	70	72
	イベント費			1,000	100	420	24	30			30
	その他	1%	15	15	15	21	50	16	16	16	16
	支出合計		565	1,589	693	1,024	662	662	637	641	677
	❸年間収支		135	−792	111	−213	156	164	196	199	271
	❹貯蓄残高	1%	1,200	420[*1]	535[*2]	327[*3]	486	655	858	1,066	1,348

キャッシュフロー表に必要な項目

❶ **年間収入** … 年間収入に入れる金額は実際に使える収入（一般的に可処分所得という）を記入

公式	可処分所得 ＝ 年収 − （所得税 ＋ 住民税 ＋ 社会保険料）

年収から引くのは
社会保険料！
生命保険料は引かないでね！

可処分所得とは？
　年収（額面の金額）から、所得税、住民税、社会保険料を引いた、使えるお金のこと。3つ以外はマイナスしないように注意！

❷ 年間支出 … 基本生活費など支出金額を記入
❸ 年間収支 … ❶－❷
❹ 貯蓄残高 … その年の貯蓄残高を記入

公式	その年の貯蓄残高＝ 前年の貯蓄残高×（1＋変動率）＋❸その年の年間収支

＊1　1年後：1,200万円×（1＋0.01）－792万円＝420万円
＊2　2年後：420万円×（1＋0.01）＋111万円≒535万円
＊3　3年後：535万円×（1＋0.01）－213万円≒327万円

❺ 変 動 率 … 昇給率、物価変動率など変化の割合

変動率が設定してある項目は
変動率を用いて計算する！

公式	n 年後の金額 ＝ 現在の金額 ×（1 ＋変動率）^{n}

＊4　1年後：700万円×（1＋0.01）＝707万円
＊5　2年後：700万円×（1＋0.01）^{2}≒714万円
＊6　3年後：700万円×（1＋0.01）^{3}≒721万円

ライフ・イベント表に入れる数値は「現在価値」（今の金額）
キャッシュフロー表に入れる数値は「将来価値」（将来の金額）

9　個人バランスシート

　個人バランスシートとは、ある時点での資産や負債の
バランスを分析するツールです。資産には**時価**を入れ、
負債にはその時点での**残高（残債）**を記入します。資産
から負債を引いたものが純資産となります。

個人バランスシート

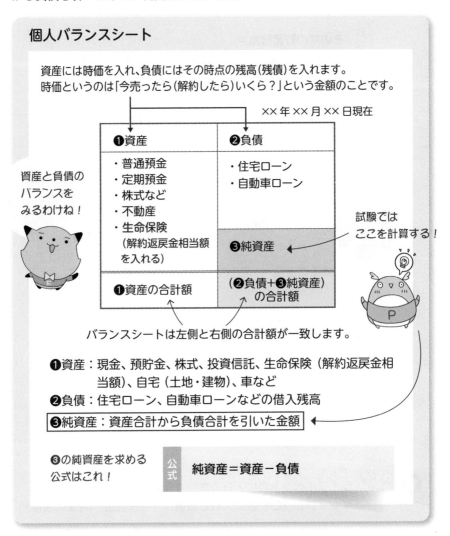

資産には時価を入れ、負債にはその時点の残高(残債)を入れます。
時価というのは「今売ったら(解約したら)いくら?」という金額のことです。

××年××月××日現在

❶資産	❷負債
・普通預金 ・定期預金 ・株式など ・不動産 ・生命保険 　(解約返戻金相当額 　を入れる)	・住宅ローン ・自動車ローン ❸純資産
❶資産の合計額	(❷負債+❸純資産) の合計額

資産と負債の
バランスを
みるわけね!

試験では
ここを計算する!

バランスシートは左側と右側の合計額が一致します。

❶資産：現金、預貯金、株式、投資信託、生命保険(解約返戻金相
　　　　当額)、自宅(土地・建物)、車など
❷負債：住宅ローン、自動車ローンなどの借入残高
❸純資産：資産合計から負債合計を引いた金額

❸の純資産を求める
公式はこれ!

公式　純資産＝資産－負債

ライフプランニングの基本はこの3つね！

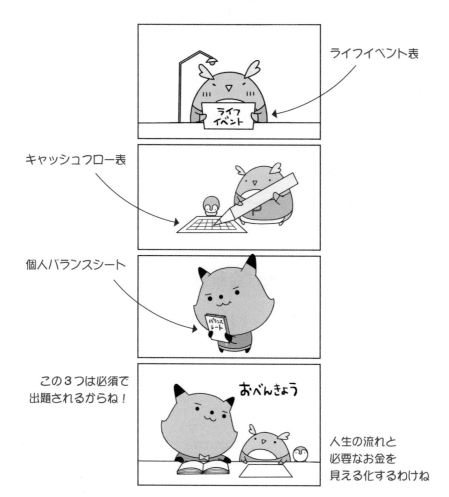

ライフイベント表

キャッシュフロー表

個人バランスシート

この3つは必須で出題されるからね！

おべんきょう

人生の流れと必要なお金を見える化するわけね

LESSON 2

6つの係数

人生設計の試算に必要な 6つの係数はこちら

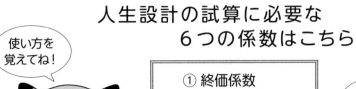

使い方を覚えてね！

6つだね

① 終価係数
② 現価係数
③ 年金終価係数
④ 減債基金係数
⑤ 資本回収係数
⑥ 年金現価係数

1 決まった数字を使って金額を出します

　様々なお金のシミュレーションをするときに次の6つの係数を使います。「どの係数を使うか」さえわかれば、係数表の利率と交差する数字を使って簡単に求めたい金額（貯金残高、必要なお金など）を算出できます。

ここは大切なところだから頑張ろう！

係数表（期間5年の場合）

係数＼利率	1%	2%	3%	4%	5%
終価係数	1.0510	1.1041	1.1593	1.2167	1.2763
現価係数	0.9515	0.9057	0.8626	0.8219	0.7835
年金終価係数	5.1010	5.2040	5.3091	5.4163	5.5256
減債基金係数	0.1960	0.1922	0.1884	0.1846	0.1810
資本回収係数	0.2060	0.2122	0.2184	0.2246	0.2310
年金現価係数	4.8534	4.7135	4.5797	4.4518	4.3295

覚えるのは
この6つの係数の
使い方だけ！
係数表は問題文に
付いてきます

例えば…

5年後に
100万円
貯めたい！

年利率2％で複利運用するとして毎年いくら
積み立てたらよいか？

上記の係数表を使って求めてみましょう！

積み立て額を求める減債基金係数と2％が交
差する0.1922を使います

100万円 × 0.1922 ＝ 192,200円

6 つの係数、その内容と使い方

① 終価係数

現在の金額（一時金）を複利運用した場合の、一定期間後の金額を求める係数

（例）100万円の元本を年利率2％で複利運用すると5年後いくらになるか？
100万円×1.1041（終価係数）＝1,104,100円

② 現価係数

毎年複利運用して、一定期間後に一定金額を貯めるために必要な元本（一時金）を求める係数

（例）5年後に100万円にしたい場合、
年利率2％で複利運用すると、今いくらあればよいか？
100万円×0.9057（現価係数）＝905,700円

③ 年金終価係数

毎年複利運用しながら、一定金額を積み立てた場合の、一定期間後の元利合計額を求める係数

（例）年利率2％の複利運用で毎年10万円を5年間積み立てると、5年後の合計はいくらになるか？
10万円×5.2040（年金終価係数）＝520,400円

④ 減債基金係数

毎年複利運用しながら、一定期間後に一定金額を貯めるための、毎年の積立額を求める係数

（例）5年後に100万円を貯めるために、年利率2％で複利運用するとして毎年いくら積み立てればよいか？
100万円×0.1922（減債基金係数）＝192,200円

⑤ 資本回収係数

今ある金額を毎年複利運用しながら、一定期間にわたって一定金額を取り崩す場合の毎年の受取額を求める係数

（例）1,000万円を年利率2％で複利運用しながら5年間で均等に取り崩した場合、毎年いくら受け取れるか？
1,000万円×0.2122（資本回収係数）＝2,122,000円

⑥ 年金現価係数

毎年複利運用しながら、将来の一定期間にわたって一定金額を受け取るために必要な元本を求める係数

（例）年利率2％で複利運用し、毎年100万円の年金を5年間受け取るためには元本がいくらあればよいか？
100万円×4.7135（年金現価係数）＝4,713,500円

フローチャート式

特別講義

6つの係数、どれ使う? 判定法

| ① 終価係数 | ② 現価係数 | ③ 年金終価係数 |
| ④ 減債基金係数 | ⑤ 資本回収係数 | ⑥ 年金現価係数 |

最初に、「求めるのは一時金か? 毎年の金額か?」を判定しましょう。
一時金なら「いつの時点の額?」+「コツコツ年金で? それとも一時金で?」、
毎年の金額なら「それは積立額? 取り崩し額?」で判定します。

START!

求めたいのは 一時金 か 毎年の金額 か?

一時金を求める場合

❶ 一時金は、いつの時点の額?

・将来の額なら
　➡「終了時点」だから「終」の付く係数…「○○終価係数」

・今の額なら
　➡「現時点」だから「現」の付く係数…「○○現価係数」

毎年の金額を求める場合

❸ 毎年の積立額? それとも毎年の取り崩し額?

▶「積立」➡ "毎年積み立て基金"の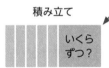

積み立て　いくらずつ?　資産

▶「取り崩し」➡ "毎年資本取り崩し"の

資産　取り崩す　いくらずつ?

基金に積み立てる、
資本回収するから
取り崩し、なんだねー

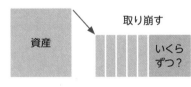

15

そして
さらに！

❷ コツコツ年金で？ それとも一時金で？

コツコツ年金（一定金額）なら → 「年金○○係数」

▶ コツコツ積み立てて**将来**の額（つまり**終了時点**）
  → ③ **年金終価係数**

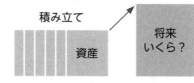

積み立て

資産

将来
いくら？

▶ コツコツ取り崩すために必要な**現時点**の額
  → ⑥ **年金現価係数**

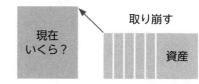

現在
いくら？

取り崩す

資産

現時点も将来も一時金同士なら → 「年金」が付かない

▶ 一定期間後（つまり**終了時点**）の金額を求める
  → ① **終価係数**

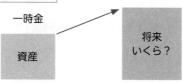

一時金

資産

将来
いくら？

▶ 一定金額を貯めるために必要な**現時点**の額
  → ② **現価係数**

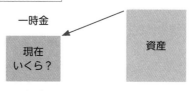

一時金

現在
いくら？

資産

では、実際に判定してみよう！

例1）住宅資金の頭金にするために、一定の利率で複利運用しながら毎年10万円を積み立てた場合、5年後の元利合計額はいくらになる？

> **ここで求めたいのは元利合計額**
>
> ↳ **ということは「一時金」です！**
>
> ❶ いつの時点の額？
>   …5年後（つまり将来）だから→「〇〇**終価**係数」
>
> ❷ コツコツ年金？一時金？
>   …**毎年**10万円→「毎年」とあるからコツコツ**年金**ですね！
>
> ↳ 「年金終価係数」を使います

例2）一定の利率で複利運用して10年後に教育資金300万円を得るために、運用開始時点で必要な元金はいくら？

> **ここで求めたいのは必要な元金**
>
> ↳ **ということは「一時金」です！**
>
> ❶ いつの時点の額？
>   …運用開始時点（つまり現時点）→「〇〇**現価**係数」
>
> ❷ コツコツ年金？一時金？
>   …教育資金300万円→「一時金」
>
> ↳ 「現価係数」を使います

わからなくなったら
前ページのフローチャートを
今一度確認して！

例3）一定の利率で複利運用しながら20年後に老後資金1,000万円を得るために必要な毎年の積立額はいくら？

求めたいのは毎年の積立額

→ ここで前ページの❸を見て！
「**毎年・積立**」のキーワードがあったら

➡ "毎年積み立て基金"の「減債基金係数」を使います

最終的に
求められているのが
積立なのに注目しよう！

例4）退職金1,000万円を今後5年間の生活費に充てるため、一定の利率で複利運用しながら均等に取り崩すとしたら、毎年受け取れる額はいくら？

求めたいのは毎年受け取れる額

→ ここで前ページの❸を見て！
「**取り崩す**」のキーワードがあったら

➡ "毎年資本取り崩し"の「資本回収係数」を使います

こちらでは最終的に
求められているのが
毎年受け取れる＝取り崩す
だからこーなるわけだ！

出題の最後で
「何を求めなければならないか」を考えると
判定しやすいよ！

LESSON 3
ファイナンシャル・プランニングと倫理

1 FPという職業の基本ルール

　ファイナンシャル・プランニングを行うため、顧客は担当のFPを信頼して個人情報やプライベートの状況などを伝え、重要な相談を行います。そのためFPには、高い倫理観と、法を遵守する姿勢が求められます。ここでは、FPが持つべき職業倫理・モラルについて確認しておきましょう。

ひと言！

実務ではとても大事な考えです。出題されても、常識的に考えればわかるはず！

しっかり心に刻もう！

❶顧客利益の優先

FPはプランニング業務において、顧客の利益を最優先すべきであり、決してFPの利益を優先してはならない。

❷守秘義務の遵守

FPは一部の例外を除き、職業上知り得た情報を顧客の同意なく第三者に漏らしてはならない。

ここに注意！

▶「顧客の同意なく」というのがポイント。同意があれば、OKということ。FPは、職業上さまざまな専門領域に入っていくことが多いため、ほかの専門士業の方との連携が必要になります。資格がないとできない業務（独占業務）というものもあるので注意が必要。

アカウンタビリティともいいます

❸説明義務の遵守

FPはプランニングや商品販売に際して、顧客が適切な情報にもとづいて意思決定できるよう、十分に説明する必要がある。

３つだけなら覚えられるね

LESSON 4 ファイナンシャル・プランニングと関連法規

1 FPが侵してはいけない領域がある

　FPは、さまざまな領域に関わることが多い職種です。そのため、他の専門家との連携が必要になります。具体的には、税理士、弁護士などです。

FP業務に関連する法令と禁止事項はよく出題されます！

2 他の専門家の守備範囲を知ろう

　他の専門家にはそれぞれに「独占業務」や「注意事項」がありますので、各業法に違反しないように内容をよく理解しましょう。試験対策としては、この項目は「正誤問題」として出題されることが多いので、FPができることとできないことを区別しましょう。

ここはよく出題されるのでぜひ覚えておきましょう。

次のキーワードを押さえれば、8割程度の問題は攻略できるはず。一般的な説明、仮定の事例の説明は通常○。ただし弁護士法は一般の法律事務に該当しても×。「一般」という文字に釣られないように注意。保険業法と金融商品取引法には「内閣総理大臣の登録」というキーワードが出てきます。

税理士法

税理士資格のないFPは、業務として行う個別具体的な税務相談や税務書類の作成は、有償、無償を問わず禁止されている。

▶注意点は、無償（タダ）でやるのもダメということ。税制セミナーや仮定の事例にもとづいた計算や、一般的な税法の解釈などはOKです。

弁護士法

弁護士でないFPは、報酬を得る目的で一般の法律事務を行うことはできない。

▶法律の一般的な解説を行うことはOK。成年後見人や保佐人、補助人、任意後見契約の受任者などは資格不要なので要件を満たせばOKです。

保険業法

保険を募集するためには、内閣総理大臣の登録が必要。

▶保険募集は募集人、保険仲立人、金融サービス仲介業者のいずれかの登録を受けていることが必要です。一般の保険商品の仕組みの説明や保険の見直し相談はOKです。

社会保険労務士法

社会保険労務士でないFPは労働社会保険諸法令にもとづく具体的な手続きや書類の提出代行を行うことはできない。

▶年金の受給額の試算はOKです。

金融商品取引法

金融商品取引業者（投資助言・代理業者、投資運用業者）としての登録を受けていない者は、口頭・書面にかかわらず、投資判断の助言、投資一任契約はできない。

▶ここも保険業法と同じく、公開されているデータ（一般に入手可能なもの）や資料から説明するのはOKです。

3　FP業務と著作権法

その他にFPが気をつけなければならないのが著作権法です。執筆にあたって自分の著作物に他人の公表された著作物を引用することはできますが、著作権法違反とならないためには以下の要件を満たす必要があります。

資料作成の時は
注意しよう！

・引用が必要なものであり、引用の目的の上で正当な範囲内であること

・自分の作成した部分が「主」で、引用部分が「従」であること

・引用部分にカギかっこ（「　　」）をつけるなど区別できるようにすること

・出典、著作者名等を明記すること

FPの領域のまとめ

FPは他の士業の領域と
関わることが多いから、
その範囲を
侵さないように
しなくちゃ！

無償ならいっかー

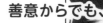

あのー
これなんですけど…

善意からでも、 うっかり
**こんなことしちゃ
ダメ！**

５つ＋１の関連法規をしっかり
把握しておいてね！

LESSON 5

教育資金計画

1 学資保険（こども保険）

　幼稚園から大学まで一般的に、子ども1人あたり1,000万円～2,000万円の教育資金が必要だといわれています。この金額は子どもの進路によって異なるものの、計画的に準備しておくことが必要です。中でも試験に出題されやすいのが「学資保険（こども保険）」です。

　学資保険（こども保険）は、子どもの進学に合わせて満期金や祝金を準備するための保険です。

学資保険と
こども保険は
同じ意味だよ！

この2つを覚えておこう！

①契約者（親など）が死亡、高度障害になった場合は以後の保険料払込は免除され、祝金や満期金はそのまま受け取れます。
②出生前加入特則がある商品は、出産前に加入できます。

注目！

契約者の死亡などにより保険料払込が免除される特約を、払込免除特約といいます。

万が一があっても進学を諦めなくていいんだ

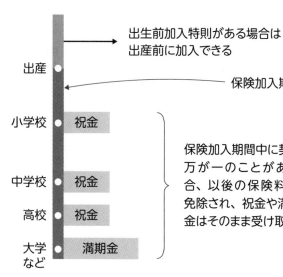

学資保険（こども保険）のイメージ図（祝金ありの場合）

出生前加入特則がある場合は出産前に加入できる

保険加入期間

保険加入期間中に契約者に万が一のことがあった場合、以後の保険料払込は免除され、祝金や満期保険金はそのまま受け取れる

出産
小学校　祝金
中学校　祝金
高校　祝金
大学など　満期金

2 国の教育ローン（教育一般貸付）

　教育一般貸付とは、国が日本政策金融公庫を通じて行う教育ローンのことで、次のような特徴があります。

融資限度額
　学生 1 人につき原則 350 万円
　（一部 450 万円まで）

- -

対象校
　高等学校、大学など（中学校以下は対象外）

- -

資金使途
　入学金や授業料のほかに、下宿費用、通学定期券代、受験費用、パソコン購入代など

- -

返済期間
　最長 18 年以内で固定金利
　（在学中は利息のみの返済も可）

ひと言！
資金使途は広いと覚えましょう。

注目！
教育一般貸付は、子の数に応じて所得制限があります。

3 日本学生支援機構の奨学金

　奨学金には、学生が卒業後に返済が必要な貸与型と、返済が不要な給付型があります。よく出題されるのは貸与型です。貸与型奨学金には次の 2 種類があります。どちらも保護者の収入（所得）による制限があります。

貸与型奨学金

第一種奨学金 … 無利子(利子がない) ですが、選考基準は厳しい!

第二種奨学金 … 有利子 (在学中は無利子) ですが、選考基準は緩やか

※貸与奨学金は、学生本人が借りて、学生本人が返します。返済は原則
　卒業後から行います。

教育ローンと貸与型奨学金の違いを覚えよう!

教育ローン　　　併用できる　　貸与型奨学金

一括貸与　　　　　　　　　　　月々定額の貸与
融資限度額 350 万円　　　　　　(区分によって異なる)
(海外留学、自宅外通学など、　第一種奨学金 無利子
一定の要件を満たす場合は　　　第二種奨学金 有利子
450 万円)　　　　　　　　　　(ただし、在学中は無利子)

借 → 原則保護者　　　　　　　　借 → 学生本人
返 → 原則保護者　　　　　　　　返 → 学生本人

入学

 固定金利は学生 1 人につき 350 万円、最長 18 年、
　　　　　　　　　　350　　18
　　　　　　　　固定金利で産後いーわ

よかったね!

STAGE **1** ライフプランニングと資金計画

LESSON 5 教育資金計画

LESSON 6

住宅資金計画

変動金利

住宅ローンと金利の
種類について学ぶよ！

固定金利

返済の種類と
繰上げ返済についても
覚えてね！

元金均等

元利均等

1 住宅ローンの金利の種類

住宅ローンの金利には、次の3つがあります。

固定金利

ローン当初の金利（フラット35では融資実行時点）が返済終了まで適用されます。

変動金利

半年ごとに年2回、金利が見直されます。金利が上昇しても5年間は返済額は同じままですが、返済の内訳（元金と利息）が変わります。金利が上昇しても、返済額の上限は、今までの1.25倍になります。

注目！

フラット35の金利の適用時期はよく出題されるポイント。申し込み時点ではないことに注意しましょう。

ひと言！

「金利見直し年2回、5年ルールと1.25倍ルール」と覚えておきましょう！

固定金利期間選択型

一定期間、固定金利が適用され、期間終了後に固定金利か変動金利かを選択できます。

2　住宅ローンの返済方法

住宅ローンの返済方法には次の2つがあります。住宅ローンにおける「元金（がんきん）」とは借りたお金のことで、借りたお金とは別に、金融機関に「利息」を支払う必要があります。

たった1文字違うだけなのに…

元利均等返済

返済終了まで、毎回の返済額（元金＋利息）が均等な返済方法。
当初は利息部分の返済が多いものの、期間の経過とともに減少する。

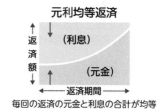

毎回の返済の元金と利息の合計が均等

元金均等返済

返済終了まで、毎回の返済額のうち「元金」の返済額が均等な返済方法。返済が進むと利息も減り、結果として毎回の返済額も減少する。

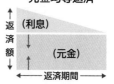

毎回の返済の元金の額が均等

Point!　金利や返済期間が同じ条件の場合、元利均等返済の方が借入残高の減り方が緩やかなため、返済総額は多くなります。

ひと言！

上の図の（　）の言葉を選ばせる問題が多いので、図とともに理解しておきましょう。

3　住宅ローンの繰上げ返済

　繰上げ返済とは、毎回の返済額とは別に、元金の一部
または全額を返済することです。予定よりも早く元金を
返済するので、その分、利息軽減効果があります。繰上
げ返済には、**期間短縮型**と**返済額軽減型**の２種類があり
ます。

ひと言！

試験では、期間短縮
型と返済額軽減型
の説明文が逆にな
っていて、その正誤
を正すような問題が
出題されたりします。

期間短縮型
　一部を繰上げ返済した後、返済額はそのまま
で、期間を短縮する方法。

返済額軽減型
　一部を繰上げ返済した後、返済期間はそのま
まで、毎回の返済額を軽減する方法。

２つの繰上げ返済方法

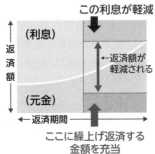

期間短縮型

この利息が軽減

（利息）

返済額

この期間が
短縮される

（元金）

←返済期間→

ここに繰上げ返済する
金額を充当

返済額軽減型

この利息が軽減

（利息）

返済額

返済額が
軽減される

（元金）

←返済期間→

ここに繰上げ返済する
金額を充当

同一条件なら、「期間短縮型」の方が利息軽減効果が高く
なります。

4 住宅ローンの借換え

　金利が今よりも高い時期に組んだ住宅ローンの場合、低金利の住宅ローンを新たに組み直した方が、返済額が少なくなることがあります。ただし、財形住宅融資などの公的融資は借換えには利用できません。フラット35などの民間のローンは借換えが可能です。なお、ローン設定にかかる費用等も再度かかります。

公的融資への借換えを認めると、
民間の仕事を公的機関が
奪うことになってしまうよね

5 代表的な住宅ローン（民間融資と公的融資）

　住宅ローンは、フラット35などの民間融資と、財形住宅融資などの公的融資に分かれます。

住宅金融支援機構は
公的なイメージだから間違えやすい！
フラット35は民間扱いと覚えておきましょう

フラット35（民間融資）
　住宅金融支援機構と民間金融機関などが提携して行っている住宅ローン。

財形住宅融資（公的融資）
　財形貯蓄を行っている人が一定の条件を満たした場合に、融資を受けることができる住宅ローン。

フラット35

融資条件	原則、申込時点で70歳未満
対象住宅	本人や親族が居住するための住宅
融資限度額	住宅取得価額、建設資金の10割まで（最高8,000万円）
金利	全期間固定金利（融資実行時点の金利を適用） 金利は取扱金融機関が独自に決定
借入期間	最長35年（完済時年齢は80歳以下）
その他	繰上げ返済手数料→無料 （窓口申込→100万円以上、ネット申込→10万円以上） 保証人、保証料は不要　借換え利用可

財形住宅融資

融資条件	1年以上財形貯蓄を継続して積立、50万円以上の残高がある
融資限度額	財形貯蓄残高の10倍以内（最高4,000万円）
金利	5年固定金利（5年ごとに見直し）

6 財形貯蓄制度

　財形貯蓄制度は、企業などに勤める勤労者が、給与天引きで行う貯蓄制度です。一般財形貯蓄、財形住宅貯蓄、財形年金貯蓄の3つがあります。いずれかを利用している場合、住宅購入時に財形住宅融資を受けることができます。

３つの財形貯蓄制度

	一般財形貯蓄	財形住宅貯蓄	財形年金貯蓄
目的	自由	住宅取得や増改築	60歳以降に５年以上の年金受取り
年齢要件	なし	55歳未満（申込時）	
積立期間	原則３年以上	原則５年以上 ※財形住宅貯蓄で住宅取得・増改築のための払出しの場合は５年未満でも可	
税金	課税	目的のために引き出す場合は非課税	
非課税枠	なし	貯蓄型は財形住宅貯蓄と財形年金貯蓄を合わせて、元利合計550万円までの利子等が非課税 保険型は合わせて払込保険料累計額550万円まで、かつ財形年金貯蓄の払込保険料385万円までの利子等が非課税	

財形貯蓄を担保に
住宅融資が受けられます

財形貯蓄の項目は、55、5、550と5が並んでいるのでここは覚えやすいよね！

7　貸金業法と住宅ローン

　貸金業法の総量規制によって、貸金業者からの借入れは「合計で年収の３分の１まで」とされています。ただし、住宅ローン、自動車ローン、銀行カードローンは総量規制の対象外です。

LESSON 7

国民全員が加入するから、絶対必要な知識！

社会保険の基本

社会保険はこの５つで構成されているよ！

医 療　介 護　年 金　労 災　雇 用

まずは
この５つを

頭に入れて
おこう！

1　社会保険の種類

　保険制度には、社会保険（公的保険）と民間保険（私的保険）があります。社会保険の定義には狭義（狭い意味）と広義（広い意味）の２つがあり、狭義の社会保険は医療保険、介護保険、年金保険（公的年金）を指します。広義では、労働保険である労災保険と雇用保険を含めて、社会保険と呼ぶこともあります。

まずは、５つの
社会保険を覚えよう！

社会保険（広義）				
社会保険（狭義）			労働保険	
医療保険 （健康保険制度）	介護保険	年金保険	労災保険	雇用保険

全体像を掴もう！

2　公的医療保険の概要

次のページで
じっくり説明するよ！

　公的医療保険には、被用者保険と地域保険があります。
さらに75歳以上になると、後期高齢者医療制度が設け
られています。

75歳未満	被用者保険	健康保険（会社員やその被扶養者）
		共済組合（公務員など）
	地域保険	国民健康保険（自営業者など）
75歳以上	後期高齢者医療制度	

ここで分かれるんだね

LESSON 8

公的医療保険・介護保険

健康保険　国民健康保険　後期高齢者医療制度　＋　介護保険

公的な医療保険制度は大きく分けてこの3種類

国の医療と介護制度だね！

1　健康保険（会社員とその被扶養者）

　健康保険は、事業所の被保険者とその家族（被扶養者）の業務外での疾病、ケガ、出産、死亡について保険給付を行います。

　健康保険には、全国健康保険協会が保険者※となる全国健康保険協会管掌健康保険（協会けんぽ）と、健康保険組合が保険者となる組合管掌健康保険（組合健保）の2種類があります。

※保険者とは運営者のこと。被保険者は会社員等、被扶養者はその家族のこと。

重要！

業務上や通勤途上等の事由によるケガなどに関する保険給付は、健康保険からではなく、労災保険から行われます。

チェック！

試験に出るのは協会けんぽ（全国健康保険協会管掌健康保険）。

大企業が組合健保で中小企業が協会けんぽというイメージ

種類	保険者（運営者）	保険料
全国健康保険協会管掌健康保険 （協会けんぽ）	全国 健康保険協会	都道府県により異なる 一般保険料率は 労使折半※
組合管掌健康保険 （組合健保）	健康保険組合	組合により異なる 組合側が多く負担できる

※労使折半（ろうしせっぱん）：事業主と労働者が保険料を半分ずつ負担すること。

給料から
天引きされている部分が
個人の負担部分です

ここを覚えよう！

協会けんぽの保険料は
労使折半で半分ずつ負担ね！

重要！

違いを押さえよう。
国民健康保険（自営
業者など）は全額自
己負担になります。

2　健康保険の被扶養者

　被扶養者（被保険者に扶養されている家族）になるた
めには、原則として「国内に住所を有する、同一生計親
族など」で、「年間収入が **130万円未満**（60歳以上また
は障害者は180万円未満）かつ、被保険者の年間収入の
2分の1未満であること」が必要です。なお、被扶養者
には保険料の負担はありません。

自分の健康保険証を
確認してみて
くださいね！

チェック！

「～かつ」というの
はどちらも満たさな
いといけません。

例えば…

この場合、妻は夫の扶養に入れる？
夫：会社員 年収 500 万円　　妻：パート 年収 80 万円

（解答）
年間収入が 130 万円未満かつ、夫の収入の 2 分の 1 未満になっているので、妻は被扶養者になれます。被扶養者になると妻自身は健康保険料の負担がありません。
※例外もあり

3 国民健康保険の加入対象者

　自営業者や未就業者など、都道府県に住所がある人で、75 歳未満のすべての人は国民健康保険制度に加入しなければなりません。ただし、健康保険などの被保険者・被扶養者、生活保護の受給者を除きます。

　国民健康保険は健康保険と違って「被扶養者」という概念はなく、加入者全員が「被保険者」になり、保険料がかかります。

　国民健康保険には、都道府県・市町村（特別区含む）の自治体が保険者となるものと、地域で同じ業種で組織された組合（国民健康保険組合）が保険者となるものがあります。

国民健康保険と
後期高齢者
医療制度には
「被扶養者」という
概念がないよ！

4 療養の給付

　健康保険の主な給付となるのが、療養の給付です。

　被保険者や被扶養者が医療機関で治療などを受けた場合に、窓口で支払う金額（一部負担金）の自己負担割合は、以下のように決まっており、残りの医療費は健康保険が負担します。

※被扶養者に対する給付は家族療養費といいます。

年齢	自己負担割合
小学校入学前まで	2割
小学校入学 ～ 70歳未満	3割
70歳以上 ～ 75歳未満	2割（現役並み所得者は3割）

自己負担割合の3割を
まず覚えましょう！

5 高額療養費制度

高額療養費制度は、同一月（1日から月末まで）にかかった医療費の一部負担金（窓口で支払った自己負担金）が一定の限度額（次ページ参照）を超える場合に、限度額を超えた部分が支給される制度です。なお、差額ベッド代や入院時の食事代は対象外です。

月をまたぐと
別計算になります

本試験はこう出る！

70歳未満で標準報酬月額が28万円〜50万円の人が、病院の窓口で1カ月間に30万円を支払った場合、高額療養費として戻ってくる金額はいくら？

> 計算式は
> 次ページを参照

（解答）
自己負担限度額 ＝ 80,100円＋（総医療費 － 267,000円）× 1%
これを超えた金額が戻ってくる。

80,100円＋（1,000,000円 － 267,000円）× 1%
80,100円＋7,330円 ＝ 87,430円
300,000円 － 87,430円 ＝ 212,570円

↓	↓	↓
窓口で 支払ったお金	自己負担 限度額	戻ってくるお金

ここに注意！

「総医療費」に入る金額は、「窓口で支払った金額」ではなく、自己負担が3割の場合、残りの7割を合計した10割の金額です。この場合は30万円÷0.3＝100万円を入れて計算します。
「総医療費」を30万円としないようにしましょう！

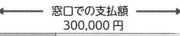

```
窓口での支払額
300,000円
```

自己負担限度額 87,430円	高額療養費（払い戻し）212,570円	療養の給付（療養費）700,000円

```
総医療費
1,000,000円
```

算出された87,430円が自己負担限度額です。これを超えた部分があとから戻ってくる金額です。

70歳未満の人の自己負担限度額

所得区分	自己負担限度額
標準報酬月額 83万円以上	252,600円 +（総医療費 − 842,000円）× 1%
標準報酬月額 53万円〜79万円	167,400円 +（総医療費 − 558,000円）× 1%
標準報酬月額 28万円〜50万円	80,100円 +（総医療費 − 267,000円）× 1%
標準報酬月額 26万円以下	57,600円
低所得者（住民税の非課税者など）	35,400円

試験では、計算式が与えられます！出題されるとすればここの区分です

※「標準報酬月額」は社会保険料の計算用に定められた報酬区分（等級）です。

6　傷病手当金

被保険者が病気やケガの療養のために、連続して3日以上休業して、給与が支払われていない場合、4日目から標準報酬日額相当額の3分の2が、支給開始日より通算で1年6カ月を限度に支給されます。

1日あたりの支給額の計算式はこのようになります

$$\left(\text{支給開始日の属する月以前の直近の継続した12カ月間の各月の標準報酬月額の平均}\right) \div 30日 \times \frac{2}{3}$$

FP試験では分数を問われることが多いです。健康保険では3分の2、年金では4分の3になることが多いですよ！

1年6カ月経過後は障害年金に切り替わるとイメージしましょう

待期3日間の考え方

休 (出) 休 休 (出) (出) 休 休 (出) 休 …待期完成せず。

休 休 休 (出) 休 休 休 休 休 休
待期完成　　　傷病手当金受給

休 休 (出) 休 休 休 休 休 休 休
　　待期完成　　　傷病手当金受給

連続して3日って？
↓
休業した期間について給与の支払いがないこと。

43

7 出産手当金

被保険者が出産のために仕事を休み、その期間に給与が支払われない場合、**出産予定日以前 42 日間、出産日後 56 日間**の範囲で、休業 1 日につき標準報酬日額相当額の 3 分の 2 が支給されます。

注目!

「標準報酬日額相当額の 3 分の 2」の計算式は、P.43 の傷病手当金の項目を見てください。

8 出産育児一時金・家族出産育児一時金

被保険者や被扶養者が出産した場合に、1 児につき 50 万円が支給されます（産科医療補償制度に加入している医療機関での出産の場合）。

1 児につきなので、多胎出産の場合はそれぞれ支給されます。したがって、双子の場合は 2 倍支給されますよ！

9 埋葬料・家族埋葬料

被保険者や被扶養者が死亡した場合、埋葬を行う一定の家族に 5 万円が支給されます。

10　国民健康保険の給付内容

　国民健康保険には給与という概念がないので、給与の代わりである傷病手当金や出産手当金は、健康保険とは異なり、原則として支給されません。

健康保険との違いを確認しておこう！

給付内容	健康保険	国民健康保険
療養の給付	○	○
高額療養費	○	○
傷病手当金	○	×
出産手当金	○	×
出産育児一時金	○	○
埋葬料	○	○

11　任意継続被保険者

　会社を退職するなどして、被保険者が健康保険の資格を喪失した場合も、本人が希望すれば最長2年間、健康保険の被保険者になることができます。これを任意継続被保険者（にんいけいぞくひほけんしゃ）と呼びます。

　任意継続被保険者となるには、次の2つの要件を満たす必要があります。

ひと言！

任意継続被保険者の保険料は全額自己負担になります。また、任意継続被保険者に要件を満たす家族がいる場合は、被扶養者にすることができます。

①継続して2カ月以上の被保険者期間があること
②資格喪失日（退職日の翌日）から20日以内に
　申し出をすること

覚え方　任意継続は、2年・2カ月・20日

2が続くから覚えやすいよね！

会社を退職したら？

就職する場合
　別の会社に再就職→就職先の健康保険制度

就職しない場合（次の①～③のいずれか）
　①任意継続被保険者になる（最長2年）
　②国民健康保険に加入する
　③家族の健康保険の被扶養者となる（一定の要件を満たす場合）

12 後期高齢者医療制度

　75歳以上になるとすべての人が、健康保険の被保険者や被扶養者、国民健康保険の被保険者の資格を喪失し、**後期高齢者医療制度**の被保険者となります。

　後期高齢者医療制度の被保険者の場合、自己負担金（一部負担金）の割合は原則1割、一定以上収入のある人は2割、現役並み所得者は3割負担です。

注目！

一定の条件を満たす障害者の場合、後期高齢者医療制度の被保険者となるのは65歳以上です。

75歳未満と75歳以上で、後期高齢者か否かが分けられる、というのを覚えておこう！

13　公的介護保険の基本

　公的介護保険の保険者は市（区）町村です。40歳以上65歳未満の第2号被保険者と、65歳以上の第1号被保険者の2種類に分かれています。

公的介護保険制度のあらましはこれ！

	第2号被保険者	第1号被保険者
被保険者	40歳以上65歳未満	65歳以上
受給できる人	加齢に起因する特定疾病（初老認知症、脳血管疾患、末期がんなど）により要介護、要支援と認定された人	原因を問わず、要介護、要支援と認定された人
保険料	医療保険料に上乗せして徴収（協会けんぽの保険料率は全国一律）	原則として公的年金から徴収（公的年金が年額18万円以上の場合）
利用者負担割合	1割	1割（高所得者は2割or3割）

公的介護保険のメインは高齢者。
だから65歳以上が第1号ですよ！

ここが間違えやすい！

介護保険の第2号被保険者は交通事故などにより介護状態になっても給付を受けることはできません。

14 要介護認定

公的介護保険の給付を受けるためには、**市（区）町村**の認定を受ける必要があります。要介護認定は、介護の度合いに応じて**7段階**に分かれます。要支援は1→2、要介護は1→5の順番で状態が重くなります。要支援の人が受けられるサービスを**予防給付**、要介護の人が受けられるサービスのことを**介護給付**といいます。

要介護認定の流れ

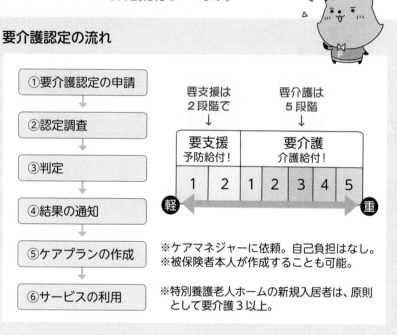

①要介護認定の申請
↓
②認定調査
↓
③判定
↓
④結果の通知
↓
⑤ケアプランの作成
↓
⑥サービスの利用

要支援は
2段階で
↓

要介護は
5段階
↓

要支援 予防給付！		要介護 介護給付！				
1	2	1	2	3	4	5

軽 ←————————————————————→ 重

※ケアマネジャーに依頼。自己負担はなし。
※被保険者本人が作成することも可能。

※特別養護老人ホームの新規入居者は、原則として要介護3以上。

労災保険・雇用保険

労災保険はこんなとき！

仕事中に
ケガをした…

保険料は事業主が
負担！

雇用保険はこんなとき！

失業した…

折半じゃ
ないけどね

保険料は
事業主と
被保険者が
負担！

1　労災保険（労働者災害補償保険）

　労災保険は、業務災害、通勤災害、複数業務要因災害による労働者の疾病、負傷、障害、介護、死亡について保険給付を行います。原則として、労働者を1人でも使用している会社は、強制的に適用事業者となります。

　正社員だけでなく、パートタイマー、アルバイトなどを含む**すべての労働者**に適用されます。**保険料は全額事業主負担**となり、事業の内容ごとに保険料率が決められています。

この2点をチェック！

・保険料は全額事業主負担
・保険料率は業種により異なる
（事務仕事と工事現場では、危険度が変わるため）

2 休業補償給付

労災保険の主な給付となる休業補償給付（休業給付）は、休業4日目から、1日につき給付基礎日額相当額の60％が支給されます。健康保険の傷病手当金は「連続して3日以上休業した場合」という条件でしたが、ここでは「連続」という文言がないことに注意しましょう。

注目！

療養補償給付は、原則、労災病院等で直接療養の給付が行われ、労働者の自己負担はありません。

3 雇用保険の概要

雇用保険は労働者が失業したときの給付や、再就職を手助けする保険です。原則、1週間の所定労働時間が20時間以上で31日以上の雇用見込みがある場合に被保険者となります。

パートやアルバイトでも被保険者となる場合があり、保険料は被保険者と事業主が負担します。

ひと言！

社長や役員は、雇用保険に加入することができません。

 健康保険料 → 原則労使折半（半分半分）
労災保険料 → 事業主が全額負担
雇用保険料 → 労使で負担（折半ではない）

窓口は
ハローワーク
ですよ！

雇用保険の失業等給付には、大別すると基本手当（求職者給付）、雇用継続給付、教育訓練給付、育児休業給付の4種類があります。

4　基本手当（求職者給付）

　雇用保険の被保険者が65歳未満で退職（離職）し、次の2つの受給資格要件（原則）を満たしたときには、基本手当（求職者給付）が支給されます。

①原則、離職日以前の2年間に、被保険者期間が通算12カ月以上あること。

②失業の状態にあり、ハローワーク（公共職業安定所）で求職の申し込みを行っていること。あくまで、働く意思があることが前提。

ひと言！

会社都合の退職の場合は、「離職日以前の1年間に通算6カ月以上、被保険者期間があること」が条件。「会社都合は半分になる」と覚えましょう。

「2年間に通算12カ月以上」は暗記しましょう！

5　所定給付日数

　基本手当がもらえる日数の上限のことを所定給付日数といいます。この所定給付日数は、自己都合退職や定年退職の場合は、算定基礎期間（被保険者期間）に応じて決まります。

自己都合退職・定年退職の場合の所定給付日数

算定基礎期間	1年未満	1年以上 10年未満	10年以上 20年未満	20年以上
所定給付日数	−	90日	120日	150日

2年間に
通算12カ月以上
ないですよね…

30日ずつ
増えていきます

基本手当のポイント

所定給付日数	所定給付日数（基本手当が支給される日数）は、離職の理由、年齢、被保険者期間によって異なる 被保険者期間20年以上の人が定年退職または自己都合により離職した場合は、最長150日
受給期間	原則として、離職した日の翌日から1年間 病気、ケガ、妊娠、出産、育児などにより、引き続き30日以上職業に就くことができないときは、さらに3年間延長可能（最長4年間）
待期期間	求職の申し込み後、7日間は待期期間となり、基本手当は支給されない
給付制限期間	自己都合退職の場合は5年間のうち2回までは、上記待期期間に加えて、原則2カ月の給付制限期間があり、その間は基本手当は支給されない ※5年間に3回以上離職をした場合は、3回目から給付制限期間が3カ月間になります

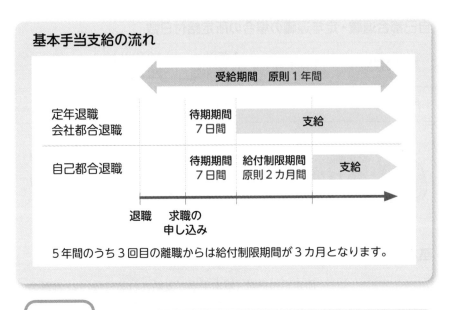

基本手当支給の流れ

受給期間　原則１年間

| 定年退職
会社都合退職 | 待期期間
７日間 | 支給 |
| 自己都合退職 | 待期期間
７日間 | 給付制限期間
原則２カ月間 | 支給 |

退職　　求職の
　　　　申し込み

５年間のうち３回目の離職からは給付制限期間が３カ月となります。

語呂合わせ

自己退職、いーな２カ月
自己都合退職
→受給１年（い）、待期７日（な）、給付制限２カ月

6　雇用継続給付

　高齢者や介護休業中の人に対して行う給付で、雇用の継続を促す目的があります。高年齢者の賃金低下を補う「高年齢雇用継続給付」は２つの給付金があります。

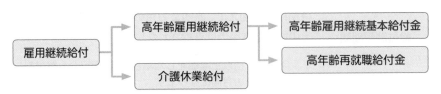

雇用継続給付 → 高年齢雇用継続給付 → 高年齢雇用継続基本給付金
　　　　　　　　　　　　　　　　　　→ 高年齢再就職給付金
　　　　　　　→ 介護休業給付

　ここではよく出題される**高年齢雇用継続給付**と介護休業給付について説明していきます。

高年齢 雇用継続給付	雇用保険の被保険者期間が5年以上ある60歳以上65歳未満の被保険者が、60歳以降の賃金の額が60歳到達時点の75％未満に低下すると、賃金の一定割合（最大15％相当額）が支給されます。 支給対象期間：60歳到達月〜65歳到達月まで
介護休業給付	介護休業給付は、一定の家族※を介護するために休業する場合に、休業前賃金の67％相当額が支給されます（通算93日までとし、3回を上限に分割取得可能）。 ※配偶者、父母（配偶者の父母も含む）、子、祖父母、兄弟姉妹、孫など

7　教育訓練給付

　雇用の安定と就職の促進を図る目的で行う給付です。

一般教育訓練給付金

　厚生労働大臣が指定した一般教育訓練を自ら費用を負担して受講し、修了した場合に費用の20％相当額（上限額10万円）が支給されます。

8　育児休業給付

　雇用保険では、失業時だけでなく、育児中の被保険者に対する給付もあります。原則、育児休業開始前2年間に、被保険者期間が通算して12カ月以上ある被保険者が対象です。原則、1歳（最長2歳）になるまでの子を養育するために、育児休業を取得した場合の育児休業中、賃金が支払われない場合に休業前賃金の67％相当額（180日経過後は50％）が支給されます。

出生児育児休業（産後パパ育休）

男性の育児休業取得を促進するために、子の出生後8週間以内に28日を限度として、2回まで分割して休業を取得できる制度です。この期間には育児休業給付とは別に、「出生児育児休業給付金」が支給されます。給付割合は育児休業給付金と同じく休業前賃金の67％です。

高年齢雇用継続給付は5年、育児休業給付と介護休業給付は基本手当の受給要件（原則）と同じく2年間に通算12カ月の被保険者期間が必要だと覚えよう。

労災保険・雇用保険の まとめ

労災保険は
文字どおり
労働中のケガや
病気などの災難に
対するもの！

雇用保険は
まさに「雇用」に
関するものだから
失業・雇用継続や
育休に対する
ものだね

それぞれ
給付条件が
違うから
そこをしっかり
押さえてね

自分がケガや
失業した場合を
想定して考えると、
勉強にも
熱が入るよ！

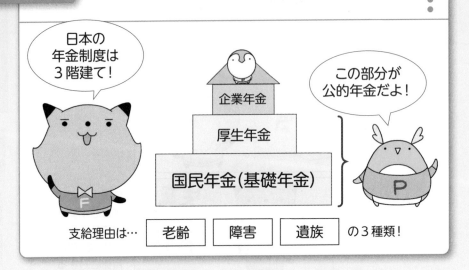

LESSON 10
公的年金の仕組み

1 公的年金とは

公的年金には「国民年金」と「厚生年金」の2種類があります。国民年金は、原則20歳以上60歳未満のすべての人が加入するものなので、厚生年金に加入している企業の会社員や公務員も加入しています。つまり、厚生年金の加入者は、2つに加入していることになります。

国民年金への加入は国民の義務です

国民年金	日本国内に住む原則20歳以上60歳未満のすべての人が加入します
厚生年金	民間企業の会社員や公務員など、どこかに勤務している人が加入します

2 年金制度の全体像

　年金制度は、よく"家"に例えられます。年金制度を家に例えると、全部で3階建てになっています。そのうち、公的年金は、1階部分の「国民年金」（基礎年金）と、2階部分の「厚生年金」になっています。3階部分は、企業などが運営する「企業年金」です。

この3階建て構造をよーく覚えておこう！

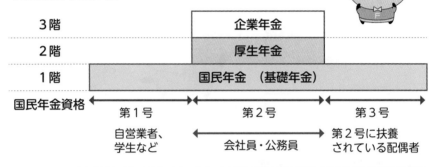

年金制度の全体像

	3階		企業年金	
	2階		厚生年金	
	1階	国民年金　（基礎年金）		

国民年金資格

第1号	第2号	第3号
自営業者、学生など	会社員・公務員	第2号に扶養されている配偶者

国民年金被保険者	第1号	第2号	第3号
対象者	自営業者や学生など	会社員・公務員	第2号に扶養されている配偶者
年齢要件	20歳以上60歳未満	なし	20歳以上60歳未満
国内居住要件	あり	なし	あり（原則）
保険料	2024年度は月額16,980円	厚生年金保険から拠出→労使折半（事業主と従業員が半分ずつ支払う）	なし

Point!

　第3号被保険者（第2号に扶養されている配偶者）には20歳以上60歳未満の年齢要件があります。保険料の負担はありません。

LESSON 11

国民年金の仕組み

1 国民年金（1階部分）

公的年金の給付には、**老齢給付**、**障害給付**、**遺族給付**の3つがあります。そのうち、老後の生活を支えてくれるのが国民年金の老齢給付である老齢基礎年金です。国民年金には、国籍を問わず日本国内に住所を有する**20歳以上60歳未満**のすべての人が加入します。この加入している人を、「被保険者」（強制加入被保険者）といい、次のように3種類あります。

国籍に関係なく
日本に居住していれば
国民年金の被保険者に
なります

国民年金の被保険者の種類

被保険者	第1号	第2号	第3号
対象者	自営業者や学生など	会社員、公務員	第2号に扶養されている配偶者

2号も3号も国民年金の被保険者だよ！

2 国民年金の保険料

　国民年金の被保険者は第1号～第3号の3種類に分かれており、第1号被保険者は納付書や口座振替などで保険料を納付します。第2号被保険者は厚生年金保険料（国民年金保険料の分も含まれている）を給与天引きされます。第3号被保険者自身の保険料負担はありません。

第1号被保険者	
対象	日本国内に住所がある20歳以上60歳未満で、第2号被保険者、第3号被保険者に該当しない人
保険料	2024年度は月額16,980円（定額、毎年度見直しあり）
対象者	自営業者、学生など

2号3号以外は全員1号なんだね…

第2号被保険者	
対象	厚生年金の被保険者※ → **20歳未満で就職した場合なども被保険者となる** ※ただし、65歳以上で老齢年金の受給権を有すると、第2号被保険者の資格を失います
保険料	・厚生年金保険料に含まれているため国民年金保険料を別途納める必要はありません(**国民年金保険料も払ったことになる**) ・保険料は労使折半(事業主と従業員が半分ずつ負担)
対象者	会社員、公務員

第3号被保険者	
対象	第2号被保険者の被扶養配偶者で20歳以上60歳未満の人
保険料	保険料の負担はありません → **国民年金保険料は払ったことになる**
対象者	・会社員や公務員の配偶者

 2号も3号も国民年金の1階部分の被保険者になっていることを意識しよう!

3 第3号被保険者(被扶養配偶者)の要件

被保険者に扶養されている「被扶養者配偶者」になるためには、原則として同一生計で、年間収入が130万円未満であることが必要です。

この要件は
原則として健康保険の
被扶養者と同じです

4 保険料の納付（前納、滞納時）

　国民年金の保険料の納付期限は、原則として翌月末日までです。ただし、**前納**（まとめて払う）をすると保険料が割引きされます。前納は、最高で**2年**分が可能です。

　また、保険料を**滞納**した場合は、過去にさかのぼって2年分まで納付することができます。

国民年金は前も後も2年！

2年		2年
滞納	国民年金	前納

5 国民年金の保険料の免除と猶予制度

　国民年金の保険料の納付が経済的に困難な**第1号被保険者**は、保険料の免除・猶予を受けることができます。免除制度には、「法定免除」と「申請免除（全額免除、3/4免除、半額免除、1/4免除）」などがあり、猶予制度には、「学生納付特例制度」と「保険料納付猶予制度」があります。

　免除・猶予を受けるには、本人と所定の家族の前年所得が一定額以下であることが必要ですが、「学生納付特例」は学生本人の所得だけが問われます。なお、免除、猶予期間の保険料は**10年以内**であれば「**追納**」（納付）することができます。

滞納、前納は
2年だけど
免除、猶予の
追納期間は10年！

保険料の免除・猶予制度

			要件	老齢基礎年金の 年金額への反映 （追納しない場合）	受給資格 期間への 算入※
免除制度	法定免除		障害基礎年金の受給者 や生活保護の生活扶助 を受けている人	所定の割合が 反映される	算入 される
	申請免除	全額免除	本人、配偶者、世帯主 の所得が一定額以下の 場合	免除割合に応じて 少し反映される	
		3/4免除			
		半額免除			
		1/4免除			
猶予制度	学生納付 特例制度		学生本人の所得が一定 額以下の場合	一切反映されない （合算対象期間扱い）	
	保険料納付 猶予制度		50歳未満の本人、およ び配偶者の所得が一定 額以下の場合		

※「受給資格期間」とは、年金を受け取るために最低限必要となる公的年金加入の期間のこと
です。

保険料の免除や猶予が承認された期間は、年金の受給
資格期間に算入されます。

6 国民年金の任意加入被保険者

　原則、日本国内に住所を有する**60歳以上65歳未満**
の人で、保険料を納付した期間が短く、受給資格期間が
足りない、または、満額（保険料40年間納付分）の年金
が受けられないなどの理由がある場合、65歳になるま
で国民年金に任意加入することができます。

国民年金の
おさらいをするよ！

国民年金は
前納することで
割引きされるよ

最長で2年分を
前納できるよ

滞納した場合は
2年分さかのぼって
納付できるよ

国民年金は前も後も2年！

2年		2年
	国民年金	
滞納		前納

でも、
免除・猶予の
追納期間は
10年だからね！

LESSON 12

老齢基礎年金の受給

受給資格期間

年金額

3つの期間合計が10年以上！

繰上げ・繰下げで支給額も変わるよ

計算問題が多いからね！

ここは公式を覚えよう！

1 老齢基礎年金の受給資格期間

　国民の老後の生活を支える老齢基礎年金を受給するためには、原則として、①**保険料納付済期間**、②**保険料免除期間**、③**合算対象期間**を合計した期間（受給資格期間）が、**10年以上**必要です。

試験に出る！
年金の給付は原則偶数月の15日に前2カ月分が支給されます！

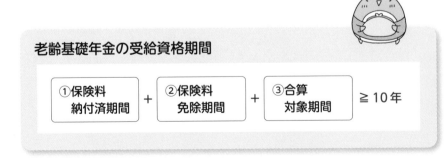

老齢基礎年金の受給資格期間

| ①保険料納付済期間 | + | ②保険料免除期間 | + | ③合算対象期間 | ≧ 10年 |

保険料 納付済期間	・第1号被保険者の全額納付した期間 ・第2号被保険者期間のうち20歳以上60歳未満の期間 ・第3号被保険者期間
保険料 免除期間	第1号被保険者の保険料免除、学生納付特例、納付猶予された期間のうち追納していない期間
合算対象期間	**受給資格期間に含まれるが、年金額の計算には反映されない期間** ・加入が任意とされた期間に被保険者にならなかった期間※ ・第2号被保険者期間のうち20歳未満および60歳以上の期間　　　　　　　　　　　　　　　　　　　　　　　　等

※例として、1986年3月以前に会社員や公務員の被扶養配偶者で国民年金に任意加入できた期間のうち任意加入しなかった期間

2　老齢基礎年金の年金額

　受給資格期間の**10年以上**を満たすと、年金制度の1階部分となる老齢基礎年金が給付されます。ここでは、もらえる年金額がいくらになるのか、について学んでいきます。

　原則として、20歳以上60歳未満の期間**480カ月**（40年間×12カ月）が、すべて保険料納付済期間であった場合、老齢基礎年金は満額となります。2024年度の満額の金額は816,000円です（毎年度改定されます）。

受給資格の
10年以上
というのは
暗記してください

老齢基礎年金の年金額計算式

・保険料免除期間がない場合

$$816{,}000\text{円} \times \frac{\text{保険料納付済期間}}{480\,\text{カ月}}$$

・保険料免除期間がある場合

$$816{,}000\text{円} \times \frac{\text{保険料納付済期間 ＋ 保険料免除期間（①＋②）}}{480\,\text{カ月}}$$

※保険料免除期間（①＋②）… ①と②は加入していた期間により計算が異なります。①と②は次のページの表で解説します。

合算対象期間は年金を受給するための受給資格期間には入れることができますが、老齢基礎年金の年金額には算入されないので計算には登場しません。

保険料免除期間①と②の解説

　法定免除および申請免除の期間は、時期によって年金額に反映される割合が異なります。

まずは
ここだけ覚えよう！

ビシ！
ッ

老齢基礎年金の年金額へ反映する割合（追納しない場合）

法定免除、申請免除	全額 免除期間	3/4 免除期間	半額 免除期間	1/4 免除期間
① 2009年3月まで	×1/3	×1/2	×2/3	×5/6
② 2009年4月以降	×1/2	×5/8	×3/4	×7/8

　例えば、20歳以上60歳未満の期間が
全額免除期間の場合でも、国が1/2負担して
くれているから、半分は年金がもらえることになります

（例）Aさんの老齢基礎年金額を試算

＜Aさんの公的年金加入歴（60歳までの見込み含む）＞

国民年金		
保険料 全額免除 期間	保険料 3/4免除 期間	保険料 納付済期間
40月	40月	400月

※免除期間は、すべて2009年4月以降とする。

$$816{,}000円 \times \frac{400月 + 40月 \times \dfrac{1}{2}（20月）+ 40月 \times \dfrac{5}{8}（25月）}{480月}$$

＝ 756,500円（端数がある場合、1円未満は四捨五入）

3 繰上げ支給と繰下げ支給

老齢基礎年金の受給開始年齢は、原則65歳からですが、希望すれば60歳から65歳になるまでの間、繰上げて（＝前倒し）受給できます。これを繰上げ支給といいます。ただし、繰上げ支給は一度請求すると変更や取り消しはできません。一方、65歳から受給せず、66歳から75歳になるまでの間、繰下げをして（＝遅らせて）受給もできます。これを繰下げ支給といいます。

ひと言！

繰上げ支給をする場合は、老齢基礎年金と老齢厚生年金を同時に請求しないといけません。

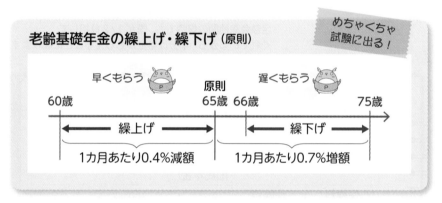

めちゃくちゃ試験に出る！

老齢基礎年金の繰上げ・繰下げ（原則）

早くもらう　原則　遅くもらう

60歳　　65歳　66歳　　75歳

繰上げ　　　繰下げ

1カ月あたり0.4％減額　　1カ月あたり0.7％増額

※繰上げ支給の減額率が0.4％になるのは2022年4月1日以降に60歳に到達する人です。

※75歳になるまで繰下げることができるのは2022年4月1日以降に70歳に到達する人です。

・65歳より早くもらいたい → 減額される
・66歳以降にもらいたい → 増額される

繰上げ支給と繰下げ支給の満額

繰上げ支給

・繰上げ請求した月から65歳になる前月までの月数 × 0.4％
　→1カ月繰上げるごとに0.4％ずつ減額

・最大の減額率 ＝ 60カ月 × 0.4％ ＝ 24％減額
　→満額の76％の年金が一生涯支給

60カ月は
12カ月×5年だよ！

繰下げ支給

・受給権を取得した月から繰下げの申出をした月の前月までの月数 × 0.7％
　→1カ月繰下げるごとに0.7％ずつ増額

・最大の増額率 ＝ 120カ月 × 0.7％ ＝ 84％増額
　→満額の184％の年金が一生涯支給

4 付加年金

　付加年金とは、自営業者などの国民年金の**第1号被保険者**、および65歳未満の任意加入被保険者向けの制度です。自営業者などは、年金が1階部分の老齢基礎年金のみになる場合があるので、国民年金保険料に付加保険料を上乗せして納付することで、原則65歳から老齢基礎年金に付加年金を加算できます。

払う方が 400 円、
もらう方が 200 円
金額が逆になって
よく出題されます
フフフ…

付加保険料と付加年金の金額

付加保険料 → 月額 400 円
付加年金の年金額 → 月額 200 円×付加保険料の納付済期間

付加保険料と付加年金の収支

【支払う金額】→ 上乗せして支払った総支払額
付加保険料を 20 歳から 60 歳になるまでの 40 年間納付した場合
400 円 × 12 カ月 × 40 年 = 192,000 円

【もらえる金額】→ 上乗せしてもらえる金額
年金に加算されて毎年支給される
200 円 × 12 カ月 × 40 年 = 96,000 円

一生涯支給されます

192,000 円を支払って、年間 96,000 円の
上乗せがあるので、付加保険料は 2 年間
(96,000 円× 2 年 = 192,000 円) で
回収できる!

簡単に
元が取れる制度

 老齢基礎年金を繰上げ、繰下げした場合、付加年金も同じく繰
上げ、繰下げされます。

 付加年金と国民年金基金は同時に加入することができません。

繰上げ支給と
繰下げ支給のまとめ

65歳より
前にもらいたい！

その分、最大で
満額の76％支給に
なりますよ！

んじゃ、66歳から
75歳の間に
もらい始めれば
いいよ！

その分、最大で
184％の支給に
なりますよ！

うーん、
悩んじゃうなあ〜

寿命は
予測できない
からねえ…

人生設計を
どう考えるか
だねえ…

年金制度の2階部分です

厚生年金の仕組み

加入の条件と保険料について覚えるよ

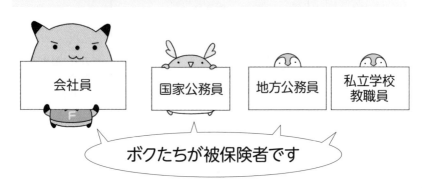

| 会社員 | 国家公務員 | 地方公務員 | 私立学校教職員 |

ボクたちが被保険者です

1 厚生年金保険とは

公的年金のもう一つの制度が厚生年金保険です。民間の企業に勤める会社員や公務員などが入る厚生年金保険は、基礎年金である国民年金に上乗せされる2階部分です。

一般の会社員や
公務員の方を
イメージしてください

2 厚生年金保険の保険料

厚生年金保険の保険料は**労使折半**です。産前産後休業や満3歳未満の子を養育するための育児休業期間中の厚生年金保険料と健康保険料は、**事業主負担分、被保険者負担分**がともに**免除**されます。

給料から
天引きされます！
国民年金保険料は
その中から払ったことに
なってますよ

3 老齢厚生年金の支給要件

老齢厚生年金は、原則として年金がもらえる条件である「支給要件」を満たした人が65歳に達すると、老齢基礎年金に上乗せして支給されます。生年月日により60歳から64歳までに特別に支給される特別支給の老齢厚生年金と、原則的に支給される本来の老齢厚生年金の2種類があります。

会社員の老齢厚生年金の支給要件

ココ大事だよ！

特別支給の老齢厚生年金	原則の（本来の）老齢厚生年金
老齢基礎年金の受給要件を満たしていること （保険料納付済期間 ＋ 保険料免除期間 ＋ 合算対象期間 ≧ 10年）	
支給開始年齢に達している	65歳以上である
1年以上の厚生年金の 被保険者期間がある	1カ月以上の厚生年金の 被保険者期間がある

特別は1年
本来は1カ月

「特別支給」ってどういうこと？

原則（本来）は65歳からもらえる年金ですが、以前は60歳からでした。65歳からの受給に移行中のため、生年月日によっては65歳より前に受給できる人もいます。その年金のことを「特別に支給」するから特別支給の老齢厚生年金といいます。

会社員の老齢厚生年金の支給開始年齢

特別支給の老齢厚生年金は、報酬比例部分（在職時の給与等に比例した金額）と定額部分（加入期間等により計算された金額）に分かれます。支給開始年齢は、被保険者の生年月日により段階的に引き上げられます。男性であれば 1961 年 4 月 2 日以降、女性であれば 1966 年 4 月 2 日以降に生まれた人には、特別支給の老齢厚生年金は支給されません（会社員の女性は 5 年遅れ）。

第 1 号厚生年金被保険者の特別支給の老齢厚生年金の支給開始年齢の引き上げスケジュール

- ● = 男性の場合
- ● = 女性の場合
- = 報酬比例部分
- = 定額部分
- = 老齢厚生年金
- = 老齢基礎年金

生年月日（西暦）	60歳			65歳
● 1941年4/2〜1943年4/1 ● 1946年4/2〜1948年4/1	61歳	報酬比例部分 定額部分		老齢厚生年金 老齢基礎年金
● 1943年4/2〜1945年4/1 ● 1948年4/2〜1950年4/1		62歳		
● 1945年4/2〜1947年4/1 ● 1950年4/2〜1952年4/1		63歳		
● 1947年4/2〜1949年4/1 ● 1952年4/2〜1954年4/1			64歳	
● 1949年4/2〜1953年4/1 ● 1954年4/2〜1958年4/1				
● 1953年4/2〜1955年4/1 ● 1958年4/2〜1960年4/1	61歳			
● 1955年4/2〜1957年4/1 ● 1960年4/2〜1962年4/1		62歳		
● 1957年4/2〜1959年4/1 ● 1962年4/2〜1964年4/1			63歳	
● 1959年4/2〜1961年4/1 ● 1964年4/2〜1966年4/1			64歳	
● 1961年4/2〜 ● 1966年4/2〜	← この2つの誕生日は 覚えておこう			

4 老齢厚生年金の受給額

老齢厚生年金の受給額を計算します。まずは、年齢ごとに、受給する年金の種類について押さえます。

60歳～64歳

特別支給の老齢厚生年金

→ **報酬比例部分** ＋ 定額部分 ＋ 加給年金

65歳以降

原則の（本来の）老齢厚生年金

→ **老齢厚生年金**（報酬比例部分）＋ 経過的加算

　＋ 加給年金

→ さらに老齢基礎年金を合算する

3級ではさらりと…

P.67の
老齢基礎年金の
計算は覚えておこう！

受給する年金の内訳

60歳～64歳 特別支給の老齢厚生年金		65歳以降 原則の老齢厚生年金
① 報酬比例部分		④ 老齢厚生年金 （報酬比例部分）
	② 定額部分	⑤ 経過的加算
		⑥ 老齢基礎年金
③ 加給年金		

① 報酬比例部分の計算
（2つの期間に分けて計算したものを合計します）

・2003年3月以前の期間

$$平均標準報酬月額 \times \frac{7.125}{1,000} \times \begin{array}{l}2003年3月以前の\\被保険者期間の月数\end{array}$$

・2003年4月以降の期間

$$平均標準報酬額 \times \frac{5.481}{1,000} \times \begin{array}{l}2003年4月以降の\\被保険者期間の月数\end{array}$$

> 賞与も含めることになったから月という文字がなくなっている

② 定額部分の金額
1,701円 × 被保険者期間の月数（上限480カ月）

③ 加給年金
配偶者 → 408,100円（新規受給の場合）
子 → 第1子、第2子は各234,800円、第3子以降は各78,300円

④ 65歳以降の老齢厚生年金（報酬比例部分）
①報酬比例部分の計算式と同じ

⑤ 経過的加算（定額部分と老齢基礎年金相当額の差額）
65歳からの老齢基礎年金は、②で計算した定額部分よりも、低い金額となるため、減少分を埋めるために経過的加算という調整が行われます（定額部分が支給されない人ももらえます）。

・経過的加算の金額（A－B）

A = 1,701円 × 被保険者期間の月数（上限480カ月）

$$B = 816,000円 \times \frac{20歳以上60歳未満の厚生年金保険の被保険者期間の月数}{480カ月}$$

⑥ 老齢基礎年金の金額　満額の場合816,000円 → P.67

5 加給年金

　加給年金とは、厚生年金保険の被保険者期間が**20年以上**あり、その人によって生計を維持されている**65歳未満の配偶者または一定の子**がいる場合に加算されます（一定の子とは、18歳到達年度の末日までの子、もしくは20歳未満で障害等級1級または2級の未婚の子）。

試験では配偶者加給年金が加算されるか否かが問われます。特別支給の老齢厚生年金（定額部分）、または原則の（本来の）老齢厚生年金の受給開始から配偶者が65歳に達するまで支給されるということを押さえておきましょう！

例えば、加給年金はこんなケースで支給される

6 配偶者加給年金と振替加算

　配偶者加給年金は、配偶者が65歳に達すると支給が
停止されます。その代わりに配偶者の老齢基礎年金に、
配偶者の生年月日に応じた金額が加算されます。これを
振替加算といいます。

加給年金は夫に加算、振替加算は妻に加算される例

例）1964年4月28日生まれの夫と1歳年下&専業主婦の妻の場合

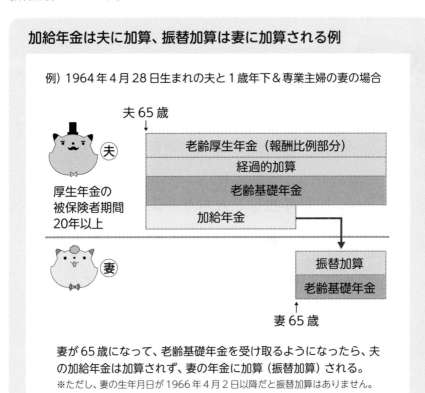

夫65歳

厚生年金の
被保険者期間
20年以上

| 老齢厚生年金（報酬比例部分） |
| 経過的加算 |
| 老齢基礎年金 |
| 加給年金 |

| 振替加算 |
| 老齢基礎年金 |

妻65歳

妻が65歳になって、老齢基礎年金を受け取るようになったら、夫
の加給年金は加算されず、妻の年金に加算（振替加算）される。

※ただし、妻の生年月日が1966年4月2日以降だと振替加算はありません。

7　老齢厚生年金の繰上げ支給と繰下げ支給

　老齢厚生年金は老齢基礎年金と同様に、繰上げ支給と繰下げ支給の請求をすることができます。繰上げ支給の減額率と繰下げ支給の増額率も、老齢基礎年金と同じになります。→ P.69~70

老齢厚生年金の
繰上げ繰下げの試験に
狙われるポイント

繰上げは同時に、
繰下げは別々！

繰上げ支給	繰下げ支給
老齢基礎年金と老齢厚生年金の繰上げは同時に繰上げの請求をしなければならない	老齢基礎年金と老齢厚生年金の繰下げは別々に行うことができる

8　在職老齢年金

　60歳以降も厚生年金保険の加入者として働きながら（給料をもらいながら）受け取る老齢厚生年金を「在職老齢年金」といいます。60歳以降に会社から受け取る給与等の額に応じて、**老齢厚生年金**の額が**減額**（あるいは支給停止）されることがあります。

チェック！

働きながら年金をもらうともらえる老齢厚生年金が減ることがある（老齢基礎年金は減りません）。

在職老齢年金の減額の内容

ここはさらりと流しましょう

１カ月の給与等 ＋ １カ月の老齢厚生年金の合計額が 50 万円を超えると減額となる。

１カ月の給与等
① 総報酬月額相当額
　　＝ その月の標準報酬月額＋その月以前１年間の標準賞与額÷12

１カ月の老齢厚生年金
② 基本月額
　　＝ 老齢厚生年金の額（加給年金、経過的加算を除く）÷12

	①総報酬月額相当額 ＋ ②基本月額	減額内容
60歳代	50万円を超える	超えた部分の1/2が支給停止
70歳以上	60歳代と同じ ただし、厚生年金保険料の負担はない	

年金と給料の月額合計が
50万円の男（65歳）の
在職老齢年金獲得への道

手当？
あ、増やさないで！

社長に抜擢？
あ、結構です！

特別ボーナス
支給？
あ、いらない！

よし、これで
在職老齢年金が
減額されずに済むぞ！

ボーナス
もらってた方が
得だったんじゃあ…

老齢基礎年金は
減額されない
からね！

障害給付

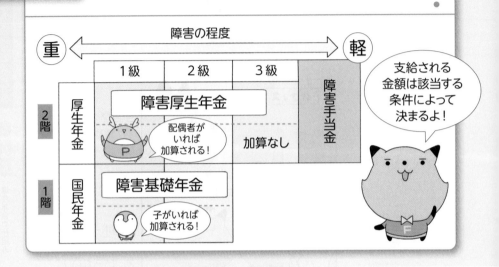

1 障害年金とは

　公的年金は老後の生活を支えるだけではありません。病気やケガが原因で障害者となってしまった場合、一定の要件を満たせば、障害年金や障害手当金を受給することができます。年金制度の1階部分にあたる国民年金、2階部分にあたる厚生年金それぞれにあります。

ひと言！

障害の程度が1級または2級で、配偶者や子がいる場合には、加算がつくことがあります。

障害給付の全体像

厚生 年金	障害 厚生年金	1級（2級の1.25倍） 配偶者の加算	2級 配偶者の加算	3級	障害手当金 （一時金）
国民 年金	障害 基礎年金	1級（2級の1.25倍） 子の加算	2級 子の加算	―	―

2 障害年金の支給要件

　障害年金は以下の要件を満たしていないと、障害の状態であっても支給されません。

1. 初診日に被保険者であること
　　初診日：その病気やけがで初めて病院にかかった日
2. 障害認定日に障害等級に該当すること
　　障害認定日：**初診日から1年6カ月を経過した日**
3. **保険料納付要件を満たしていること**
　　保険料納付要件は障害基礎年金・障害厚生年金のいずれも同じです。原則と特例があります。

ひと言！

初診日から1年6カ月以内に傷病が治った、固定した場合は、その日が障害認定日となります。

原則　初診日の前日において、初診日の属する月の前々月までに被保険者期間があるときは、保険料納付済期間＋保険料免除期間等の合計が、全被保険者期間の**3分の2以上**あること（これを保険料納付要件といいます）。

特例　初診日に65歳未満であり、初診日の前日において、初診日の属する月の前々月までの直近の1年間において、保険料の滞納がないこと。

年金関係の分数で3分の2となるものはあまりありません。ほとんどが4分の3です。ここは3分の2としっかり覚えましょう！

3 　障害基礎年金の年金額

　障害基礎年金は、初診日に国民年金の被保険者で、障害認定日において障害等級1級・2級の状態にある場合に支給されます。

　障害基礎年金は、受給者に子がいる場合には加算があります。

ひと言！

健康保険制度の傷病手当金の支給が終わったら、障害年金に切り替わる、というイメージです。

障害基礎年金の年金額

障害等級1級	816,000円 × 1.25倍 ＋ 子の加算
障害等級2級	816,000円 ＋ 子の加算

816,000円 → 老齢基礎年金の満額の金額と同額
子の加算→ 遺族基礎年金の子の加算額と同額（P.89参照）

4 　障害厚生年金とは

　障害厚生年金は、年金制度の2階部分である厚生年金の給付です。したがって、厚生年金の被保険者で障害等級1級・2級に該当する人は、障害基礎年金と併せて支給を受ける2階建て給付となります。

　障害等級3級に該当する人には、障害基礎年金の支給はなく、障害厚生年金だけが支給されます。また、加算されるのは、配偶者の加給である点が障害基礎年金との違いです。

　3級より軽度の一定の障害のときは、一時金として障害手当金が支給されます。

5 障害厚生年金の年金額

　障害厚生年金は、初診日に厚生年金被保険者で、障害認定日において1級・2級・3級の状態にある場合に支給されます。

　障害等級別の年金額の求め方は、以下のとおりです。

障害厚生年金等の年金額

障害等級1級	報酬比例部分の年金額 × 1.25倍 ＋ 配偶者加給年金額
障害等級2級	報酬比例部分の年金額 ＋ 配偶者加給年金額
障害等級3級	報酬比例部分の年金額
障害手当金 （一時金）	報酬比例部分の年金額 × 2倍

※報酬比例部分の計算において、厚生年金の被保険者期間が300月未満の場合は、300月とみなして計算します。

被保険者期間が短くても
一定以上の保障ができるようになっています

Point!

・障害基礎年金は1級・2級で子の加算
・障害厚生年金は3級まであって、1級・2級は配偶者の加算
・いずれも1級は2級の1.25倍

LESSON 15

遺族給付

遺族基礎年金は
▶子のある配偶者
▶子
だけ！
遺された遺族が
大変だからね…

遺族厚生年金は
▶配偶者　▶子
▶父母　　▶孫
▶祖父母
…と、
被保険者との関係が
離れるにつれて
もらえる順位が下がるんだ

1　遺族年金とは

　遺族年金は、公的年金の加入者である被保険者等が死亡した場合、残された遺族に対して生活の保障を目的として支給される年金です。年金制度の1階部分である遺族基礎年金と、2階部分である遺族厚生年金の2種類があります。

2　遺族基礎年金の支給要件

　遺族基礎年金は、国民年金に加入している被保険者が死亡したとき、次の要件を満たしている場合に、遺族に支給されます。

ひと言！

障害年金の受給要件における「初診日」を、「死亡日」に読みかえるだけであとは同じです！

原則	死亡日の前日において、死亡日の属する月の前々月までに被保険者期間があるときは、保険料納付済期間＋保険料免除期間等の合計が全被保険者期間の3分の2以上ある。
特例	死亡日に65歳未満であり死亡日の前日において、死亡日の属する月の前々月までの直近の1年間において、保険料の滞納がないこと。

3　遺族基礎年金を受給できる遺族の範囲

　遺族基礎年金を受給できる遺族は、死亡した人によって生計を維持されていた「子」または「子のある配偶者」です。

ここが"子のある妻"となっているひっかけに注意。

「子」

　以下の要件のいずれかを満たしている「子」は、遺族基礎年金を受給できます。

年金制度の「子」の要件は全部共通だよ！

・18歳到達年度末（3月31日）までの未婚の子
・20歳未満で障害等級1級または2級の未婚の子
　→障害基礎年金の「子の加算」における「子」の定義
　（要件）も、これと同じです。

「子のある配偶者」

受給できる「子のある配偶者」とは、被保険者の死亡により母子家庭となってしまった妻、または、父子家庭となってしまった夫です。したがって、子どものいない配偶者は遺族基礎年金を受給することができません。
→遺族基礎年金は、残された子どもを養育するための年金といえます。

4　遺族基礎年金の年金額

遺族基礎年金の年金額は、老齢基礎年金の満額に「子の加算額」を足したものです。
→遺族基礎年金の年金額＝816,000円＋子の加算

子の加算額（配偶者が受給する場合）

1人目、2人目の子	1人につき234,800円
3人目以降の子	1人につき　78,300円

※障害基礎年金の「子の加算」も同額です。

子の加算額は
暗記不要です

5　寡婦年金と死亡一時金

寡婦年金と死亡一時金は、国民年金第1号被保険者の独自の給付です。国民年金の第1号被保険者だった人が、老齢基礎年金も障害基礎年金も受給することなく死亡したとき、遺族に支給される場合があります。両方の受給要件を満たしている場合は、いずれか一方を選択します。

Point!

寡婦年金と死亡一時金は選択制
（いずれの受給要件も満たす場合）

寡婦年金

受給要件と支給期間

国民年金の第１号被保険者として保険料納付済期間と保険料免除期間を合わせて10年以上ある夫が死亡した場合、婚姻期間が10年以上ある妻が60歳から65歳に到達するまで支給される。

Point!

・妻が、自分の老齢基礎年金の繰上げ支給を受けた場合には、受給権は消滅します。
・寡婦の「婦」は女性を指すもので、夫には支給されません。

死亡一時金

受給要件

国民年金の第１号被保険者として保険料納付済期間等が36カ月（３年）以上ある人が死亡した場合。

Point!

・遺族が遺族基礎年金を受給できる場合は支給されません。
・上記の要件を満たしていれば、夫にも支給されます。

6 遺族厚生年金を受給できる遺族の範囲

遺族厚生年金を受給できる遺族は、被保険者によって生計を維持されていた一定の遺族で、優先順位があり、最も順位の高い人のみに支給されます。相続・事業承継で学ぶ「相続人の範囲」と違い、兄弟姉妹は対象となりません（詳細はSTAGE6「相続・事業承継」で）。

遺族の優先順位と要件

ここだけは押さえよう！

第1順位	配偶者	妻	・年齢要件なし ・子のない30歳未満の妻は5年間の有期年金（5年間のみ支給）
		夫	・55歳以上。ただし60歳に達するまでは支給停止（遺族基礎年金を受給できる場合は支給停止されない）
	子		・「子」※の年齢要件を満たす者
第2順位	父母		・55歳以上。ただし60歳に達するまでは支給停止
第3順位	孫		・「子」※の年齢要件を満たす者
第4順位	祖父母		・55歳以上。ただし60歳に達するまでは支給停止

※ 18歳到達年度末（3月31日）までの未婚の人、または20歳未満で障害等級1級または2級の未婚の人。→ 遺族基礎年金の「子」の要件と同じです。

7 遺族厚生年金の年金額

遺族厚生年金の年金額の計算式は、次のとおりです。

公式 遺族厚生年金の額 ＝老齢厚生年金の報酬比例部分の額 × $\frac{3}{4}$

→老齢厚生年金の報酬比例部分の計算式はP.77
厚生年金の被保険者の死亡時において、被保険者期間が300カ月未満の場合は、300カ月とみなして計算します。

8　中高齢寡婦加算

　中高齢寡婦加算とは、夫が死亡したときに妻に加算される厚生年金です。以下のような受給要件があります。

1）夫が亡くなったとき **40歳以上65歳未満**で、生計を同じくしている「子」がいない妻であること。

2）遺族厚生年金と遺族基礎年金を受給していた「子」のある妻※が、「子」が要件を満たさなくなったなどの理由により、遺族基礎年金を受給できなくなったとき 40歳以上65歳未満であること。

※ 40歳に到達した当時、子がいるため遺族基礎年金を受給していた妻。

ひと言！

「中高齢」とは、40歳以上65歳未満を指しています。また、「寡婦」とは、夫と死別した女性のことです。

　中高齢寡婦加算の額は、612,000円です（2024年度）。
（遺族基礎年金の額の4分の3）

試験に出るパターン

こうしたイメージ図で、赤枠の部分が空欄になっていて、それを答えさせる問題が多いです

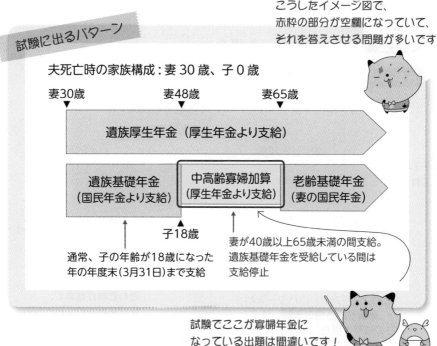

夫死亡時の家族構成：妻30歳、子0歳

妻30歳　　　妻48歳　　　妻65歳

遺族厚生年金（厚生年金より支給）

遺族基礎年金（国民年金より支給）　中高齢寡婦加算（厚生年金より支給）　老齢基礎年金（妻の国民年金）

子18歳

通常、子の年齢が18歳になった年の年度末（3月31日）まで支給

妻が40歳以上65歳未満の間支給。遺族基礎年金を受給している間は支給停止

試験でここが寡婦年金になっている出題は間違いです！

超カンタン！たったコレだけ！

特別講義 遺族年金支給は 4パターンで攻略できる！

3級のほとんどの試験では会社員の夫が死亡した場合の妻に支給される遺族年金が出題されますが、ポイントは以下の3つです。

①子がいる場合といない場合で違います
②子がいない場合、妻の年齢が若いと遺族年金が少なく（短く）なったり、なかったりします
③子がいない妻の年金では「30歳の壁」と「40歳の壁」があります

子のアリ・ナシで
支給額が大きく変わってくる。
子の教育費って大変だものね！

※正確には、65歳以降の遺族年金は、老齢厚生年金との調整があります。

＜会社員の夫が亡くなった場合＞

 会社員の夫、妻（40歳）、子3人（12歳、10歳、8歳）

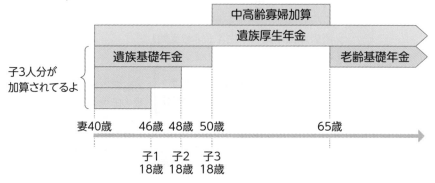

これは「子あり」のパターンね。
遺族である妻の年齢の経過と
子たちの成長を照らし合わせてみて。

それぞれが何歳で、
何が支給されていくかを
把握してみよう。

パターン2 **会社員の夫、妻（45歳）**

子がいないため、遺族基礎年金は支給されませんが、40歳以上であるため、中高齢寡婦加算が65歳まで助けてくれます。

| 中高齢寡婦加算 |
| 遺族厚生年金 |
| 老齢基礎年金 |

妻45歳　　　　　　　　妻65歳

40歳以上は中高齢！
今からやり直すのは大変なので
加算される、と考えよう

 パターン3 **会社員の夫、妻（39歳）**

子がいないので、遺族基礎年金がなく、40歳未満であるため、中高齢寡婦加算もありませんが、遺族厚生年金が長い間、助けてくれます。

| 遺族厚生年金 |
| 老齢基礎年金 |

妻39歳　　　　　　　　妻65歳

子はいないし、まだ自力で
がんばれる年齢なので、加算はないの…

 パターン4 **会社員の夫、妻（28歳）**

子がいなくて若いため、5年間だけ、助けてもらえます。

| 遺族厚生年金 |

妻28歳　　　　　　　　妻33歳

子はいないし、若い！
でも大変だから
5年だけね、というもの

※妻自身の老齢基礎年金は65歳から支給されます。

……と、いうように、
子のアリ・ナシと遺族の年齢によってパターンが決まります！
出題の年齢などが微妙に変わってくるけど、この4つの
基本形を押さえれば遺族年金の支給は攻略できます！

LESSON

16

企業の年金制度

もらえる額が決まってる！

確定給付
企業年金

掛金が決まってる！

確定
拠出年金

仕組みをしっかり覚えよう！

---

1 企業年金

企業年金とは、企業が従業員の福利厚生のために導入する任意の年金制度です。

年金制度の
3階部分です

2 確定給付企業年金

確定給付企業年金は、基金型と規約型の2種類があり、従業員の**受け取る給付額**があらかじめ**確定**している企業年金です。

3　確定拠出年金

　確定拠出年金は、**拠出する額（掛金）はあらかじめ確定**していますが、年金額は運用の実績によって変わります。運用方法は加入者自身が選択し、その運用リスクは**加入者が負います**。

　確定拠出年金には、個人が任意で加入する個人型（iDeCo／イデコ）と、企業が企業年金として行う企業型の2つがあります。

個人型と企業型の
併用も可能です

　確定拠出年金の年金資産は、原則60歳までは引き出すことはできません。通算加入者等期間が10年以上ある人は、60歳以降になれば任意の時期から老齢給付金を受給できます。ただし、75歳までに受給を開始しなければなりません。

2024年度

	個人型（iDeCo／イデコ）	企業型
加入対象者	最長65歳未満 ①自営業者など 　→ 国民年金第1号被保険者、 　　任意加入被保険者 ②厚生年金保険の被保険者 　→ 国民年金第2号被保険者 ③国民年金第3号被保険者	最長70歳未満の 厚生年金被保険者
掛金の拠出	加入者 iDeCo+（イデコプラス）で 事業主による上乗せ可	原則事業主 規約に定めれば個人も上乗せ可 → マッチング拠出

拠出額の支払いは、月払いのほか、年払いや半年払いなどまとめて行うこともできる。

> **マッチング拠出**
> 事業主が拠出する掛金に加えて、個人（加入者本人）が掛金を上乗せして拠出することができる制度です。ただし、個人の拠出額は事業主の拠出額を超えることはできません。

確定拠出年金の加入イメージ

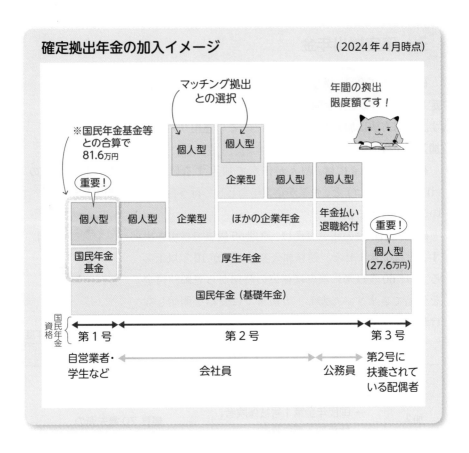

確定拠出年金の加入イメージ （2024年4月時点）

マッチング拠出
との選択

年間の拠出
限度額です！

※国民年金基金等
との合算で
81.6万円

重要！

個人型

個人型

個人型

企業型

個人型

個人型

個人型

企業型

ほかの企業年金

年金払い
退職給付

重要！

国民年金
基金

厚生年金

個人型
（27.6万円）

国民年金（基礎年金）

国民年金資格

第1号　　　第2号　　　第3号

自営業者・
学生など

会社員

公務員

第2号に
扶養されて
いる配偶者

確定拠出年金の税制

拠出時	個人の掛金は全額、小規模企業共済等掛金控除の対象 事業主の掛金は、全額必要経費または損金
運用中	運用中の収益は非課税となる
受け取り時	老齢給付金を一時金として受け取った場合 → 退職所得となり、退職所得控除の対象となる 年金として受け取った場合 → 雑所得（公的年金等）となり、公的年金等控除の対象となる

4 自営業者等が使える年金制度

　自営業者は、会社員や公務員と違い、厚生年金部分の違いにより、将来受給できる年金の額が少なくなります。そこで、将来のセカンドライフに備えるために、次のような制度を利用することができます。

復習もかねて…

付加年金	第1号被保険者（自営業者など）・任意加入被保険者が国民年金基金とどちらか選択して加入できる ・付加保険料 ＝ 月額 400 円 ・付加年金 ＝ 200 円 × 付加保険料納付済期間
国民年金基金	掛金の上限 → 年額 816,000 円／月額 68,000 円 ・掛金は社会保険料控除の対象 ・任意の脱退はできない ・掛金は年齢や性別、加入の型や口数によって異なる ・給付の型は1口目は終身年金（A型またはB型）、2口目からは終身年金または確定年金から選ぶ ・65歳または60歳から受給 ・遺族給付はあるが障害給付はない
個人型 確定拠出年金 （iDeCo）	国民年金第1号被保険者・任意加入被保険者が個人型に加入する場合の年額上限は 816,000 円／月額 68,000 円（国民年金基金 or 付加保険料との合計額）
小規模企業 共済制度 事業主・役員向け	小規模企業の役員や、個人事業主の退職金の制度 ・掛金は月額 1,000 円 〜70,000 円（500 円単位） ・掛金は小規模企業共済等掛金控除の対象

5 　中小企業の退職金制度

　中小企業の従業員のための退職金制度として、**中小企業退職金共済制度（中退共）**があります。

　原則として**従業員は全員加入**します。役員は加入できません。

　掛金は、**事業主が全額負担**で、従業員1人につき原則5,000円〜30,000円の範囲から決めます。従業員の個人負担はできません。次のときに、**国からの助成**があります。

新規加入するとき
　加入後4カ月目から1年間、掛金月額の2分の1を助成（従業員ごとに上限5,000円）

18,000円以下の掛金を増額するとき
　増額月から1年間、掛金増額分の3分の1を助成

6　年金と税金について

　公的年金や企業年金等の保険料や掛金を支払った場合にどのような控除の対象になるのかが試験で問われますので、整理しておきましょう。

保険料や掛金を支払った時の所得控除

所得控除	対象となる保険料・掛金
社会保険料控除	国民年金、厚生年金、付加年金の保険料 国民年金基金の掛金
小規模企業共済等 掛金控除	確定拠出年金（個人負担分）、 小規模企業共済制度の掛金
生命保険料控除	確定給付企業年金（個人負担分）の掛金

　同じ制度でも、老齢給付の受け取り方により所得の種類が変わるため、税金のかかり方も変わります。
　なお、公的年金の老齢給付は雑所得（公的年金等）、障害給付、遺族給付は非課税です。

老齢給付を受け取った時の税の優遇

	一括受け取り	分割（年金）受け取り
確定拠出年金	退職所得 →退職所得控除の適用	雑所得（公的年金等） →公的年金等控除の適用
小規模企業共済制度		
中小企業退職金 共済制度		
国民年金基金	―	

リスク管理

ここで学ぶ内容です！

保険の基本と契約者の保護

生命保険の仕組み

損害保険の仕組み

法人の保険

保険と税金

学科試験 金財の保険で受検の方は重要

生命保険と損害保険の商品の特徴を理解します。合わせて、生命保険では、保険料の仕組みや保険契約の内容、一般的な特約、さらには保険料・保険金の税務が頻出論点です。損害保険では、地震保険、自動車保険、傷害保険が押さえておきたいポイントです。

実技試験 受検先別の傾向と対策

【金財　個人資産相談業務】

この分野からは出題されません。

【金財　保険顧客資産相談業務】

試験科目の性格上、生命保険では、商品の特徴より実務的な出題が多いです。「ライフプランニングと資金計画」、「タックスプランニング」を絡めた出題や、法人保険の経理処理は頻出です。また必要保障額の考え方や計算についても理解を深めておきましょう。

【日本FP協会　資産設計提案業務】

毎回、保険証券の読み取り問題が出ます。その攻略法は医療保険とがん保険、死亡保険の特約の理解です。その他に生命保険では税金関係、損害保険では任意加入の自動車保険やリスクに対する商品選択について理解を深めましょう。

まずは保険の仕組みと種類を理解しよう

保険の基本

1 保険の分類と種類

　保険には、国や地方公共団体が運営している公的保険と、それを補うための民間の保険（私的保険）があります。民間の保険は第一分野である生命保険、第二分野である損害保険、いずれにも属さない第三分野に分類されています。

保険に加入することで病気や事故などの
リスクによってもたらされる
経済的な損失を
軽減させることができます

103

民間保険の種類

第一分野 生命保険	終身保険、定期保険、養老保険、個人年金保険など
第二分野 損害保険	火災保険、自賠責保険、任意加入の自動車保険など
第三分野 その他の保険	医療保険、介護保障保険、傷害保険、がん保険など

2 生命保険の保険料を決める原則

生命保険の保険料は、2つの考え方によって計算されています。

生命保険料の設定には、以下のような合理的な原則をもとにした計算がされています！

生命保険の原則

大数の法則	個々の事象は偶発的だったとしても、大数で見ると一定の確率性があること 例えば、サイコロを何万回も振ると1が出る確率は6分の1に近づくこと 保険料は、男女別や年齢別の死亡率等のデータを用いて算出されます
収支相等の原則	保険料は、契約者から受け取る保険料総額・運用益と、保険会社が受取人に支払う保険金の総額・経費が等しく（収支相等）なるように算定されます

ここは大数の法則と
収支相等の原則の説明が
入れ替わって出題されるから
しっかり押さえよう！

LESSON 2

契約者の保護

保険会社が
破綻しても…

保険契約者保護
機構がある!

申し込みの
撤回・解除は…

クーリング・オフ
制度も使える!

1 保険契約者保護機構

　保険会社が破綻してしまった場合でも、契約者との契約を守る必要があります。そこで破綻保険会社の契約移転等にともなう資金援助などを行うのが、保険契約者保護機構です。

　国内で営業する生命保険会社や損害保険会社は、生命保険契約者保護機構や、損害保険契約者保護機構に加入する義務があります。ただし、**少額短期保険業者や共済組合は加入しません。**

保険契約者は
きちんと守られる
制度があるんだね

加入の有無を
把握しておいてね

生命保険契約者保護機構と損害保険契約者保護機構の補償内容については次のようになっています。

保険契約者保護機構の補償内容（原則）

重要！

保険の種類		補償割合
生命保険		破綻時点の責任準備金等の90％
損害保険	自賠責保険	保険金の100％
	地震保険	
	自動車保険	破綻後3カ月間は保険金の100％その後は80％
	火災保険	
	短期傷害保険	
	海外旅行傷害保険	
	年金払型積立傷害保険	保険金の90％
	その他の疾病・傷害保険	

キーワード

責任準備金
保険会社が将来の保険金等の支払いにあてるために積み立てておくべきお金のこと。

チェック！

銀行が販売する保険も保険契約者保護機構の対象となります。

生命保険の補償割合で
責任準備金等のところを
保険金額と書いてあれば
その選択肢は×になるよ

保険会社の
健全性を表す
数値です

ソルベンシー・マージン比率

ソルベンシー・マージン比率とは、大災害など通常の想定を超えるリスクに、保険会社がどれだけの「支払余力」を持っているかを表す指標です。数値が高い方が支払余力が高く、健全性が高いことを意味します。ソルベンシー・マージン比率が「200％」を下回る保険会社に対しては、金融庁が早期是正措置をとることができます。

注目！

「ソルベンシー・マージン比率は200％」と暗記しましょう。

2　クーリング・オフ制度

　クーリング・オフ制度とは、一定の要件を満たせば、申込者側から契約申込みの撤回等をすることができる制度です。

手続き

⇒「契約の申込日」または「クーリング・オフについて記載された書面を受け取った日」のいずれか遅い日を含めて8日以内に、申込みの撤回または解除する旨を書面または電磁的記録で申し出ます。

簡単にいうと
1週間以内だね

Point!

クーリング・オフできない例

〇保険期間 1 年以内の契約

〇医師の診査を受けたあと

〇契約者が法人の保険

医師の診査を受けたなら、
契約する気満々ですものね

ビシ!

3　少額短期保険

　少額短期保険とは、少額短期保険業者が扱う保険期間
が短期で保険金額が少額な保険のことです。

少額短期保険の特徴

・保険期間の上限 → 生命保険、第三分野の保険は 1 年
　　　　　　　　　　損害保険は 2 年

・1 人の被保険者から引受けできる保険金額の総額は、原則、
　1,000 万円が上限

・保険業法と保険法は適用される

・保険契約者保護機構による保護の対象外

・保険料は、生命保険料控除や地震保険料控除の対象とはならない

ここはしっかり
覚えておこう!

少額短期保険業者とは
ペット保険とかがイメージしやすいよ!

LESSON 3

保険法と保険業法

1 保険法のポイント

保険法とは、保険契約に関するルールを定め、契約者等の保護を図るためのものです。保険法で定められている内容で押さえるべきポイントは以下のとおりです。

少額短期保険や共済は、保険法は適用されますが、保険契約者保護機構の対象外です

- ●生命保険契約や損害保険契約、第三分野の保険契約のほか、共済契約等も含めた規定である。

- ●契約時、被保険者等に告知義務違反があった場合には、保険者（保険会社）は保険契約を解除することができる。
  ⇒保険者が、契約解除できる事由があることを知ったときから１カ月間、解除の権利を行使しない場合、または契約締結から５年経過した場合、この解除権は消滅する。

●保険募集人等が、被保険者または契約者の告知を妨げたり、不実な告知を勧めたために被保険者等が告知義務違反を犯した場合、原則として保険会社は、この告知義務違反を理由として契約の解除をすることができない。

2 保険業法のポイント

保険業法は、保険契約者や被保険者を保護するために、保険会社や保険募集を行う者（保険募集人等）が守るべきルールを定めた法律です。なお、保険募集人等は**内閣総理大臣への登録**が必要です。

保険募集には媒介と代理の2形態があります。媒介は勧誘をするだけで、保険の成立には保険会社の承諾を要します。代理は、保険募集人が承諾をすれば、保険契約が成立します。

 キーワード

告知（こくち）
被保険者等が、保険加入に際し、健康状態や過去の病歴等について問われたことを保険会社へ伝えること。

保険業法第300条「保険募集に関する禁止行為」

①虚偽（不実）のことを告げる行為や重要事項を説明しない行為
②虚偽告知を勧める行為や、告知妨害、不告知を勧める行為
③不利益になる事実を告げずにする乗換募集や転換契約
④保険料の割引き、立て替えなど、その他特別の利益を約束すること、または提供する行為
⑤保険契約者に対して、将来不確実な配当金の額などの事項について、断定的な判断を提供したり、誤解を招く説明をする行為
など…

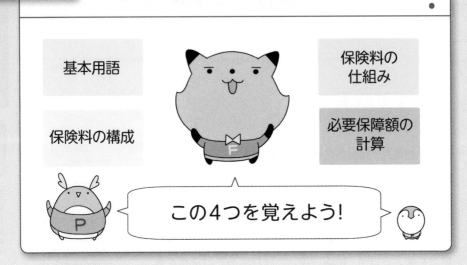

LESSON 4

保険料が決まる仕組みをまるっと解説！

生命保険の仕組み

基本用語

保険料の構成

保険料の
仕組み

必要保障額の
計算

この4つを覚えよう！

1 生命保険の基本用語

　生命保険の基本用語を押さえましょう。似ている用語
はしっかり整理しましょう。

契約者	保険会社と契約を結び、保険料を支払う義務のある人
被保険者	保険の対象になっている人
受取人	保険金等を受け取る人
保険料	保障の対価として、契約者が保険会社に支払うお金
保険金	被保険者に死亡、高度障害などの支払事由が起きたときに、受取人に支払われるお金 入院や手術等の場合は給付金という

解約返戻金	保険契約を解約した際に、契約者に戻されるお金
主契約	生命保険の主たる契約の部分
特約	主契約に付加できるもの

主契約が解約や
満期などで
消滅すると、
特約も消滅するよ

2　生命保険の保険料の仕組み

　生命保険の保険料は、**大数の法則**と**収支相等の原則**にもとづいて、以下3つの予定基礎率に従って算定されます。

保険料算定の予定基礎率

予定死亡率	統計にもとづいて、性別や年齢ごとに算出された死亡者数の割合
予定利率	保険会社があらかじめ見込んだ運用の利回り
予定事業費率	保険事業を運営するうえで必要な費用の割合

新規契約の保険料と予定基礎率の関係

	予定死亡率 が高い	予定利率 が高い	予定事業費率 が高い
前提	死亡する人が 増える	運用が うまくいく	経費が多くなる
新規契約の 保険料	死亡保険料は 高くなる 年金保険料は 安くなる	**安くなる**	高くなる

3 保険料の構成

　契約者が保険会社に支払う生命保険料は、純保険料と付加保険料で構成され、下図のとおり3つの予定基礎率によってそれぞれ算定されます。

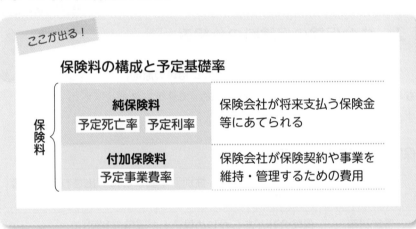

ここが出る！

保険料の構成と予定基礎率

| 保険料 | **純保険料**
予定死亡率　予定利率 | 保険会社が将来支払う保険金等にあてられる |
| | **付加保険料**
予定事業費率 | 保険会社が保険契約や事業を維持・管理するための費用 |

4 必要保障額の計算

　必要保障額とは、世帯主など生計を維持している人が死亡した場合に、残された遺族に必要な生活費等の支出総額から、見込まれる総収入を差し引いた**不足額のこと**をいいます。この必要保障額を死亡保険等でまかなうという考え方があり、一般的に、末子誕生時が必要保障額の最大時期といえます。

必要保障額の考え方と
求め方を押さえよう

支出総額

> 遺族生活資金 ＋ その他必要資金

必要保障額

> 支出総額 － 総収入

遺族生活資金（①＋②）

①末子独立まで
→ 現在の生活費×70％[※]×12カ月×（22歳－末子の現在年齢）

②末子独立後
→ 現在の生活費×50％[※]×12カ月×末子22歳時の配偶者の
　平均余命

※目安としてこの割合にしている

その他必要資金

葬儀費用、教育費、結婚援助資金、緊急予備費、住居費（家賃）など
→ 住宅ローン等に団体信用生命保険が付加されている場合は、
　残債は保険金で完済されるため、ローン残高は必要資金にな
　らない（＝プラスマイナスゼロ）

総収入

公的年金見込額、保有金融資産、死亡退職金見込額、配偶者の
給与収入など

団体信用生命保険は、
債務者が住宅ローン等の返済途中で死亡した場合、
保険金で住宅ローン等の残債が支払われる、
というものだよ

生命保険の商品

定期

終身

養老

学資

個人年金

特定疾病保障

変額個人年金

いろいろな種類があるね!

いろいろあるんだね

1 定期保険

　定期保険は、被保険者の死亡・高度障害状態を一定の期間保障する保険です。保険期間が決められており、満了時に生存していても満期保険金はありません。基本的に**掛け捨て型**のため、年齢等の条件が同じなら終身保険や養老保険と比べて保険料は**安く**なっています。

注目！

生命保険では一般に、死亡以外にも「両眼の視力を全く永久に失う」「言語機能を全く永久に失う」といった高度障害に該当した場合も、死亡保険金と同額の高度障害保険金が支払われます。

定期保険は、定められた期間の保険という意味だよ

定期保険の種類

平準定期保険

死亡保険金等の額が、保険期間中一定の保険

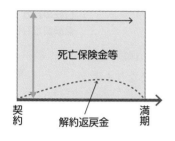

逓減定期保険

死亡保険金等の額が保険期間の経過にともない減少していく保険（保険料は減少せず一定）

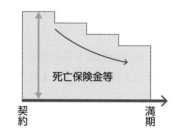

逓増定期保険

死亡保険金等の額が保険期間の経過にともない増加していく保険（保険料は増加せず一定）

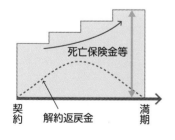

収入保障保険

被保険者の死亡時から、契約時に定めた満期まで、または一定期間にわたり、死亡保険金等を年金形式で受け取れる保険
一括受取りも可能だが、受け取れる総額は年金形式よりも少なくなる

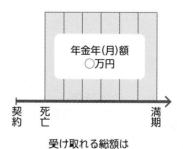

2 終身保険

終身保険は、被保険者の死亡・高度障害状態を一生涯保障する保険で、**満期はありません**。いつ死亡しても死亡保険金が支払われることから、相続税の納税資金対策としても活用されます。**貯蓄性があるため解約返戻金は**ありますが、早期に解約すると解約返戻金が払込保険料の総額を**下回る**ことがあります。

※**女性の方が平均寿命が長いため**、終身保険の保険料は、同一の年齢であれば男性よりも女性の方が**安く**なります。

注目！

終身保険は、保険料払込期間が設定でき、払込終了後も保障が続きます。

終身保険は
女性の方が
保険料が安い

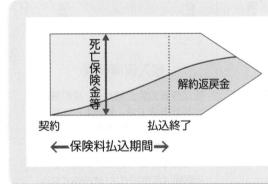

終身保険を図で表すと右側が尖っています。保障が一生涯続くことを表わしています。

この図を頭に入れておこうね！

定期保険特約付終身保険

終身保険を主契約とし、定期保険を特約として付けることで、一定期間の保障を厚くできる。

主契約の終身保険の保険料払込期間と、定期保険特約の保険期間を同じにした全期型と、主契約の終身保険の保険料払込期間より、定期保険特約の保険期間を短くした更新型がある。

更新時に健康状態の告知は不要（自動更新）で、更新後の保険料は更新時点の年齢等で再計算されるため、通常は更新前より高くなる。

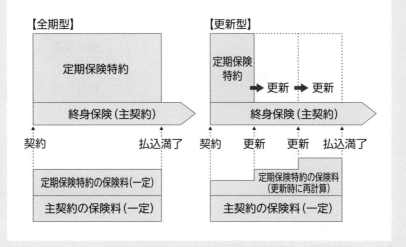

3 養老保険

　養老保険は、被保険者の死亡・高度障害状態を一定の期間保障し、満期まで生存していた場合には満期保険金を受け取れる保険です。一般には**死亡保険金額**と**満期保険金額は同額**です。**貯蓄性を重視している**ため、他の保険に比べ保険料は高くなります。

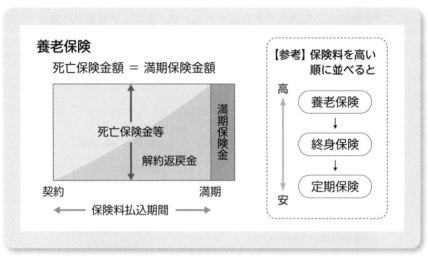

4 学資保険 (こども保険)

　子どもの進学に合わせて、祝金や満期時に満期保険金が支払われる保険です。通常、親等が契約者、子どもが被保険者となります。**契約者が死亡・高度障害状態になった場合は、以後の保険料の支払いは免除**されますが、祝金や満期保険金は当初の契約どおり受け取れます。**出産前に加入できる**ものもあります。

「出生前加入特則」
→ ライフプランニングと
　資金計画
　P.26へ

5 特定（三大）疾病保障保険

がん、**急性心筋梗塞**、**脳卒中**により被保険者が所定の状態になった場合、生存中に特定疾病保険金を受け取れる保険です。

被保険者が生存中に特定疾病保険金を受け取らずに死亡した場合は、**死亡の原因にかかわらず死亡保険金**が支払われます。特定疾病保険金と死亡保険金が二重に支払われることはありません。

 特定疾病保険金を受け取った場合
→ その時点で保険契約が消滅します。

特定疾病保険金を受け取らずに死亡した場合
→ 死亡の原因にかかわらず、死亡保険金が支払われます。

保険金は二重には
支払われません

6 個人年金保険

被保険者が契約で定めた年齢に達すると、年金を受け取ることができる保険です。被保険者が**年金受取り開始前に死亡**した場合は、一般に**既払込保険料相当額の死亡給付金**が支払われますが、受取り期間中に死亡した場合は、商品タイプごとに異なります。

終身年金や有期年金には、年金受取り開始後に被保険者が死亡しても、遺族が年金を受け取れるよう**保証期間**を設けることができます。

年金の受取り方による分類

終身年金　被保険者が生存している間、年金を受け取れる。
女性の方が長生きのため保険料が高くなる。

「身」が「終」わるまでの年金、と覚えよう

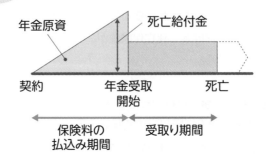

※保証期間を設けていない場合の図

確定年金　被保険者の生死に関係なく、一定期間（確定期間）年金を受け取れる

生きていても、亡くなっても、必ず受け取れる年金

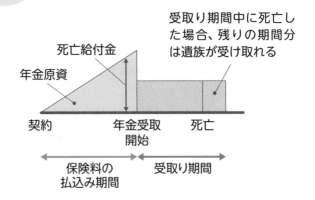

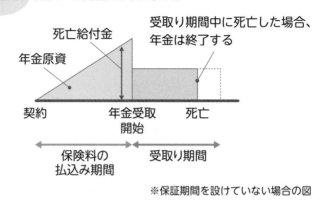

有期年金　被保険者が生存している間の一定期間中（有期）年金を受け取れる

生きている間の一定期間受け取れる年金

死亡給付金

年金原資

受取り期間中に死亡した場合、年金は終了する

契約　年金受取開始　死亡

保険料の払込み期間　受取り期間

※保証期間を設けていない場合の図

7 変額個人年金保険、変額終身保険

　保険会社が、保険料を株式や債券などで運用し、その運用成果に応じて**年金額や解約返戻金等が変動する保険**です。

　一般に、**解約返戻金に最低保証はありません**が、変額個人年金保険では**死亡給付金額が最低保証**され、変額終身保険では契約時に定めた保険金額（基本保険金額）が最低保証されています。保険料は**特別勘定**で運用されます。

チェック！

特別勘定の運用益は、運用期間中は課税されません。

変額と出てきたら特別勘定と覚えよう！

Point!

特別勘定と一般勘定

特別勘定：変額保険や変額個人年金のように、金融商品等の運用実績に応じて給付が変動する資産の管理や運用をする勘定。一般勘定とは区別されている。

一般勘定：変額保険ではない保険の資産運用や管理をする勘定。

8 医療保険等、一般的な特約

　医療保険等は、被保険者の病気や傷害、介護、特定疾病等を保障します。主契約にできるもののほか、特約として付加できるものもあります。

一般的な医療保険等

医療保険	病気やケガで入院・手術等をした場合に、入院給付金や手術給付金等が給付されます。入院給付金については1入院あたりの支払限度日数と、保険期間中通算の支払限度日数が定められています 1入院あたりの支払限度日数は、退院の翌日から180日以内に同一の病気等で再入院した場合、先の入院と合わせて「1入院」とみなします
がん保険	がんと診断されるとがん診断給付金（がん一時金）が支払われ、がんで入院・手術をした場合にはがん入院給付金・がん手術給付金等が給付されます 医療保険と違い、1入院あたりと通算の支払限度日数に制限がないのが特徴です 一般的に責任開始日前には3カ月または90日間の免責期間があり、その期間中にがんと診断されても通常、給付金等は支払われません
介護保障保険	所定の介護状態が一定期間続く場合に、介護一時金や介護年金が支払われます 公的介護保険の要介護度に連動して給付される連動型や、各保険会社の独自基準で給付される非連動型があります その他、認知症などで給付されるものもあります

特約は、一般に、主契約に付加することができます。

一般的な特約

不慮の事故（急激かつ偶然な外来の事故）に備える特約	
災害割増特約	不慮の事故等が原因で、180日以内に死亡または高度障害になったとき保険金が支払われます POINT!　交通事故や階段からの転落などを不慮の事故といいます
傷害特約	不慮の事故等が原因で、180日以内に死亡または所定の身体障害状態になったときに、保険金または障害の程度に応じた障害給付金が支払われます
入院・通院に備える特約	
災害入院特約	不慮の事故によるケガで180日以内に入院したときに、給付金が支払われます
疾病入院特約	病気で入院したとき等に、給付金が支払われます
生活習慣病入院特約 （成人病入院特約）	がん、脳血管疾患、心疾患、高血圧性疾患、糖尿病等の生活習慣病が原因で入院したとき等に、給付金が支払われます POINT!　がん、糖尿病は生活習慣病と覚えましょう
通院特約	一般に、入院給付金の対象となる入院後に、治療のため通院したとき、給付金が支払われます

その他の特約	
特定疾病保障特約 （特定（三大）疾病 保障保険の特約版）	がん、急性心筋梗塞、脳卒中と診断され、もしくは所定の状態となったとき、生存中に保険金を受け取れます 保険金を受け取ると、特約は消滅します 保険金を受け取ることなく死亡した場合は、死亡事由が特定疾病以外でも、死亡保険金が支払われます
リビング・ニーズ特約	余命6カ月以内と判断された場合に、死亡保険金の全部または一部（上限3,000万円）を生前に受け取れます 特約保険料は無料です
先進医療特約	療養の時点（契約時ではない）で厚生労働大臣が承認している先進医療を受けたときに、給付金が支払われます
指定代理請求特約	被保険者が保険金等の請求ができない状態のとき、代わりにあらかじめ指定した指定代理請求人が請求できます

P.120にも
出てるよ！

9 団体信用生命保険

　団体信用生命保険は、住宅ローン等の返済を目的とした生命保険です。住宅ローンの債務者（被保険者）が死亡・高度障害状態になった場合に、その時点の住宅ローンの残高と同額の保険金が金融機関等へ支払われます。特約で、がんなどの特定疾病になった場合に保険金が支払われるものもあります。

保険金の受取人が金融機関になるので
生命保険料控除の対象外！

団体信用生命保険の仕組み

借りた人に代わって保険会社が住宅ローンを返済

保険会社

〇〇保険

借りた人に
代わって返済

銀行

BANK

契約者 → 金融機関など
被保険者 → 住宅ローンの債務者
受取人 → 金融機関など

団体信用生命保険は、死亡保険金の受取人が金融機関などとなるため、生命保険料控除の対象にはなりません。

10 総合福祉団体定期保険

　役員・従業員の遺族の生活保障を目的とした、保険期間1年の定期保険です。契約者が法人、被保険者は役員・従業員で、加入には告知と同意が必要です。死亡保険金受取人は原則、被保険者の遺族ですが、**被保険者の同意があれば法人を受取人**にすることもできます。法人は支払った**保険料を全額損金**に算入できます。

　また、**ヒューマン・ヴァリュー特約**（受取人＝法人）を付加すれば、役員・従業員の死亡等に伴う、**新規採用や人材育成**などの経済的負担にも備えることができます。

生命保険契約

告知義務 申込時に…

責任開始日 条件は3つ

契約の失効と復活 猶予期間に支払えなかったら…

払込猶予 払込みが遅れた…

シーン別に覚えよう!

1 告知義務

保険契約の申し込みにあたり、契約者または被保険者（告知義務者）は、保険会社が定めた**健康状態や職業など**の告知事項に答えなければなりません。

告知事項にないことを自発的に告知する必要はないよ!

2 責任開始日

責任開始日とは、保険契約の保障が始まる日のことです。責任開始日に関する特約を付加した場合を除き、原則、次の3つがすべて完了した日が責任開始日となります。

> 申し込み

> 告知または医師の診査

> 第１回目の保険料払い込み

　保険への加入は保険会社の承諾が前提となりますが、責任開始日は原則として、上記の３つが揃った日となります。

　責任開始日は
　「申・告・払い」で１セットに
　なってるからね！

3　保険料の払込猶予

　万一、保険料を支払えなかった場合、すぐに契約が失効するわけではなく、猶予期間が設けられています。

月払いの猶予期間	払込期月の翌月初日から末日まで ＝支払予定月の次の月の１日から末日までのこと
年払い、半年払いの猶予期間	払込期月の翌月初日から翌々月の契約応当日（月単位）まで

　契約応当日とは、
　契約後の保険期間中に迎える、
　毎年・毎月の契約日です
　記念日みたいにね！

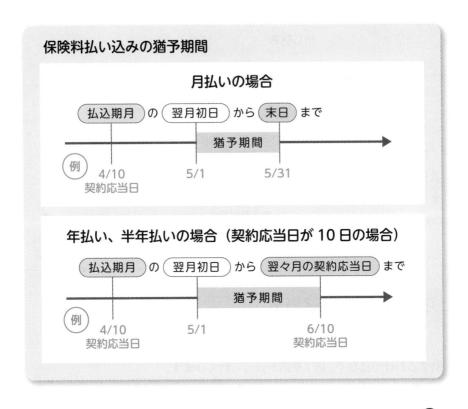

保険料払い込みの猶予期間

月払いの場合

（払込期月）の（翌月初日）から（末日）まで

猶予期間

例 4/10　　　5/1　　　5/31
契約応当日

年払い、半年払いの場合（契約応当日が10日の場合）

（払込期月）の（翌月初日）から（翌々月の契約応当日）まで

猶予期間

例 4/10　　　5/1　　　6/10
契約応当日　　　　　　　契約応当日

---

4 自動振替貸付制度と契約者貸付制度

注目！

契約者貸付制度は解約返戻金の一定の範囲内です。払込保険料と同額までなどのひっかけ問題に注意しましょう！

　保険契約者が、加入中の保険の解約返戻金をもとに、保険会社から貸付けを受けられる制度があります。

自動振替貸付制度 保険料の支払いが ないとき	猶予期間を経過しても保険料の支払いがないときに、保険会社が解約返戻金の範囲内で保険料を立て替えて、契約を継続させる制度
契約者貸付制度	契約者が、解約返戻金の一定の範囲内で、保険会社から貸付けを受けられる制度

5 契約の失効と復活

　猶予期間内に保険料が支払われず、自動振替貸付を受けられない場合、保険契約は効力を失います。

　失効した場合も、所定の期間内に**告知**または医師の診査を行い、保険会社の**承諾**を得て、延滞している未払いの保険料とその利息をまとめて支払うことで契約を**復活**させることができます。

復活後の保険料は失効したときの保険料です
「復活したときの保険料」といった
ひっかけ問題に注意しましょう

6 払済保険と延長（定期）保険

　加入中の保険の解約返戻金をもとにして、**払済保険**や**延長（定期）保険**へ変更すると、その後は保険料を支払わずに契約を継続することができます。ただし、付加していた**特約は消滅**します（払済保険のリビング・ニーズ特約等、一部の特約は残ります）。

注目！

払済保険と延長（定期）保険の説明が逆になって出題されるので違いをしっかり押さえましょう。

払済保険	延長（定期）保険
保険料の払い込みを中止して、その時点での解約返戻金をもとに変更する	
・一般に、保険期間は変わらない ・一般に、同じ種類の保険（終身保険や養老保険等）に変更する	・保険金額は変わらない ・一時払いの定期保険に変更する

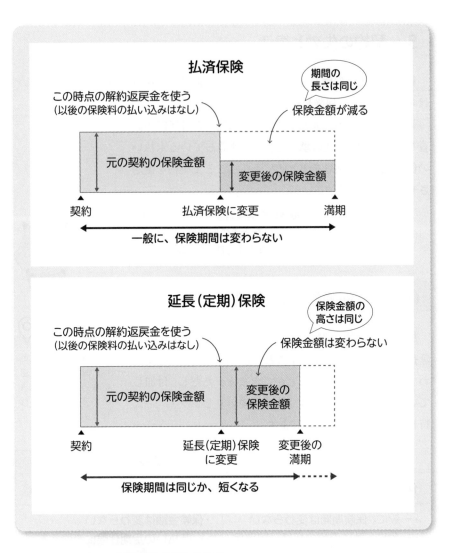

払済保険

この時点の解約返戻金を使う
（以後の保険料の払い込みはなし）

期間の
長さは同じ

保険金額が減る

元の契約の保険金額

変更後の保険金額

▲契約　　▲払済保険に変更　　▲満期

一般に、保険期間は変わらない

延長（定期）保険

この時点の解約返戻金を使う
（以後の保険料の払い込みはなし）

保険金額の
高さは同じ

保険金額は変わらない

元の契約の保険金額

変更後の
保険金額

▲契約　　▲延長（定期）保険
　　　　　　に変更　　　▲変更後の
　　　　　　　　　　　　満期

保険期間は同じか、短くなる

保険金額が変わるのか
変わらないのかを
覚えよう

7 契約転換制度

　契約転換制度とは、保険の下取りのようなものです。

　現在加入している保険の責任準備金等（転換価格）を下取りに出し、新しい保険の一部に充当する方法です。転換後の保険は**新契約**となるため、**告知または医師の診査が必要**です。保険料は転換時（新契約時）の年齢や保険料率によって決められますが、下取りがあるため同条件の新契約よりは安くなります。

 定期保険特約付終身保険（更新型）との違いに注意しよう！
・契約転換は、告知または医師の診査が必要です。一方、更新の場合は不要です。

契約転換制度は、保険の下取り制度。
乗っている車を下取りに出して、
新車を購入する…
というのに例えると
わかりやすいかな

LESSON 7

個人の生命保険と税金

ここで学ぶのはこの2つ！

支払い保険料
に対する
控除額

保険金を
受け取ったときの
税金

何税の対象に
なるのかは、
契約者等の組み合わせで
変わるよ

1 生命保険料控除

1年間に支払った生命保険料は、金額に応じて所得控除の一つである**生命保険料控除**を受けられます。

一般の生命保険料控除は、保険金受取人が納税者本人、またはその配偶者、その他の親族となっている生命保険契約の保険料が対象で、2011年以前に契約した医療保険等を含みます。

介護医療保険料控除は、保険金受取人が納税者本人、またはその配偶者、その他の親族で、2012年以後に契約した、疾病や傷害により給付金等が支払われる保険契約のうち、医療費の支払事由により給付金等が支払われる保険契約の保険料です。

チェック！

前年分の保険料を本年に支払った場合、その保険料は本年分の生命保険料控除の対象となります。

契約時期と
控除内容の
違いに注意！

　ただし、傷害特約や災害割増特約のような、身体の傷害に基因して保険金が支払われる保険の保険料は、生命保険料控除の対象にはなりません。

生命保険料控除の区分と限度額

	2011年12月31日以前の契約のみ（旧契約）		2012年1月1日以後の契約を含む（新契約）	
	所得税	住民税	所得税	住民税
一般の生命保険料控除	5万円	3.5万円	4万円	2.8万円
介護医療保険料控除	旧契約にはない		4万円	2.8万円
個人年金保険料控除	5万円	3.5万円	4万円	2.8万円
合計の控除限度額	10万円	7万円	12万円	7万円

新旧の契約が混在しても
所得税での上限は12万円！

合計した場合でも
「7万円」が
限度額になる！

どの生命保険料控除になる？

保険の種類・特約	旧契約	新契約
終身保険、定期保険、養老保険、収入保障保険、変額個人年金保険	一般	一般
医療保険（特約）、がん保険（特約）、先進医療特約	一般	介護医療
災害入院特約、災害割増特約、傷害特約	一般	対象外
個人年金保険（個人年金保険料税制適格特約付）	個人年金	個人年金

※旧契約も2012年1月以降に更新や医療特約等を中途付加した場合は、その月以降、契約全体が新契約の扱いになります。

所得税の生命保険料控除額の計算例

新契約 （2012年1月1日以後に締結した保険契約等）の控除額

● 一般の生命保険料控除、個人年金保険料控除、
　　介護医療保険料控除

年間の支払保険料の合計	控除額
20,000円以下	支払金額
20,000円超　40,000円以下	支払金額×1／2＋10,000円
40,000円超　80,000円以下	支払金額×1／4＋20,000円
80,000円超	40,000円

＜計算例＞

支払保険料　定期保険：年額75,000円（新契約）

控除額　　75,000円×1／4＋20,000円＝38,750円

生命保険料控除額：38,750円

計算練習はしておこう

2 保険金等を受け取ったときの税金

　個人が受け取った保険金等は、その種類と、契約者・被保険者・受取人の関係によって、課税される税金が、相続税・所得税（および住民税）・贈与税のいずれかになります。

FP試験では
契約者＝保険料負担者（支払う人）
の設定で出題されるよ

死亡保険金と税金

契約者 ＝保険料負担者	被保険者 （死亡）	受取人	受取人に課税される税金
Aさん	Aさん	Bさん	**相続税** 受取人が相続人の場合は、死亡保険金の非課税枠の適用がある
Bさん	Aさん	Bさん	**所得税（および住民税）** （一時所得として扱われる） 「自分が支払って自分が受け取る」は所得税
Bさん	Aさん	Cさん	**贈与税** 契約者・被保険者・受取人がすべて違う場合は必ず贈与税

まずは
ここを覚えよう！

支払った人が受け取る → 所得税（および住民税）
契約者・被保険者・受取人がすべて違う人 → 贈与税

契約者、被保険者、
受取人の関係と税金の種類を
頭に入れておこう！

満期保険金・解約返戻金と税金

契約者 =保険料負担者	被保険者	受取人	受取人に課税される税金
Aさん	—	Aさん	所得税（および住民税） （一時所得として扱われる） 「自分が支払って自分が受け取る」は所得税
Aさん	—	Bさん	贈与税 「AからBへあげた」という扱いになる

（例外）金融類似商品の場合

　満期保険金等が既払込保険料よりも多い場合の差益部分は20.315％（所得税・復興特別所得税15.315％、住民税5％）の源泉分離課税の対象になります。

金融類似商品とは？

①保険期間が5年以下の一時払養老保険や一時払損害保険の満期保険金

②保険期間が5年超でも、5年以内に解約した一時払養老保険等の解約返戻金

個人年金保険と税金

契約者 =保険料負担者	被保険者	年金 受取人	年金受取人に課税される税金
Aさん	—	Aさん	所得税（および住民税） →雑所得 （確定年金を一括で受け取ると一時所得）
Aさん	—	Bさん	贈与税 「AからBへあげた」という扱いになる

3 非課税となる保険金や給付金

保険金や給付金のうち、以下のものは非課税です。

ここが出る！

疾病や傷害によって支払われるもの	入院給付金 手術給付金 介護一時金 介護年金 がん診断給付金　など
生前給付保険金	特定疾病保障保険金 高度障害保険金 リビング・ニーズ特約保険金　など

　特定疾病保障保険金、リビング・ニーズ特約保険金等を受け取った後、被保険者が死亡して保険金の残額が相続された場合、その残金は**相続税**の課税対象となります。

大変なことになっている人には
課税できないものねえ…

そーゆーワケか！

法人の場合は経理処理が関わってきます！

法人の生命保険など

養老保険は特に重要だよ!

法人が受取人の場合、
大きくは
この2つに
分けられるよ!

貯蓄性のあるものは…
資産

貯蓄性のないものは
損金

経理処理の仕方も覚えてね!

1 法人契約の生命保険とは

　法人（会社）が契約者、従業員や役員が被保険者とな
る生命保険を法人契約の生命保険といい、経営者の死亡
リスク対策、退職金準備や福利厚生などに活用されます。
　個人の保険とは違い、保険料の支払時と保険金等の受
取時には、会社の経理処理が必要となります。

3級では、簿記を知らなくても
「損金」と「資産」の違いは
理解しておこう!

2　生命保険料の経理処理

法人が支払った生命保険料は、**損金**や**資産**に分けて経理処理をします。まずは基礎知識として、この違いを頭に入れておきましょう。

Step 1　法人が支払った生命保険料の経理処理の流れ

・損金にできる → 損金算入する

・損金にできない → 資産計上する

・損金にできるものとできないものが混在する → 損金算入と資産計上する

例：法人が保険金受取人の場合

貯蓄性のない掛け捨ての保険 定期保険など	損金算入	お金が 貯まらないもの
貯蓄性のある保険 終身保険、養老保険など	資産計上	帳簿にお金が 貯まるもの

支払った保険料の経理処理によって、
受け取る保険金の経理処理が
変わってくることに注目！

Step 2　法人が受け取った生命保険金などの経理処理の流れ

法人が保険料を支払ったときの経理処理によって異なります。

保険料支払時	受取時の経理処理
資産計上額がない	全額雑収入
資産計上額がある	資産計上額 < 保険金 → 差額が雑収入
	資産計上額 > 保険金 → 差額が雑損失

試験では、法人が支払った生命保険料の経理処理について問われますが、簿記が苦手な方でも、どの種類の生命保険料が、損金算入や資産計上になるかを覚えていれば解答できます。

法人が支払った生命保険料の原則的な経理処理

①貯蓄性のある保険商品の場合 （資産計上）

　法人が受取人の終身保険、養老保険など貯蓄性のある商品の保険料は、「保険料積立金」「前払保険料」などの科目で、資産に計上します。

②掛け捨て保険商品の場合 （損金算入）

　法人が受取人の定期保険、特約保険料など掛け捨ての商品の保険料は、「定期保険料」「特約保険料」「福利厚生費」などの科目で、損金に算入します。

③保険金受取人が法人以外 （損金算入）

　保険金受取人が法人ではなく、特定の被保険者や遺族になっている場合、「給与」として扱い、原則、損金に算入します。

資産計上になるもの、
損金算入になるもの、
それぞれの違いを覚えてね！

3 養老保険の経理処理

養老保険の保険料は、資産計上が基本的な経理処理ですが、「契約者＝法人、被保険者＝（役員）・従業員の全員」とする養老保険は、受取人の要件（下表）を満たした場合、**保険料の2分の1を損金算入（福利厚生費）に**することができます。これを**ハーフタックスプラン（福利厚生プラン）**といいます。役員・従業員の死亡退職金や生存退職金として活用できます。

ハーフ（半分）の
タックス（税金）って
ことですね

ここが出る！

法人が支払う養老保険の保険料の経費処理

契約者 ＝保険料 負担者	被保険者	死亡保険金 受取人	満期保険金 受取人	経理処理
法人	（役員） 従業員 全員	法人	法人	資産計上（保険料積立金）
		被保険者の遺族	被保険者	原則、損金算入（給与）
		被保険者の遺族	法人	ハーフタックスプラン 2分の1を資産計上 （保険料積立金） 2分の1を損金算入 （福利厚生費）

・ハーフタックスプラン（福利厚生プラン）は、全員加入が原則です（普遍的加入）。

・特定の役員・従業員のみを被保険者としている場合は、「福利厚生費」ではなく「給与」になります。

ハーフタックスプラン（福利厚生プラン）は、死亡保険金受取人が被保険者の遺族、満期保険金受取人が法人です。

142

養老保険の保険料の仕訳例

(例)　A社が養老保険の年間保険料100万円を現金で支払った
　　　（ハーフタックスプランの要件は満たしていることとします）

借方	貸方
福利厚生費（損金算入）　50万円 保険料積立金（資産計上）50万円	現金・預金　100万円

ハーフタックスプランなので
半分は損金算入できます

（損金計上）50万円

福利厚生費として半分を
損金算入（借方）

（資産計上）50万円

保険料積立金として半分を
資産計上（借方）

（資産の減少）100万円

現金・預金での支払いで
資産の減少（貸方）

仕訳では、借方と貸方が
必ず同額になるよ！

【参考】　簡単な仕訳のルール

借方に記帳される取引	貸方に記帳される取引
・資産の増加 ・負債の減少 ・純資産の減少 ・費用の発生	・資産の減少 ・負債の増加 ・純資産の増加 ・収益の発生

4 受取人を法人とする定期保険等の経理処理

2019年7月8日以後に契約した定期保険および第三分野の保険の経理処理は、**最高解約返戻率で異なります。**

最高解約返戻率とは、保険期間中、支払った保険料に対する解約返戻金相当額の割合が最も高いときをいいます。

最高解約返戻率	資産計上期間	資産計上期間の 保険料の経理処理
50％以下	なし	全額損金
50％超 70％以下※	契約日から保険期間の 当初4割相当の期間	60％損金算入 40％資産計上（前払保険料）
70％超 85％以下		40％損金算入 60％資産計上（前払保険料）
85％超 （原則）	契約日から最高解約 返戻率となるまでの期間等	一定の計算式により損金算入 部分と資産計上部分を分ける

※最高解約返戻率が50％超70％以下で1被保険者あたりの年換算保険料相当額が30万円以下となる契約は全額損金算入となる

解約返戻率が高い定期保険は、解約を前提とした節税目的のものが多かったのです

で、それはダメ！というこの通達がきたわけね

2019年7月7日以前に契約した長期平準定期保険の経理処理は、保険期間の前半6割と後半4割の期間で経理処理が異なります（次ページ表参照）。

長期平準定期保険とは、保険期間満了時における被保険者の年齢が70歳超で、かつ、保険に加入した時の年齢に保険期間の2倍相当数を加えた数が105を超える定期保険です。

長期平準定期保険の経理処理（契約日：2019年7月7日以前）

保険期間の 前半6割の期間	支払保険料 × 1／2 ＝ 前払保険料（資産計上） 支払保険料 × 1／2 ＝ 定期保険料（損金算入）
保険期間の 後半4割の期間	支払保険料の全額が定期保険料（損金算入） 資産計上されている保険料を均等に取り崩して損金算入

5 法人保険からの保険金等受取り等の経理処理

　法人保険からの生命保険金等の受取りは、それまで資産計上していた保険料積立金等との関係により、**雑損失**と**雑収入**の経理処理があります。

死亡保険金・解約返戻金・満期返戻金の受取り

　法人が保険金等（死亡保険金、満期保険金、解約返戻金）を受け取った場合、それまで資産計上していた保険料積立金があれば保険金等から差し引き、差がプラスの場合（保険金等が多い）は差額を雑収入に、マイナスの場合（保険金等が少ない）は差額を雑損失として経理処理します。

役員勇退時の名義変更（終身保険）

役員勇退時に役員退職金の一部または全部として、法人契約の終身保険の契約者名義を当該役員に変更し、死亡保険金受取人を役員の相続人等に変更して、役員個人の終身保険契約として継続することができます。

その際の経理処理は、原則、解約返戻金相当額が当該役員の退職所得の収入金額となります。

法人保険の受取りのまとめ

超過したら
雑収入

不足だったら
雑損失

受け取ったのが
プラスなら
雑収入に、
マイナスなら
雑損失に！

はい、これどーぞ
名義変更
しときました！

ああ、
退職金の一部として
くれるのね

損害保険の基本を知ろう！

損害保険の仕組み

損害保険は4つの原則からできている！

計算で成立
してるのね

大数の法則	収支相等の法則
給付・反対給付均等の原則	利得禁止の原則

基本用語も
覚えてね！

1 損害保険の基本用語

契約者と
被保険者は
違うこともあるよ

保険価額、保険金額、保険金など似た言葉に注意しよう。

契約者	保険会社と契約を結ぶ人（保険料を支払う人）
被保険者	保険の対象になる人、補償を受ける人
保険事故	建物が火事になるなど、保険の対象が損害を負うこと
保険価額	保険事故時に、被るであろう損害の最高見積額 保険対象の評価額を金銭的に評価したもので、時価や再調達価額で定められる
時　価	保険事故発生時における対象物の金銭的価値のこと
再調達価額	同じものを再築したり、再取得するために必要な金額のこと
保険金額	契約時に定める保険金の額のこと 保険事故時に支払われる最高限度額となる
保険金	保険事故が発生したときに、保険会社から支払われるお金

2　損害保険の保険料の仕組み

　損害保険料の基本的な仕組みはこの4つの原則から成り立っています。

　原則1と2は生命保険の項目でも出てきたものですが、ここではさらに2つが加わります。

原則 1 大数の法則	個々の事象は偶発的だったとしても、大数で見ると一定の確率性があること
原則 2 収支相等の原則	保険料は、契約者から受け取る保険料総額・運用益と、保険会社が受取人に支払う保険金の総額・経費が等しく（収支相等）なるように算定される

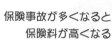

保険事故が多くなると
保険料が高くなる

原則 3 給付・反対給付均等の原則 （レクシスの原則）	リスクの大きさや、事故発生率に応じた保険料を負担しなければならないという原則
原則 4 利得禁止の原則	実際の損害額を超える保険金を受け取ることによって、利益を得てはいけないという原則

利得禁止の原則は
「モラルリスク（保険金の不正取得）を防ぐ」
ということ

Point!　損害保険の保険金の原資となる純保険料は、過去の大量なデータによる予定損害率に基づいて算出されます。

3　損害保険の掛け方

　損害保険の保険金額と保険価額の関係（保険の掛け方）には、次の3つの種類があります。

超過保険	保険金額が保険価額よりも大きい保険（保険金額＞保険価額） 損害額の全額が支払われる → 実損てん補
全部保険	保険金額と保険価額が同じ保険（保険金額＝保険価額） 損害額の全額が支払われる → 実損てん補
一部保険	保険金額が保険価額よりも小さい保険（保険金額＜保険価額） 保険金が削減される → 比例てん補

 利得禁止の原則が適用されるため、超過保険の場合でも保険価額（損害額）を超える額の保険金は支払われません。
つまり、保険価額・損害額が100万円の場合、保険金額が1,000万円であっても、100万円を超えては支払われません。

 保険金額を増やしても、
保険価額・損害分を超える
お金は出ないんだね

損害保険の原則を
おさらいするよ！

最近火事が多くて
物騒ね…
火災保険に入るか

そうだ！
どうせなら、
たくさん入ろうよ！

本当に
火事になったら
お金たくさん
はいっちゃうかも！

数カ月後

本当に火災発生！

保険金額は
1,000万円の
保険なのに
100万円しか
払われなかった…

保険価額と損害額が
100万円
なんだから……
当たり前でしょ！

たくさん入ったからといって
保険価額や実際の損害額を超える保険金が
払われるわけじゃありません！

損害保険の種類と補償内容を一気に解説！

損害保険の種類

火災

地震

自動車

賠償責任

傷害

5つの補償を
詳しく
見ていくよ!

1 火災保険とは

　火災保険とは、火災等によって生じた建物や家財等の
損害を補償する保険です。

　火災以外にも、落雷、破裂、爆発、風災、雪災などによ
る損害や、**消火活動による水濡れ**の損害も補償の**対象と
なりますが、地震・噴火、またはこれらによる津波を原
因とする損害は補償の対象となりません。**

補償の対象を
押さえよう

火災保険の補償の対象

建物	建物のほか、門、塀、垣、物置、車庫も含まれる
家財	現金は対象外（盗難は対象） 一般に、1個または1組の価額が30万円超の貴金属等は、「明記物件」として明記すれば補償の対象となる

上記の貴金属等であっても、地震保険では補償対象外です。

なぜ火災保険が必要？

ここが出る！

失火ノ責任二関スル法律（失火責任法）

失火により隣家等を全焼させてしまった場合でも、重大な過失がないときは民法上の不法行為責任の規定は適用されないため、隣家等に対して損害賠償責任を負いません（故意、重過失あり、爆発を除く）。

逆をいえば、隣家からの延焼で自宅が焼失してしまった場合でも、隣家の人が軽過失であれば損害賠償責任がないため、自分自身で火災保険に入っておく必要があるということです。

ただし、借家（借りている建物）での失火については、大家さん（家主）に対して賃貸借契約の債務不履行による損害賠償責任を負うため、その賠償のためには借家人賠償責任補償特約を付ける必要があります。

2　火災保険の主な補償の範囲

火災保険の主な種類として、住宅火災保険と住宅総合保険があります。それぞれの補償範囲を確認しましょう。

住宅火災保険と住宅総合保険

住宅火災保険	火災、落雷、風災などによる損害を補償する火災保険 居住用の建物とその建物内の家財を対象とした保険
住宅総合保険	住宅火災保険より補償範囲を広げた火災保険 水災や盗難も補償対象となる

補償の範囲

損害	住宅火災保険	住宅総合保険
火災、落雷、爆発、破裂、風災、ひょう災、雪災	○	○
消防活動による水濡れ	○	○
水害（水災）	×	○
給排水設備事故による水濡れ	×	○
盗難	×	○
外部からの落下、飛来、衝突	×	○
持出家財の損害	×	○
地震、噴火、津波	×	×
シロアリ被害、経年劣化	×	×

3　地震保険とは

火災保険では、**地震・噴火**、またはこれらによる**津波**を原因とする損害は補償されないため、これらの損害に備えるためには地震保険に加入する必要があります。**地震保険は、火災保険に付帯して加入**する必要があります。

4 地震保険の保険金額と保険料

　地震保険の保険金額や保険料などについては、次のポイントを押さえておきましょう。

地震保険のポイント

補償の対象	・居住用建物 ・生活用動産（家財）→1個または1組の価額が30万円を超える貴金属などは対象外
保険金額	・主契約（火災保険）の保険金額の30％〜50％の範囲 ・上限は居住用建物5,000万円、生活用動産1,000万円
保険期間	・1年または最長5年の複数年
保険料	・保険会社による違いはない ・対象となる建物の所在地（都道府県）と構造によって変わる ・4種類の割引制度があるが、重複適用はできない 【割引制度（割引率）】 ①免震建築物割引（50％）　　②耐震診断割引（10％） ③耐震等級割引（耐震等級3＝50％）　④建築年割引（10％）
保険金	・損害の程度を4区分で評価し、その区分に応じた保険金が支払われる 　全　損 → 保険金額の100％ 　大半損 → 同60％ 　小半損 → 同30％ 　一部損 → 同5％

5 自動車保険の種類

　自動車保険には、法律で加入が義務付けられている自賠責保険（自動車損害賠償責任保険）と、自賠責保険では補償されない損害や賠償をカバーするための任意加入の自動車保険があります。

6 自賠責保険

　自賠責保険は、すべての自動車（原動機付自転車含む）に加入が義務づけられています。自動車を運転する者が人身事故を起こした場合に負う被害者に対する損害賠償責任に備える保険で、保険会社による保険料の違いはありません。

死亡より後遺障害の
最高額の方が多くなります

自賠責保険のポイント

補償の対象	対人賠償事故で、自分以外の被害者のみ補償 → 対物賠償事故（物損事故）は対象外
保険金の 支払限度額	死　　亡 → 最高 3,000 万円 後遺障害 → 最高 4,000 万円 傷　　害 → 最高　　120 万円 1 事故あたりではなく、被害者 1 人あたりで計算される
保険金の請求	加害者だけでなく被害者からも請求できる

7 任意加入の自動車保険

任意加入の自動車保険は、民間の保険会社等で加入します。任意加入の自動車保険はいくつかの補償がセットになっているものが多いですが、自分で選択できる保険もあります。

キーワード 🔓

示談 (じだん)
簡単にいうと被害者と加害者 (の保険会社) が最終的に示談金をいくら払うかを決める話し合いのことです。

任意加入の自動車保険の補償

対人賠償保険※	自動車事故により他人を死傷させた場合に、自賠責保険の支払額を超える部分の金額が支払われる
対物賠償保険※	自動車事故により他人の財物に損害を与えた場合に支払われる
人身傷害補償保険	自動車事故により搭乗者 (運転者を含む) が死傷した場合に、自分の過失割合にかかわらず、示談を待たず保険金額の範囲内で損害額の全額について保険金が支払われる
搭乗者傷害保険	自動車事故により搭乗者 (運転者を含む) が死傷した場合に支払われる
無保険車傷害保険	ほかの自動車との事故で死亡や後遺障害を被ったが、相手方が無保険であった場合などに支払われる
車両保険 (一般条件)	自動車事故のほか、対象の自動車があて逃げや火災、洪水、盗難等にあった場合に支払われる 地震、噴火、津波による損害は特約がなければ補償対象外

※対人賠償保険、対物賠償保険は被害者救済のための保険です。そのため、無免許運転や飲酒運転による事故であっても、被害者に保険金が支払われます。なお、契約者本人、配偶者・父母・子へは補償されません (兄弟姉妹は補償対象)。

8　傷害保険とは

傷害保険は、日常生活や就業中での「**急激かつ偶然な外来の事故**」による死亡、後遺障害、入院、通院などに対して保険金が支払われる保険です。

靴ずれ、日焼けなどは
急激とは
いえませんよね

急激かつ偶然な外来の事故	該当しない例
交通事故、転倒によるケガなど	靴ずれ、日焼け、疾病など

保険料は、年齢や性別による違いはありませんが、職業（危険度）により異なります。

9　傷害保険の種類

主な傷害保険

普通傷害保険	国内外を問わず、日常生活のほか、就業中、通勤中、旅行中※も補償の対象となる 地震、噴火、津波による傷害や、細菌性食中毒・ウイルス性食中毒は特約がなければ、対象外
家族傷害保険	１契約で家族全員の傷害を補償する 家族の範囲 → 本人、配偶者、生計を一にする同居親族や別居の未婚の子（傷害発生時） 　　　　　　　家族数が変わっても保険料は同額
国内旅行 傷害保険	国内旅行中※の傷害を補償する 細菌性食中毒・ウイルス性食中毒も補償の対象 地震、噴火、津波による傷害は補償の対象外
海外旅行 傷害保険	海外旅行中※の傷害を補償する 細菌性食中毒・ウイルス性食中毒も補償の対象 海外での地震、噴火、津波による傷害も補償の対象

※旅行中とは、「旅行のため、家を出てから帰宅するまで」のこと。

傷害保険の補償のまとめ（特約がない場合）

○：補償対象、×：補償対象外

	ケガ （原則）	細菌性食中毒 ウイルス性食中毒	地震・噴火・津波 による傷害
普通傷害保険	○	×	×
国内旅行傷害保険	○	○	×
海外旅行傷害保険	○	○	○

旅行傷害保険は
食中毒も補償される！

10 賠償責任保険とは

　賠償責任保険とは、偶然の事故により他人の身体・生命、財物に損害を与えて、法律上の賠償責任を負ったときに補償される保険です。

一契約で
家族全員分を補償

個人を対象とした主な賠償責任保険

個人賠償責任保険 （個人賠償責任補償 特約）	日常生活における偶然の事故によって、他人にケガをさせたり、他人のものを壊したことで負う、損害賠償責任に備える保険 補償対象者は、加入者本人に加え、配偶者や生計を一にする同居の親族・別居の未婚の子も含まれる ［補償対象の事故例］ 　・ペットが他人にケガをさせた 　・子どもが投げたボールで隣家の窓ガラスが割れた 　・自転車で通学中、歩行者にぶつかりケガをさせた

個人賠償責任保険の補償対象外の事故例

・自動車の事故（自動車保険の補償対象となる）
・業務中の事故

自動車→対象外
自転車→対象

企業を対象とした主な賠償責任保険

生産物賠償責任保険 （PL保険）	製造・販売した製品の欠陥や仕事の結果によって生じた事故に対する損害賠償責任を補償対象とする保険
施設所有（管理）者 賠償責任保険	施設の不備による事故、施設内の業務中に生じた事故に対する損害賠償責任を補償対象とする保険
請負業者 賠償責任保険	土木、建設などの請負業務従事者が行う、業務中に生じた事故に対する損害賠償責任を補償対象とする保険
受託者賠償責任保険	他人から預かった物に損害（紛失、盗難、破損）を与えた場合の損害賠償責任を補償対象とする保険

企業の賠償責任保険が適用されるケース例

・飲食店で提供した
　料理が原因で食中毒が発生した

・看板設置後に外れ、
　通行中の車にぶつかった

⇒ 生産物賠償責任保険（PL保険）

・飲食店の従業員が誤って
　客にケガをさせた

・陳列していた商品が崩れて
　客にケガをさせた

⇒ 施設所有（管理）者賠償責任保険

・工事中にクレーン車が倒れ、
　隣家の塀を壊してしまった

・道路工事で配管を損傷させた

⇒ 請負業者賠償責任保険

・火災により預かっていた荷物が
　焼失した

・ホテルのクロークで預った荷物を
　紛失した

⇒ 受託者賠償責任保険

企業を対象としたその他の損害保険

企業費用・利益保険 （店舗休業保険）	火災や自然災害等で受けた損害や、営業停止による逸失利益を補償する保険

火災保険・地震保険の補償のポイント

地震だー!!

噴火だー!!

津波だー!!

……と、色々大変ですがこれらは、なんと火災保険ではなく地震保険での補償になるのです!

結構試験に出るからね!

160

保険金を受け取ったとき、保険料を支払ったとき

損害保険と税金

個人的な場合は

保険金を受け取っても原則非課税※!

だって得するわけ
じゃないもんね

家が燃えた…

法人の場合の
経理処理も
覚えておこう!

ボロ…

※個人と法人で異なります

1 個人が受け取る損害保険金と税金

　損害保険の保険金は、損失の補てんを目的とした実損払いや損害賠償金のため、**原則として非課税**です。ただし、傷害保険や自動車保険の死亡保険金（一部除く）、積立型保険の満期返戻金や解約返戻金、年金等については、生命保険とほぼ同様の扱いで課税対象となります。

2 個人が支払う地震保険料

タックスプランニング
で学びます

　自宅建物や家財を目的として、1年間に支払った一定の地震保険の保険料は、地震保険料控除として、所得金額から一定の金額を差し引くことができます。

地震保険料控除額

所得税	支払保険料の全額 → 最高５万円
住民税	支払保険料の２分の１ → 最高２万５,０００円

・数年分の保険料を一括で支払った場合は、一括支払金額をその年数で割った金額が１年あたりの控除対象となります。

・店舗併用住宅は、住宅部分の保険料が控除対象となります。ただし、住宅部分が建物総床面積の90％以上を占める場合は、保険料の全額が控除対象となります。

・主契約である火災保険は、地震保険料控除の対象外です。

3　法人が支払う損害保険料の経理処理

　法人が支払った損害保険料は、原則として当該事業年度分に係る部分は損金算入できます。満期返戻金つき（保険期間３年以上）の契約では、保険料のうち積立部分は資産計上し、その他は損金算入します。

個人事業主が支払った損害保険料（掛捨て型）は、全額を必要経費として経理処理することができます。ただし、店舗併用住宅の火災保険は、保険料のうち、住宅部分の保険料は必要経費にはできません。また、事業主本人が自己を被保険者とする傷害保険や所得補償保険などの保険料を支払っても、必要経費にはできません。

金融資産運用

ここで学ぶ内容です！

経済、金融の基本

金融商品に関する
セーフティネットと関連法規

金利と預金

債券

株式

投資信託

外貨建て金融商品

ポートフォリオ理論・デリバティブ

金融商品と税金

傾向と対策

学科試験　投資商品の特徴とリスクを理解しましょう

経済指標、株式の投資指標、投資信託の運用手法はほぼ毎回出題されます。そのほか、債券では市場金利や信用格付けと価格、利回りとの関係。株式では売買ルールや市場の指標。投資信託では収益分配金もよく出題されています。外貨預金ではTTSとTTB、為替レートと円換算利回りも理解しておきましょう。ポートフォリオ理論の相関係数、オプション取引のプレミアムについても、ほぼ毎回どちらかが出題されています。計算問題では、預貯金の元利計算、債券の利回り計算、株式の投資指標の計算、ポートフォリオの期待収益率の計算は確実に得点できるようにしましょう。預貯金の商品性、預金保険制度、新NISAも出題が予想されるので、理解しておきましょう。

実技試験　受検先別の傾向と対策

【金財　個人資産相談業務】

資料にもとづく株式の投資指標の読み解き問題はほぼ毎回出題されます。そのほか、株式の取引ルールや投資信託の手数料、債券の利回りやリスク、外貨預金の特徴や元利計算、各種金融商品の課税関係（課税方式、税率、損益通算など）もよく出題されます。上場投資信託、新NISA制度も出題が予想されますのでおさえておきましょう。

【金財　保険顧客資産相談業務】

この分野からは出題されません。

【日本FP協会　資産設計提案業務】

資料にもとづく株式の投資指標の読み解き問題はほぼ毎回出題されます。そのほか、投資信託の手数料や購入金額の計算、預金保険制度の対象を問う問題も出されます。新NISAの概要や金の特徴もおさえておきましょう。

LESSON 1

経済指標

この5つを使って経済状況を把握しよう！

1. GDP
2. 景気動向指数
3. 日銀短観
4. 物価指数
5. 通貨量を見る指標

それぞれの
見方を
覚えよう！

1　国内総生産（GDP）

国内総生産（GDP）とは

　国内の経済活動によって生み出された、財・サービスといった付加価値の総額で、**内閣府が四半期ごとに発表**しています。支出面から見たGDPの構成比を見ると、個人消費である「**民間最終消費支出**」が最も高い比率を占めます。

　その国の経済力の規模を示す数値といわれます。

※GDPには、物価変動を反映して算出した「名目GDP」と、名目GDPから物価変動の影響を取り除いて算出した「実質GDP」があります。

暗記！
内閣府が発表する
民間最終消費支出が
最も大きい割合を
占める

2 景気動向指数

　景気動向指数とは、景気の状況を総合的に見るために、景気に対して敏感に変動する30の指標を統合した指数で、**毎月、内閣府**が公表します。「**CI**（コンポジット・インデックス）」と「**DI**（ディフュージョン・インデックス）」の2種類があり、それぞれ、「**先行指数**」「**一致指数**」「**遅行指数**」の3つの指数で構成されています。

公表元を覚えよう
GDPと景気動向指数はいずれも内閣府が公表します

CIとDIの違い

CI ─┬─ 先行指数
　　├─ 一致指数
　　└─ 遅行指数

CIは景気の動きのテンポや大きさを測定。
現在はCIを中心に公表。

※CIの一致指数が上昇していると、景気の拡張局面を示します。

DI ─┬─ 先行指数
　　├─ 一致指数
　　└─ 遅行指数

DIは景気の各経済部門への波及度合いを測定。

※DIの一致指数が50％を上回ると、景気の拡張局面を示します。

指数の代表例

どの指数になんの系列が入るのかを覚えよう！

先行指数 … 景気の動きに先行して動く指数 → 新規求人数(除く学卒)、東証株価指数など

一致指数 … 景気の動きと一致して動く指数 → 有効求人倍率など

遅行指数 … 景気の動きより遅れて動く指数 → 完全失業率、消費者物価指数など

3 日銀短観

　日銀短観（にちぎんたんかん）の正式名称は、「全国企業短期経済観測調査」です。全国の大企業や中小企業等の企業経営者に対する調査のことで（アンケート）、日本銀行（日銀）が**年4回**、四半期ごとに調査して集計・公表しています。中でも、最も注目されるのが「**業況判断DI**」です。

　DIが**下降**に転じたときは**景気が後退局面入り**、DIが**上昇**に転じたときは回復局面入りしている可能性が高いといえます。

注目！

業況判断DIは、景気が良いと思っている企業の割合から悪いと思っている企業の割合を差し引いた単純な指標です。

$$業況判断DI \quad = \quad 業況が「良い」と答えた企業の割合 \quad - \quad 業況が「悪い」と答えた企業の割合$$

景気動向指数で出てきた
DIとは別のことです

4 物価指数

公表元が違う
ということを
意識してください

物価指数とは、モノやサービスなどの価格の動向を指数化して表したものです。さまざまな物価指数がありますが、重要なのは「消費者物価指数」と「企業物価指数」です。

	消費者物価指数	企業物価指数
公表元	総務省（毎月）	日本銀行（毎月）
内容	全国の一般消費者が購入するモノ・サービスの価格変動を表す指数	企業間で取引される商品価格の動向を表す指標（サービスは除く） 消費者物価指数より変動が激しい

物価が継続して上昇している状態を**インフレ**（インフレーション）といい、それに伴いお金の価値が下がります。逆に、物価が継続して下落している状態を**デフレ**（デフレーション）といい、それに伴いお金の価値が上がります。

<インフレの例>

1個100円の商品が、インフレにより150円になった場合、この商品を買うのにこれまでより多くのお金が必要になるので、相対的にお金の価値が下がったことになります。

物の値段（物価）が継続して上がっていくのは
インフレーション、
物の値段（物価）が継続して下がっていくのは
デフレーション！

5 通貨量を見る指標

「通貨量を見る指標」というのは、世の中に出回っているお金や、金融機関と日本銀行がやり取りをしているお金の量を見る指標です。

	マネーストック統計	マネタリーベース
公表元	日本銀行（毎月）	
内容	個人や法人、地方公共団体などが保有する通貨の総量（国や金融機関が保有する通貨は含まない） →金融機関が世の中に供給しているお金の量	日本銀行が供給する通貨量 →世の中に流通しているお金の量と、金融機関が日本銀行に預けているお金（日銀当座預金）の合計

6 金利の変動要因

金利が変動する要因には、景気、物価、為替レート、海外金利、通貨量などがあり、それぞれに、例えば「**景気が回復**すると**金利は上昇**しやすくなる」といった基本的な"法則"があります。実際の経済は、さまざまな要因によって、必ずしも法則どおりに動くわけではありませんが、基本的な法則を理解しておくことは重要です。

対比すると覚えやすいよ

変動要因	国内金利上昇　↑	国内金利下落　↓
景気	回復	後退
物価	上昇	下落
為替レート	円安	円高
海外金利	上昇	下落
通貨量	減少	増加

7 金利が変動する理由

　景気と金利の関係について、「なぜ景気が回復すると
金利が上昇するのか？」といった理由を理解しておくと、
覚えやすくなります。それぞれの変動要因について、金
利が変動する理由を解説します。

景気と金利

　景気が良くなる → 企業の資金需要が増加 → 金利上昇 ↑
　景気が悪くなる → 企業の資金需要が減少 → 金利下落 ↓

物価と金利

　物価が上がる（インフレーション）
　　→ お金が多く必要になる → 金利上昇 ↑
　物価が下がる（デフレーション）
　　→ お金があまり必要でなくなる → 金利下落 ↓

物価と金利は
同じ動き！

為替レートと金利

　為替レートが円安になる → 輸入製品の物価が上がる → 金利上昇 ↑
　為替レートが円高になる → 輸入製品の物価が下がる → 金利下落 ↓

海外金利と国内金利

　海外金利が上がる
　　→ 円を売り、外貨を買うので円安になる → 金利上昇 ↑
　海外金利が下がる
　　→ 外貨を売り、円を買うので円高になる → 金利下落 ↓

間違えやすい

通貨量と金利

　通貨量が減る → 市場に出回るお金が少なくなる → 金利上昇 ↑
　通貨量が増える → 市場に出回るお金が多くなる → 金利下落 ↓

通常、資金の需要が多いときに金利が上昇します

金融市場と金融政策

金融市場ではどんな取引が
行われているのかな？

日銀の
金融政策

公開市場操作
（オペレーション）

預金準備率
操作

それぞれの仕組みや種類を知ろう！

1 金融市場とは

　資金を融通することを、略して「金融」といいます（全国銀行協会ホームページより）。資金の融通とは、お金を借りたい人に、利子を支払うことを条件に、お金を持っている人が貸すことです。つまり、金融市場とは、「お金を借りたい人とお金を貸したい人が、取引をするところ」といえます。

金融市場の参加者は
銀行、保険会社、証券会社といった
金融機関と一般企業になります

2 金融市場の仕組み

　金融市場では、金融機関どうしや、金融機関と企業との間で、お金の貸し借りが行われています。金融市場には、取引期間が1年を基準に、短期金融市場と長期金融市場に分けられます。

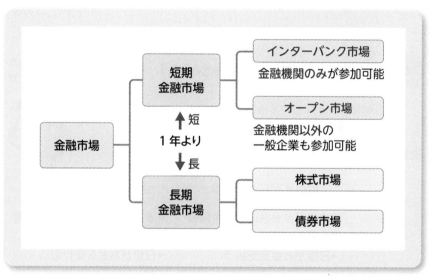

インターバンク市場

「インターバンク」（＝銀行間）なので、銀行などの金融機関のみが参加可能。「手形」を取引する「手形市場」や、短期資金を取引する「コール市場」も含まれます。また、コール市場で取引される「無担保コール翌日物レート」は、日本の代表的な短期金利の指標となっています。

チェック！

「無担保コール翌日物レート」の「翌日物」の意味は、金融機関どうしが「今日借りて、明日返す」ということ。つまり、1日分の超短期金利です。

3 日銀の金融政策

　金融政策とは、**物価を安定させることを目的**として、日本銀行が実施する政策のことです。具体的には通貨や金融の調整を行いますが、主な金融政策として、「**公開市場操作（オペレーション）**」と「**預金準備率操作**」が挙げられます。

4 公開市場操作（オペレーション）

　公開市場操作（オペレーション）には「買いオペレーション」と「売りオペレーション」があり、金融市場の通貨量（マネタリーベース）を調整しています。

（オペレーション）

買って操作するから「買いオペ」なんだね！

	買いオペレーション	売りオペレーション
内容	日本銀行が金融市場で金融機関などから国債などを買う →日銀がお金を支払う	日本銀行が金融市場で金融機関などへ国債などを売る →日銀がお金を受け取る
通貨供給量	増える	減る
金利	下がる	上がる
政策の目的	金融緩和→物価下落抑制	金融引締→物価上昇抑制

日銀が債券を買ったお金が、市中に流れるわけか！

買いオペレーションの仕組み

日銀が金融機関などから債券（国債）を買うことでお金の流れが
下記のようになります。

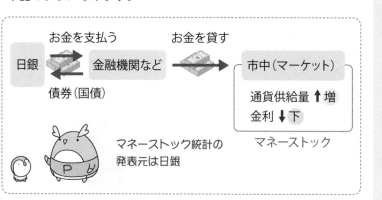

5 預金準備率操作

　金融機関は、一定の割合のお金を日本銀行に預けるこ
とが義務づけられていて、この預ける割合を預金準備率
といいます。

　日本銀行が預金準備率を引き上げたり、引き下げたり
することが預金準備率操作で、金融市場に出回る資金量
を調整します。

金融機関は
日銀に当座預金として
お金を預けます

LESSON 3

金融機関のセーフティーネット

預けていた金融機関が破綻したよ！

あ　あ　あ
あ　　　あ

資産が〜！

そんなときでも
・預金保険制度
・日本投資者保護基金
という制度があるよ！

1　預金保険制度

　預金保険制度とは、万一金融機関が破綻した場合に、預金者を保護する制度です。制度の対象となるのは、日本国内に本店がある銀行、信用金庫、信用組合、労働金庫、ゆうちょ銀行などの国内支店ですが、これらの**海外支店**と、外国銀行の日本支店は保護されません。

海外支店と
外国銀行の
日本支店は対象外！

2　保護される預貯金の種類と範囲

　金融機関が預金保険制度の対象となっていても、預貯金によっては保護されないものがあります。

	預貯金の種類	保護の範囲
保護の対象	決済用預貯金	全額保護
	一般の預貯金	元本 1,000 万円までと その利子を保護
保護の対象外	外貨預金 譲渡性預金など	―

外貨預金は
保護の対象外と
なることに注意

決済用預貯金
利子が付かない「無利子」、いつでも引き出しが可能な「要求払い」、引き落としが可能な「決済サービス」という 3 つの条件を満たしているもの。預貯金の金額にかかわらず、全額保護の対象となります。
（例）当座預金、ゆうちょ銀行の振替貯金など

一般の預貯金
1 つの金融機関ごとに、預金者 1 人あたり元本 1,000 万円までと、利子等が保護されます。
（例）普通預金、定期預金など

3 日本投資者保護基金

　証券会社が破綻して、投資家に有価証券や金銭などを返還できなくなった場合、日本投資者保護基金が、一般投資家 1 人あたり 1,000 万円まで補償します。

※銀行で購入した投資信託などは、日本投資者保護基金の補償の対象外です。

金融商品の関連法規

万が一、投資で
だまされても…

わたしたちが守ります!

消費者契約法

金融サービス
提供法

1 消費者契約法

消費者契約法は、消費者を保護するための法律です。
消費者とは**個人**（事業者としての契約は除く）ですので、
法人は対象とはなりません。

法人は対象外

2 金融サービス提供法

金融サービス提供法は、株式、債券、投資信託などの
金融商品の契約について、投資家を保護するための法律
です。

3 消費者契約法と金融サービス提供法の比較

消費者契約法と金融サービス提供法を、重要なポイントごとに比較してみましょう。

重要事項とは、販売する金融商品に元本割れのリスクがある、というようなことだよ

	消費者契約法	金融サービス提供法
保護の対象者	個人（事業者としての契約は除く）	個人、法人
主な対象	事業者の不適切な行為による誤認、困惑等にもとづく契約	1. 重要事項の説明義務違反 2. 断定的判断の提供にもとづく契約
保護内容	契約の取消し	損害賠償請求
併用	両方の規定に抵触する場合は両方が適用される	

消費者契約法と金融サービス提供法の両方の規定に抵触する契約の場合は両方の適用が可能です！

消費者契約法 → 取消し

金融サービス提供法 → 損害賠償請求

同時にできる

4 金融商品取引法

　金融商品取引法は、金融商品の取引において、投資家を保護するための法律です。金融商品取引業者に対して、金融商品の販売・勧誘に関するルールを以下のように定めています。

金融商品取引業者が守るべきルール

広告の規制	金融商品取引業者が広告などをするときには一定の表示を行わなければならず、誇大広告をしてはならない
契約締結前の書面交付義務	一般投資家と金融商品取引契約を締結する際、あらかじめ、リスクなどの重要事項を記載した契約締結前交付書面を交付しなければならない
断定的判断の提供の禁止	利益が生じることが確実であると誤解させるような断定的判断を提供してはならない
損失補てんの禁止	顧客に損失が生じた場合、金融商品取引業者が損失の補てんをしてはならない
適合性の原則	顧客の知識、経験、財産の状況、および契約を締結する目的に照らして、不適切と認められる勧誘をしてはならない

金融商品取引法って？

ややっ
こういうの
わかんないんで…

絶対
儲かりますよ！

あ、う…

わかんなくたって
大丈夫！
さ、ここに
ハンコ押して！

まあ、
要はこういうのはダメよ、
って法律ね

LESSON 5

金利と預金

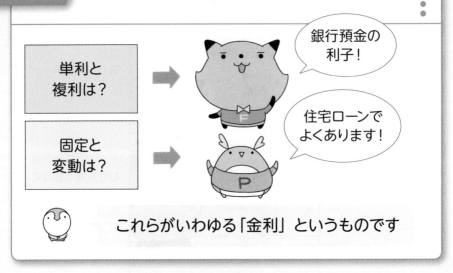

1　金利とは

　金利とは、お金の貸し借りにともない、貸し手に対して借り手が支払うレンタル料のことです。借りた金額（元本）に対する割合（％）として表示されます。

　預金する場合、お金を預ける人がお金の貸し手で、お金を預かる金融機関が借り手となります。以下、預金を念頭に置いて、金利の種類を理解しましょう。

金利の種類も
知っておこう！

2 単利と複利

　金利には、いろいろな分類の仕方があります。まず、利子の付き方によって、「単利」と「複利」に分けることができます。

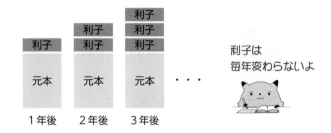

単利　金融機関に預けた当初の元本のみに利子が付きます。

利子は
毎年変わらないよ

複利　一定期間ごとに支払われる利子も元本に含め、それを新しい元本として次の利子を計算します。1年に1回利子が付くものを「1年複利」、半年に1回利子が付くものを「半年複利」といいます。

複利は、利子に
利子が付く
イメージです！

3 単利と複利の計算

単利での元本と利子を 合計した金額（元利合計額）の求め方

かけ算が 先だよ！

> **公式** 元利合計額（円）＝ 元本 ×（1＋ 年利率×預入年数）

〈具体例〉

100万円を年利率2％で3年間預けた場合

元利合計額は　100万円 ×（1 ＋ 0.02 × 3）＝ 106万円

複利での元利合計額の求め方

・1年複利の場合（利子が1年に1回付く）

単利よりも 多くなる！

> **公式** 元利合計額（円）＝ 元本 ×（1 ＋ 年利率）^{年数}

〈具体例〉

100万円を年利率2％で3年間預けた場合

元利合計額は 100万円 ×（1 ＋ 0.02）^{3} ＝ 106万1,208円

〈参考〉半年複利の場合

1年複利よりも 半年複利の方が 多い！

$$元利合計額 ＝ 元本 ×（1 ＋ \frac{年利率}{2}）^{年数×2}$$

元利合計額　100万円 ×（1 ＋ $\frac{0.02}{2}$）$^{3×2}$

＝106万1,520円（円未満を四捨五入）

4 固定金利と変動金利

金利には、「固定金利」と「変動金利」という分類方法もあります。

| 固定金利 | 預入時から満期まで金利が変わらない |
| 変動金利 | 市場金利の変動に応じて金利も変動する |

住宅ローンなどでもよく使われる金利の分類です

5 貯蓄型金融商品の種類

貯蓄型金融商品は、預入期間の定めがなく、いつでもお金の出し入れが可能な「流動性預貯金」と、満期の定められている「定期性預貯金」に分けることができます。

6 銀行の主な貯蓄型金融商品

ひと言！

決済口座とは家賃や光熱費などの口座振替を利用できる口座です。

流動性預貯金
預入期間の定めがなく、いつでもお金の出し入れが可能

流動性預貯金の種類	金利の種類	特　徴
普通預金 通常貯金※	変動金利	・決済口座として利用可能
貯蓄預金 通常貯蓄貯金※		・残高に応じて金利が高くなる ・決済口座としては利用できない

※ゆうちょ銀行の商品

定期性預貯金

預入期間である満期が定められている

定期性預貯金の種類	金利の種類	特　徴
スーパー定期預金	固定金利	・預入期間が 3 年未満 → 単利型のみ ・預入期間が 3 年以上 → 単利型と半年複利型[※2] から選択
定期貯金[※1]		・預入期間が 3 年未満 → 単利型のみ ・預入期間が 3 年以上 → 半年複利型のみ
定額貯金[※1]		・6 カ月経過後はお金の払い出しは自由 ・預入期間は最長 10 年で、半年複利型 ・預入期間に応じた金利が適用
大口定期預金		・預入金額 1,000 万円以上 ・単利型
期日指定定期預金		・預入から 1 年たてば、預入期間（1 年以上 3 年以内が一般的）の範囲内で自由に満期を指定できる
変動金利定期預金	変動金利	・預入期間が 3 年未満→ 単利型のみ ・預入期間が 3 年以上→ 単利型と半年複利型[※2] から選択 　→「スーパー定期預金の変動金利版」のイメージ

※1 ゆうちょ銀行の商品
※2 個人のみ

変動金利定期預金以外、
「定期預金」は
固定金利なのです

何しろ「変動」って
付いてるくらいだからね！

7　ゆうちょ銀行の金融商品

ゆうちょ銀行の貯蓄型金融商品は「預金」ではなく「貯金」といいます。ゆうちょ銀行に預けることができる**貯金の限度額**は、通常貯金1,300万円、定期性貯金1,300万円の合計**2,600万円**です。

預金保険制度で
保護される金額と
間違えないでね

8　財形貯蓄

勤務先から支払われる給与から定期的に天引きして行う貯蓄商品で、勤労者のみが利用できます。

一般財形貯蓄、財形住宅貯蓄、財形年金貯蓄の3つがあり、財形住宅、財形年金は「各1契約のみ」「55歳未満に限り申し込みできる」などの要件がありますが、一定の範囲内で利子（運用益）が非課税となります。

	財形年金貯蓄	財形住宅貯蓄
目的	老後資金	一定の新築・中古住宅の購入・増改築
申込時年齢	55歳未満の勤労者	
積立期間	5年以上	原則、5年以上
契約数	各1人1契約	
非課税の範囲	貯蓄型は合わせて元利合計550万円まで 保険型は合わせて払込保険料累計額550万円（財形年金は385万円）まで	
払出し	目的外の払出しは、原則、課税	

※一般財形貯蓄には非課税措置はありません

LESSON 6

債券の基本

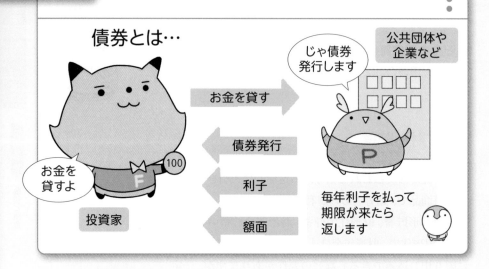

債券とは…

お金を貸す

じゃ債券発行します

公共団体や企業など

債券発行

お金を貸すよ

利子

投資家

額面

毎年利子を払って期限が来たら返します

1 債券とは

債券とは、国や地方公共団体、企業、または外国の政府や企業などが、まとまった資金を調達することを目的として発行するものです。簡単にいうと、お金を借りる際に発行する借用証書です。

債券を購入した投資家は、所有している期間は毎年利子を受け取ります。そして、満期（償還期限）まで所有していると、原則、額面金額が返ってきます。なお、満期まで所有せず、途中で市場価格で売却することもできます。

債券の取引は、株式と異なり、取引所での取引ではなく、多くは金融機関の店頭での取引です。

ひと言！

店頭での取引は「相対（あいたい）取引」と呼ばれます。自分と金融機関との直接売買です。

2　債券用語の基礎知識

　債券には専門的な用語が多いので、用語を理解することが重要です。

額面金額	債券の最低申込単位のこと 1万円、5万円、10万円など債券によって異なり、通常、債券の券面に記載されている
発行価格	債券が新規に発行される際の価格のこと 発行価格は、「額面金額100円あたり」で表示される
表面利率	額面金額に対して1年間に支払われる利子の割合 利子は英語で「クーポン」といわれることから、「クーポンレート」ともいう
償還期限	債券を発行したときに決められる満期

3　債券の種類

　債券にはいろいろな種類があります。さらに分類の仕方にもいくつかのパターンがあります。

債券は
種類が多すぎる！

利払い方法による分類

利付債	年1回や半年に1回など、定期的に一定の利子が支払われる債券
割引債	利子の支払いはないが、額面金額より低い価格で発行され、満期時に額面金額が償還される債券（発行価格と額面金額の差が実質的な利子となる）

発行体よる分類

国債・地方債	国や地方公共団体が発行する債券
社債	企業が発行する債券

4 債券の発行価格

発行価格は、「額面金額100円あたり」で表示されます。額面金額を100円とみなした場合、発行価格は、100円であったり、100円より高い場合や低い場合もあります。

発行価格が100円の場合
発行価格が額面金額（100円）と同じ場合
→「パー発行」といいます。

発行価格が101円の場合
発行価格が額面金額（100円）を上回る場合
→「オーバーパー発行」といいます。

発行価格が99円の場合
発行価格が額面金額（100円）を下回る場合
→「アンダーパー発行」といいます。

5　個人向け国債

個人向け国債とは、一般の個人のみが購入できる国債のことで、「変動10年」「固定5年」「固定3年」の3種類があります。

国が発行する
債券のことを
国債と呼びます

	変動10年	固定5年	固定3年
金利の種類	変動金利	固定金利	
適用利率	基準金利×0.66	基準金利−0.05％	基準金利−0.03％
下限金利	0.05％		
利払い	半年ごとに年2回		
発行頻度	毎月発行		
購入単位	額面金額1万円		
中途換金	中途換金→購入後、1年経過後から換金可能（1万円単位）ただし、直前2回分の利子相当額が差し引かれる		

・基準金利は、市場金利にもとづいて決定されます。
・下限金利は、表面利率の最低水準のことです。

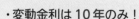

Point!

・変動金利は10年のみ！
・発行頻度と購入単位はすべて共通！
・固定5年の適用利率は「基準金利−0.05％」
　固定3年の適用利率は「基準金利−0.03％」
　→「5」と「3」を意識しましょう！

債券の利回りとリスク

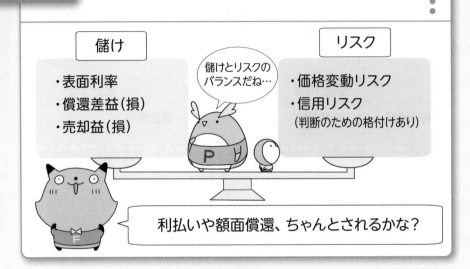

儲け
・表面利率
・償還差益（損）
・売却益（損）

儲けとリスクのバランスだね…

リスク
・価格変動リスク
・信用リスク
（判断のための格付けあり）

利払いや額面償還、ちゃんとされるかな？

1 債券の利回り

　債券の利回りは、投資家の債券の購入のタイミングと、債券を途中売却するか満期まで保有するかによって名称が変わります。主なものは、「応募者利回り」「最終利回り」「所有期間利回り」です。名称が違うだけで、利回りの計算式は一緒です。

ひと言！

利回りとは、元本に対する1年間の収益のことです。

投資判断では、
利率ではなく利回りが
重要な判断基準になるよ

債券の利回りは主にこの3つ！

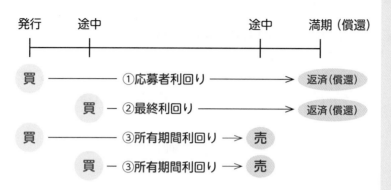

①応募者利回り
新発債を発行時に買って満期まで保有した場合の利回り

②最終利回り
既発債を時価で買って満期まで保有した場合の利回り

③所有期間利回り
買うタイミングにかかわらず、満期が来る前に売った場合の利回り

新たに発行される債券を新発債
すでに発行されて、
市場で取引されている債券を
既発債といいます

①応募者利回り

債券の発行時に購入して、満期まで保有したときの利回り。
満期時は額面金額で償還されるので、額面金額を超える「オーバーパー」で発行されたときは償還差損、額面金額を下回る「アンダーパー」で発行されたときは償還差益が発生します。

公式

$$
応募者利回り(\%) = \frac{表面利率（利子） + \dfrac{額面金額 - 発行価格}{償還期限（年）}}{発行価格} \times 100
$$

②最終利回り

既発債を購入し、満期まで保有したときの利回り。
満期時は額面金額が償還されるので、額面金額よりも高く購入したときは償還差損、額面金額よりも安く購入したときは償還差益が発生します。

公式

$$
最終利回り(\%) = \frac{表面利率（利子） + \dfrac{額面金額 - 購入価格}{残存期間（年）}}{購入価格} \times 100
$$

③所有期間利回り

購入するタイミングにかかわらず、満期前に途中売却したときの
利回り。

売却価格が購入価格を上回れば売却益、売却価格が購入価格を下
回れば売却損が発生します。

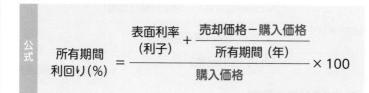

$$
\text{所有期間利回り（\%）} = \frac{\text{表面利率（利子）} + \dfrac{\text{売却価格} - \text{購入価格}}{\text{所有期間（年）}}}{\text{購入価格}} \times 100
$$

 上記の3つの式の違いは、購入するタイミングと、途中売却
するか償還（満期）まで持つかの違いだけです！

上記の3つの計算式の構造は、すべて同じです。
あえて1つの計算式で表現すると、以下のようになります。

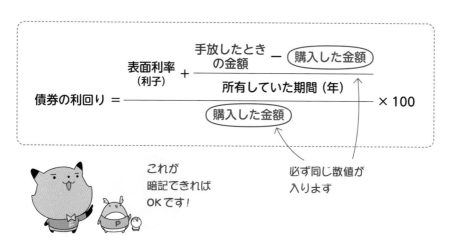

$$
\text{債券の利回り} = \frac{\text{表面利率（利子）} + \dfrac{\text{手放したときの金額} - \text{購入した金額}}{\text{所有していた期間（年）}}}{\text{購入した金額}} \times 100
$$

これが
暗記できれば
OKです！

必ず同じ数値が
入ります

2 債券の利回りを計算してみよう

●額面金額 100 円、発行価格 98 円、表面利率 1 ％、
　償還期限 5 年の債券の「応募者利回り」

$$\frac{\underset{(\text{表面利率}\to\text{利子})}{1\text{円}} + \dfrac{100\text{円（額面金額）} - 98\text{円（発行価格）}}{5\text{年（償還期限）}}}{98\text{円（発行価格）}} \times 100 = 1.43\%$$

※小数点第 3 位を四捨五入

〈電卓での計算の順番〉

$\{(100 - 98) \div 5 + 1\} \div 98 \times 100 = 1.4285 \cdots\cdots \%$

表面利率は利子にすると
わかりやすいです。
表面利率 1 ％なら 1 円です

●額面金額 100 円、購入価格 99 円、売却価格 101 円、
　表面利率 1 ％、所有期間 2 年の債券の「所有期間利回り」

$$\frac{\underset{(\text{表面利率}\to\text{利子})}{1\text{円}} + \dfrac{101\text{円（売却価格）} - 99\text{円（購入価格）}}{2\text{年（所有期間）}}}{99\text{円（購入価格）}} \times 100 = 2.02\%$$

※小数点第 3 位を四捨五入

〈電卓での計算の順番〉

$\{(101 - 99) \div 2 + 1\} \div 99 \times 100 = 2.0202 \cdots\cdots \%$

慣れればカンタンです！

なお、利子の投資元本に対する利回りである「直接利回り」もあります。

$$\text{公式}\quad \text{直接利回り（\%）} = \frac{\text{表面利率（利子）}}{\text{購入価格}} \times 100$$

3　価格変動リスク（金利変動リスク）

　債券の代表的なリスクが「価格変動リスク」です。金融機関などが債券を取引している市場の金利が上昇すると債券の価格は下落し、利回りは上昇します。逆に市場の金利が下落すると債券の価格は上昇し、利回りは下落します。市場金利に左右されることから「金利変動リスク」とも呼ばれます。

 ひと言！

市場金利と債券の利回りは、ほぼ同じ方向と思っていいでしょう。

「価格変動リスク」では金利と価格の動きは反対になる

市場金利		債券価格		債券の利回り（最終利回り）
上昇 ↗	➡	下落 ↘	➡	上昇 ↗
下落 ↘	➡	上昇 ↗	➡	下落 ↘

市場の金利が上昇すると、
投資家がもっと有利な投資へと動くから
低い金利の債券は魅力が下がり、売られて、
債券価格は下落するんだね！

債券の残存期間と価格変動幅の関係（ほかの条件が同じ場合）	残存期間の長い債券の方が、短い債券よりも価格変動幅が大きい
債券の表面利率と価格変動幅の関係（ほかの条件が同じ場合）	表面利率の低い債券の方が、高い債券よりも価格変動幅が大きい

4 信用リスク（デフォルトリスク）

　債券とは借用証書のようなものですが、発行した国や企業が利子を支払えなかったり、満期時に元本を返済できないことがあります。このようなリスクを、「信用リスク」といいます。英語の「デフォルト」が「債務不履行」を意味することから、「デフォルトリスク」とも呼ばれます。

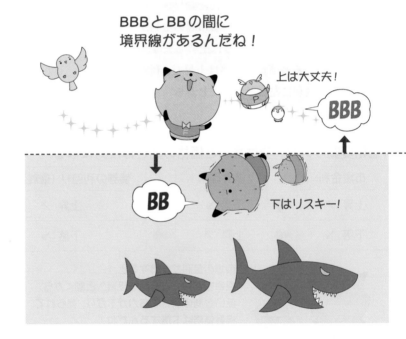

5 格付けと信用リスク

債券の信用度を判断する材料として「格付け」があります。「S&P（スタンダード・アンド・プアーズ）」や「ムーディーズ」といった格付け機関が、個別の債券について、「A」「B」「C」といった記号を使って格付けをしています。

格付けと信用リスク（S&P社の例）

格付け	区分	分類	債券の信用リスク	債券価格	債券の利回り
AAA	投資適格	投資適格債券	低い＝安全 ↑	高い ↑	低い ↑
AA					
A					
BBB					
BB	投機的	投資不適格債券 投機的債券 （ジャンク債）	高い＝危険 ↓	安い ↓	高い ↓
B					
CCC					
CC					
C					
D					

ここで分かれる

※格付け機関は、米国のS&Pとムーディーズが世界的に有名ですが、日本を含め、さまざまな国に存在し、国内外の債券の格付けを行っています。

格付けの高い債券は、**信用リスクが低いので債券の価格は高く、利回りは低く**なります。逆に、格付けの低い債券は信用リスクが高いので価格は低く、利回りは高くなります。

ひと言！

一度、格付けをされた債券でも、債券が発行された後に見直されることがあります。格付けが上がる「格上げ」、格付けが下がる「格下げ」の両方があります。

株式の基本

1 株式とは

　株式は、株式会社が資金を出してもらった人（株主）に対して発行する証券です。株主は、投資元本が保証されないリスクを負う代わりに、保有する株式の割合に応じて、企業から配当金を受け取ったり、経営に参加したりすることができます。

　株価や配当金は業績等に応じて変動します。たとえば、**国内でのみ事業を展開する企業には円高は好材料**となり、**海外で積極的に事業を展開する企業には円安が好材料**とされます。

2　株式市場

　株式は通常、金融商品取引所を通じて売買されます。東京証券取引所（東証）の他に、名古屋・札幌・福岡に取引所があります。東証には主に「プライム」「スタンダード」「グロース」の三市場があります。

3　株式の注文方法

　金融商品取引所に上場している株式の売買はオークション方式で行われます。注文方法には、「指値（さしね）注文」と「成行（なりゆき）注文」の２種類があります。

キーワード 🔓

価格優先、時間優先で取引される手法を「オークション方式」といいます。

この値段で指定	指値注文	売買価格を指定して（指値）注文する方法 → この値段または有利な価格で、「買いたい」or「売りたい」
成行に任せる！	成行注文	売買価格を指定せず、銘柄と数量を指定して注文する方法 → いくらでもいいから、「買いたい」or「売りたい」

　株式の売買時には売買代金とは別に売買委託手数料（消費税含む）がかかります。売買委託手数料は**証券会社によって異なります**。

株式の売買単位

　株式を売買するときの最低売買の単位を**単元株**と呼びます。現在、日本株の単元株は**100株**に統一されています。

4 取引のルール

金融商品取引所を通じて株式を売買する場合、以下の
3つの原則があります。

成行注文優先の原則	指値注文より、成行注文の方が優先される
価格優先の原則	複数の指値注文がある場合、買い注文は高い価格が優先され、売り注文は安い価格が優先される
時間優先の原則	同じ条件で複数の注文がある場合は、時間の早い注文が優先される

5 株式の「受渡日」

株式の売買が成立した日を「約定日（やくじょうび）」
といいます。しかし、購入した時点では、その株式は購
入した人の名義にはなっていません。株式の名義が購入
者になるのは、約定日を含めて3営業日目（約定日を除
くと2営業日目、以下同じ）です。この名義が変わる日
を「受渡日（うけわたしび）」といいます。受渡日は「決
済日」とも呼ばれます。

受渡日の例

火曜日が約定日（売買成立日）だった場合、その日を含めて3営業日目であ
る木曜日が受渡日となります。

月曜日	火曜日	水曜日	木曜日	金曜日
	① 約定日 （1営業日目）	② （2営業日目）	③ 受渡日 （3営業日目）	

金曜日が約定日（売買成立日）だった場合、数えるのは営業日なので土日は除き、3営業日目である火曜日が受渡日となります。

金曜日	土曜日	日曜日	月曜日	火曜日
① 約定日 （1営業日目）	休業日	休業日	② （2営業日目）	③ 受渡日 （3営業日目）

なお、株主優待・配当を受け取るためには、企業が定める権利確定日から起算して3営業日前には株式を購入することが必要です。

やったー
約定した！
ボクの株だぞ！

違うよ
「買えた」だけだよ

受渡日は
ポンポンポンっと
3日目に

こういう場合は
ポンポポポンポン
と休業日をはさむ

ポンポンポンで
覚えるのか…

要は3段階！

休業日のカウントを
忘れないでね

202

LESSON 9

株式の指標

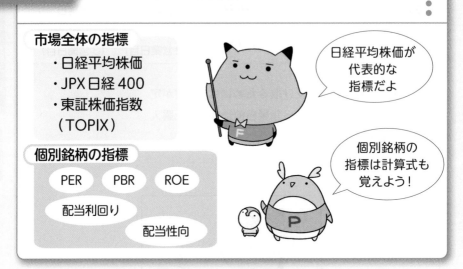

市場全体の指標
- ・日経平均株価
- ・JPX日経400
- ・東証株価指数
  （TOPIX）

日経平均株価が代表的な指標だよ

個別銘柄の指標

PER　PBR　ROE

配当利回り

配当性向

個別銘柄の指標は計算式も覚えよう！

1　株式市場の指標

　株式市場を見る場合、「市場全体の動向」と「個別銘柄の動向」の両方をチェックすることが重要です。市場全体の動向を見る際、代表的な指標としては「日経平均株価」、「JPX日経インデックス400」、「東証株価指数（TOPIX）」などがあります。

株式の指標はよく出題されます！

	日経平均株価 （日経225）	JPX日経インデックス400
内容	指数の連続性を保つために、個別銘柄の株価を修正した修正平均型	営業利益、時価総額、ROE等に基づいて選定した400銘柄の時価総額加重平均型
対象市場	東証プライム市場	東証3市場
対象銘柄	東証プライム市場に上場する代表的な225銘柄	東証に上場する、一定の基準を満たした400銘柄
特徴	株価の水準が高い銘柄である「値がさ株」の影響を受けやすい	浮動株が多く、時価総額の大きい銘柄の影響を受けやすい

この指標もチェック！

東証株価指数 （TOPIX）	旧東証一部の内国普通株式全銘柄で、時価総額100億円以上の銘柄等を対象とする時価総額加重平均型（経過措置あり）
ダウ 工業株30種	ニューヨーク証券取引所、NASDAQ上場銘柄のうち、優良30銘柄を対象とした株価平均型

2 個別銘柄の指標

　個別銘柄の指標は、株価と、その株式を発行している企業の業績や財務状態との関係を見るものです。「PER（Price Earnings Ratio）」や「PBR（Price Book-value Ratio）」などさまざまな指標がありますが、いずれも個別銘柄の投資判断に必要となる重要なものです。

計算問題も
出題されます

3　PER（株価収益率）

　PER（株価収益率）は、株価が1株あたり純利益の何倍になっているかを表し、株価が相対的に割安か割高かを判断するために使う指標です。

　「1株あたり純利益」は企業の純利益を、その企業の発行済株式数で割って求めます。

PERのEは Earnings＝「収入」という意味だよ

PERの求め方

$$1株あたり純利益 = \frac{純利益}{発行済株式数}$$

↓

1株あたり純利益はEPSといいます。

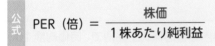

公式　$$PER（倍） = \frac{株価}{1株あたり純利益}$$

ひと言！

PERは、企業の業績から見て、低い方が株価は相対的に割安、高い方が割高、と判断されます。

〈計算例〉

・株価が1,000円、1株あたり純利益が200円のA株の場合

$$A株のPER（倍） = \frac{1,000円}{200円} = 5倍$$

・株価が1,000円、1株あたり純利益が100円のB株の場合

$$B株のPER（倍） = \frac{1,000円}{100円} = 10倍$$

※株価は同じだけど1株あたり純利益はA株の方が多い。
　1株あたりの利益に対して何倍の値段が付けられているか？ と考えると…
→「PERが低いA株の方が株価は割安」と判断できます。

4 PBR（株価純資産倍率）

　PBR（株価純資産倍率）は、株価が1株あたり純資産の何倍になっているか、を表します。

　「1株あたり純資産」は、企業の純資産を、その企業の発行済株式数で割って求めます。PERと同様、PBRも低い方が株価は相対的に割安といえます。

PBRのBは
Book-value
＝「帳簿価格」の意味。
帳簿はBookだからね！

PBRの求め方

$$1株あたり純資産 = \frac{純資産}{発行済株式数}$$

↓

1株あたり純資産はBPSといいます。

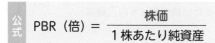

公式　$$PBR（倍）= \frac{株価}{1株あたり純資産}$$

ひと言！

PBRが1倍未満の場合は、理論上、時価総額が会社の解散価値を下回っていることを意味します。

〈計算例〉

・株価が1,000円、1株あたり純資産が1,000円のA株の場合

$$A株のPBR（倍）= \frac{1,000円}{1,000円} = 1倍$$

・株価が1,000円、1株あたり純資産が500円のB株の場合

$$B株のPBR（倍）= \frac{1,000円}{500円} = 2倍$$

PBRの計算式は
覚えてください！

※株価は同じだけど1株あたり純資産はA株の方が多い
→「PBRが低いA株の方が株価は割安」と判断できます。

5 ROE（自己資本利益率）

ROE（自己資本利益率）は、株主が出資したお金を使って、企業がどれだけの利益を上げたかを見る指標です。株主が出資したお金とは、財務上の自己資本（≒純資産）のことです。ROEが高いほど効率的に利益を上げている、と判断されます。 ※ROE：Return on Equity

高いほど
効率的！

ROE（自己資本利益率）の求め方

公式①

$$ROE（\%）= \frac{税引後当期純利益}{自己資本} \times 100$$

公式②

$$ROE（\%）= \frac{1株あたり純利益}{1株あたり純資産（≒自己資本）} \times 100$$

※公式②をいいかえると、公式③＝(PBR÷PER)×100ともいえます。PBRとPERの数値がわかっていれば、公式③で解答することもできます！

公式③

$$ROE（\%）= \frac{1株あたり純利益（株価÷PER）}{1株あたり純資産（株価÷PBR）} \times 100$$

$$= \frac{株価}{PER} \times \frac{PBR}{株価} \times 100$$

$$=（PBR÷PER）\times 100$$

6　配当利回り

株価（投資金額）に対する配当金の割合を見る指標です。

株式の配当金は、
1株あたりで
公表されます

配当利回りの求め方

公式　$配当利回り（\%）＝\dfrac{1株あたりの年間配当金}{株価}×100$

「〜の利回り計算」の計算式の構造は、すべて同じ
分子に1年間あたりの利益、分母に投資金額が入ります

7　配当性向

企業の**当期純利益**に対する年間配当金の割合を見る指標で、当期純利益の何％を配当金として支払ったかを示します。

配当利回りと
配当性向は
間違えやすい！

配当性向の求め方

公式①　$配当性向（\%）＝\dfrac{年間配当金}{当期純利益}×100$

公式②　$配当性向（\%）＝\dfrac{（1株あたり）年間配当金}{（1株あたり）純利益}×100$

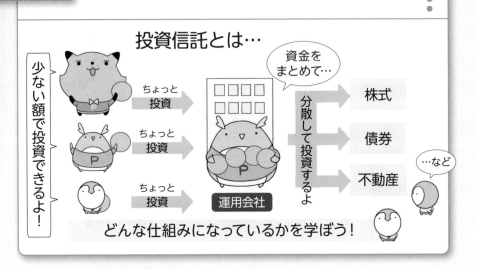

LESSON 10 投資信託の基本と仕組み

投資信託とは…

少ない額で投資できるよ！

ちょっと投資 → 運用会社

ちょっと投資 →

ちょっと投資 →

資金をまとめて…

分散して投資するよ

株式

債券

不動産

…など

どんな仕組みになっているかを学ぼう！

1 投資信託とは

投資信託とは、多数の投資家から集めた資金を、運用の専門会社が、株式や債券、不動産など、さまざまな資産に分散投資をして、そこで得た利益を投資家に分配するという仕組みの金融商品です。投資信託には**元本の保証はありません**。

ひと言！

投資信託の運用で得た利益は一般的に決算時に分配金として投資家に支払われます。

信じて託す投資のこと

2　投資信託の基礎用語

最低限知っておきたい投資信託の用語を解説します。

個別元本

投資信託を購入した投資家の個別の元本のこと。元本は購入のタイミングによって投資家ごとに異なるので個別元本といいます。分配金が出る場合はこの個別元本を上回った部分を普通分配金、元本を下回った部分を特別分配金（元本払戻金）といいます。

口数 <small>（くちすう）</small>

投資信託を購入したり解約したりするときの単位。

基準価額

投資信託の価格のことです。投資している株式や債券などの価格を毎日計算し、集計したものを投資信託の価格＝基準価額として公表しています。通常、基準価額は、1万口あたりで表わします。

投資信託の当初は、1万口単位（1口＝1円）ですが、運用が始まると、基準価額の変動によって1口あたりの金額も変わります。

※「基準価額 ＝ 純資産総額 ÷ 投資家の保有総口数」
という計算式で求めます。

株式は「1株」
投資信託は「1口」というよ

3 投資信託を運営する会社

　投資信託には、「契約型投資信託」と「会社型投資信託」があります。日本の投資信託は、ほとんどが「契約型投資信託」です。この契約型投資信託の運営に関わっているのは、販売会社、委託者である投資信託会社、受託者である信託銀行等です。

日本の
投資信託のほとんどが
契約型です

販売会社 （証券会社等）	委託者に代わり、投資家へ投資信託の販売を行います
委託者 （投資信託会社）	受託者（信託銀行等）に対して運用の指図を行います 「運用会社」ともいいます
受託者 （信託銀行等）	委託者からの指図に基づいて株式や公社債などを売買したり、信託財産の保管をします

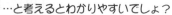

販売会社 → 量販店
委託者 → メーカー
受託者 → 倉庫会社
…と考えるとわかりやすいでしょ？

4 投資信託の仕組み

　投資家は投資信託を証券会社や銀行などの販売会社で購入します。資金は、運用会社である投資信託会社、管理会社である信託銀行を経て、証券市場に投資されます。

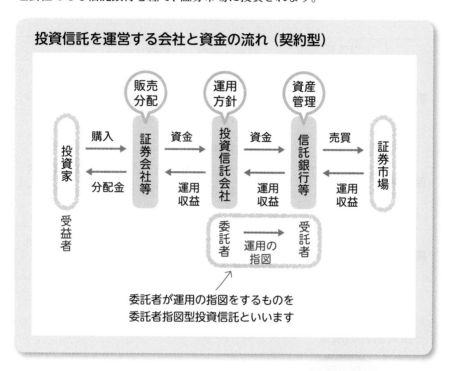

投資信託を運営する会社と資金の流れ（契約型）

委託者が運用の指図をするものを
委託者指図型投資信託といいます

投資した株式や債券等は
信託銀行が保管します

212

5 投資信託のコスト

　投資信託に投資する場合、さまざまなコスト（費用）がかかります。購入時、保有時、換金時それぞれのコストは次のとおりです。

	コスト	内容
購入時	購入時 手数料	投資信託の購入時に、販売会社に支払う手数料 販売会社によって手数料は異なり、購入時手数料を取らないノーロードファンドもある
保有時	運用管理費用 （信託報酬）	信託財産の運用、管理に対する手数料 信託財産から日々差し引かれて、委託者（運用会社）、受託者（管理会社）、販売会社のそれぞれに配分される
換金時	信託財産 留保額	主に中途換金時に解約代金から差し引かれる手数料 信託財産留保額が不要の投資信託もある

投資信託の購入

投資信託の購入時は、以下の金額を販売会社に払い込みます。

$$\text{申込時の基準価格} \times \text{口数} + \text{購入時手数料} + \text{購入時手数料に対する消費税}$$

6　投資信託のディスクロージャー

　投資家に対して、投資判断に必要な情報を開示することをディスクロージャーといいます。投資家に交付される資料には、目論見書（もくろみしょ）や、決算期（原則）ごとの運用報告書があります。

注目！

毎月の運用状況を知らせる「月次報告書」もあります。

目論見書	・投資家に販売する前、あるいは同時に、販売会社が交付する ・ファンドの目的や特色、投資の方針、リスク、手続き、手数料などが記載されている「投資信託の説明書」 → 作成は運用会社で、交付は販売会社
運用報告書	・投資信託を保有している投資家に交付される ・運用実績や運用状況などが記載されている → 作成は運用会社で、交付は販売会社

交付はどちらも販売会社

LESSON 11

投資信託の分類

1 投資信託の分類

投資信託は、設立形態、購入時期、投資対象、運用の手法など、いろいろな分類方法があります。試験に狙われやすい分類方法を整理していきましょう。

2 設立形態による分類

投資信託は、契約によって組成された複数の法人で運営される契約型と単体の法人によって運営される会社型があります。

契約型 投資信託	・販売会社と運用会社と管理会社がそれぞれ信託契約（財産を託すこと）を締結して運営される投資信託 ・日本の投資信託のほとんどが契約型 　→ ETF（上場投資信託）など
会社型 投資信託	・投資を目的とした法人（投資法人）を設立し、投資家がその法人に出資した資金で運営される投資信託 　→ J-REIT（不動産投資信託）など

ETFとJ-REITは
このあと学習するよ

3　購入時期による分類

購入できる時期の違いによる分類もあります。

追加型投資信託 （オープン型）	いつでも購入できる投資信託
単位型投資信託 （ユニット型）	最初の募集期間にしか購入できない投資信託

オープンだから
「いつでも」、
ユニットだから
「限定」なんだ

そっかー

4 投資対象による分類

投資信託は、投資する対象によって公社債投資信託と株式投資信託に分類できます。

公社債投資信託	公社債を中心に運用 株式の組み入れはいっさいできない → MRF、外貨建てMMFなど
株式投資信託	株式の組み入れが可能 ただし、公社債のみで構成されている株式投資信託もある → 組み入れが「可能」なだけなので、実際には株式が組み入れられていない商品もある

注意！

「株式が組み入れられていない投資信託は公社債投資信託である」という説明の正誤を問われたら、「×（誤り）」と答えましょう。

5 運用の手法による分類

ここは毎回のように試験に出題されます

投資信託は、運用を担当する投資信託会社が商品ごとに運用手法を決定し、使い分けています。その運用手法による分類は、次のとおりです。

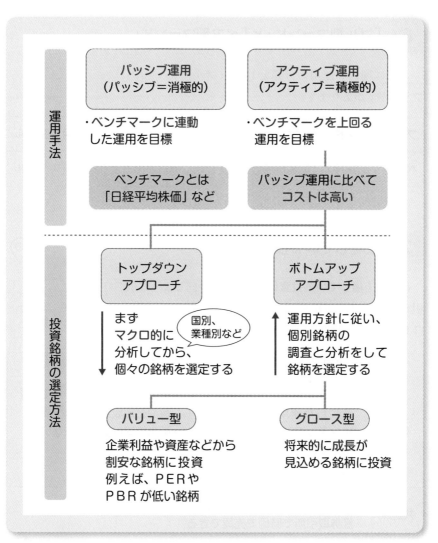

※パッシブ運用はインデックス運用ともいわれます。

アクティブ運用の「グロース型」は成長、「バリュー型」は割安、と覚えましょう。具体的な割安株の例を挙げると、PERやPBRが低い銘柄などです。

6 「ブル型ファンド」と「ベア型ファンド」

さらに細かい運用の分類として、「ブル型（ベア型）ファンド」があります。

ブル型ファンド	「相場が上昇」したときに利益が出るような運用スタイル
ベア型ファンド	「相場が下落」したときに利益が出るような運用スタイル

7 上場している投資信託

市場に上場している投資信託は、株式と同じように取引ができます。主なものに、「ETF」(上場投資信託)と「J-REIT」(不動産投資信託)があります。

注目！

ETFもJ-REITも商品性は投資信託だけど株と同じように取引します。

	ETF　契約型投資信託	J-REIT　会社型投資信託
特徴	・日経平均株価などの指標に連動した運用成果をめざすインデックス型のほか、アクティブ型もある ・流動性が高い	・不動産に分散投資をして、賃料や売却収入から分配する ・配当控除は受けられない
共通点	・株式同様、指値注文、成行注文、信用取引ができる ・証券取引所で時価で売買できる	

公募株式投資信託やETFには、先物やオプションを利用し、上昇（下落）幅の2倍、3倍等の投資成果を目指すレバレッジ型（インバース型）もあります。

ブル型とは…

雄牛ね。
下から角を突き
上げていることから、
強気の上昇相場と
いうわけね！

ベア型とは…

こっちは熊ね。
上から押さえこもうと
している、弱気な
下落相場というわけ

ガオー！

グオー！

両方とも
「強気」にしか
見えないけど…

なじみのない商品だから基本を押さえよう

外貨建て金融商品・金

ムズカシげな
単語が出てくるけど
ビビらずに
覚えよう！

外貨預金

・外貨建て金融商品

・円安・円高

・TTS・TTB

1 外貨建て金融商品とは

　外貨建て金融商品とは、取引価格が外貨建て（米ドル、豪ドル、ユーロなど）で表示されている金融商品です。円と外貨の両替時に、為替レートの変動による為替変動リスクが発生します。購入時よりも**円安**（外貨高）になると**利益**（為替差益）が発生し、**円高**（外貨安）になると**損失**（為替差損）が発生します。

預入時	換金時	
1ドル = 100円	1ドル＝120円　→ 円安	20円の為替差益
	1ドル＝90円　→ 円高	10円の為替差損

円安・円高と為替差益・為替差損

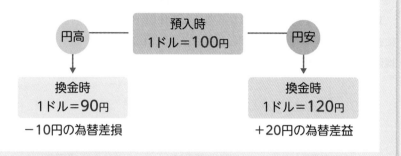

円高 ← 預入時
1ドル=100円 → 円安

換金時
1ドル=90円
−10円の為替差損

換金時
1ドル=120円
+20円の為替差益

外貨建ての商品を買う時は円高が有利？

例えば…500ドルのブランド品を買うときに、「1ドル90円」だと日本円で45,000円、「1ドル120円」だと60,000円必要になります。つまり、ドルを安く買える「1ドル90円」の方が、「1ドル120円」よりも日本円の価値が高いのです。これを「円高ドル安」といいます。

2　為替レート

　円を外貨にするとき、つまり、外貨を買う場合のレートを「TTSレート」といいます。逆に、外貨を円にするとき、つまり、外貨を売る場合のレートを「TTBレート」といいます。

ひと言！

英語の表記は金融機関の立場で考えましょう。

TTS （対顧客電信売相場）	顧客が円を外貨に換えるときの為替相場 → 金融機関が外貨を売る（selling）
TTM （仲値）	基準となる為替相場
TTB （対顧客電信買相場）	顧客が外貨を円に換えるときの為替相場 → 金融機関が外貨を買う（buying）

3 為替手数料

TTSレートとTTBレートは、基準となる仲値（TTM）に為替手数料を考慮して決められます。手数料は、金融機関や通貨の種類によって異なります。

TTSレートとTTBレートの例

TTS	手数料1円	TTM	手数料1円	TTB
101円		100円		99円
外貨購入時のレート	←	基準	→	外貨売却時のレート

※外貨を購入し、売却する場合、上記の例では、金融機関などに対して、購入時に1円、売却時に1円の往復2円の為替手数料を支払います。

注意！ Selling（売る）、Middle（中間）、Buy（買う）なので金融機関の立場で覚えよう。顧客とは逆になることに注意。

4　外国証券取引口座について

　外国証券（外国債券、外国株式、外国投資信託）の取引をするためには、証券会社に外国証券取引口座を開設する必要があります。

5　外貨預金

　銀行が取り扱っている外貨建て金融商品の代表が外貨預金です。

外貨預金のポイント

内容	外貨で行う預金 定期預金は、原則、中途換金できない
保険制度	預金保険の保護の対象外
課税内容	・利子は「利子所得」に該当し、「源泉分離課税」の対象 　税率20.315％（所得税15.315％、住民税5％） ・為替差益は原則「雑所得」として総合課税の対象 　※預入時に為替予約がある場合は利子も為替差益も20.315％ 　　（所得税15.315％、住民税5％）の源泉分離課税 ・為替差損は損益通算できない

　将来のある時点において、あらかじめ外国通貨を「購入（売却）する」価格と数量を、現時点で契約する（＝予約する）取引を**為替予約**といいます。

　為替予約を締結していない外貨預金の場合、預入時に満期時の為替レートが確定しておらず、為替レートが預入時より満期時のほうが**円安**になれば、**円を基準とする利回りが上昇**（円高になれば下落）します。

外貨預金は
預金保険の
対象外

6 金

「有事の金」と言われるように、**金融不安、政情不安**が
高まるときに価格が**上昇**する傾向にあります。

金投資には、**金地金、金貨**等を購入する、毎回一定額
を積み立てるドルコスト平均法を用いた**純金積立**などの
方法があります。積み立てた金を現物で受け取ることも
できます。

取引価格	原則：1トロイオンス当たりの米ドル建て価格 国内価格：1グラム当たりの円建て価格
国内金価格の 変動要因	**米ドル建て金価格が一定の場合、** **円安：国内金価格の上昇要因** **円高：国内金価格の下落要因**
税金	保有期間5年以内：短期譲渡所得として総合課税 保有期間5年超　：長期譲渡所得として総合課税 ※業者との取引では、購入時は消費税を支払い、売却時は 消費税相当額を受け取ることができる

意味がわかれば間違わない！
TTS　TTM　TTB

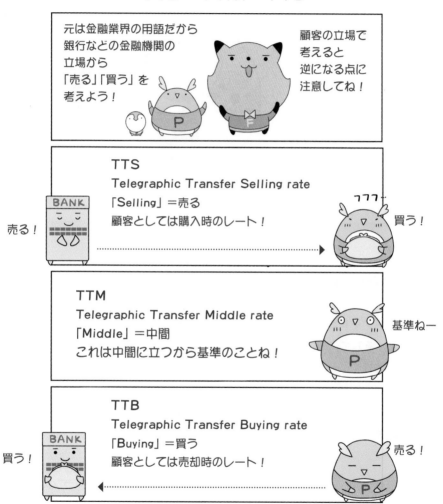

元は金融業界の用語だから
銀行などの金融機関の
立場から
「売る」「買う」を
考えよう！

顧客の立場で
考えると
逆になる点に
注意してね！

TTS
Telegraphic Transfer Selling rate
「Selling」＝売る
顧客としては購入時のレート！

売る！

ブブブ

買う！

TTM
Telegraphic Transfer Middle rate
「Middle」＝中間
これは中間に立つから基準のことね！

基準ねー

TTB
Telegraphic Transfer Buying rate
「Buying」＝買う
顧客としては売却時のレート！

買う！

売る！

LESSON 13 ポートフォリオ理論・デリバティブ

ポートフォリオ理論も
デリバティブも
激しく上下する
「運用」の
安全装置なんだ

1 「ポートフォリオ理論」とは

　ポートフォリオとは、保有する資産の組み合わせのことです。そして、「ポートフォリオ理論」とは、複数の異なる金融資産に分散投資をすると、リスクを低減しながら安定した運用を行うことができる、という理論です。この理論にもとづいて分散投資をすることをポートフォリオ運用といいます。

異なる商品を組み合わせて
リスクと収益のバランスをとるよ

2 ポートフォリオの期待収益率

　ポートフォリオの期待収益率は、組み入れた個別銘柄（証券）の期待収益率を、ポートフォリオの構成比で加重平均したものとなります。

注目！ 期待収益率とは、資産の運用によって期待できる収益の平均値。

ポートフォリオの構成例

	ポートフォリオの構成比	期待収益率
A証券	50%	0.4%
B証券	30%	1.2%
C証券	20%	5.0%

ポートフォリオの期待収益率の求め方

	ポートフォリオの構成比		期待収益率	
A証券	50%（0.5）	×	0.4%	＝ 0.2%
B証券	30%（0.3）	×	1.2%	＝ 0.36%
C証券	20%（0.2）	×	5.0%	＝ 1%

ポートフォリオの期待収益率
＝ 0.2% ＋ 0.36% ＋ 1% ＝ 1.56%

試験にも出るので
計算できるように
しておこう

228

3　リスク低減効果と相関係数

　ポートフォリオのリスクを低減するためには、異なる値動きをする金融資産や銘柄を組み合わせる必要があります。2つの資産を組み合わせた**リスク（標準偏差）**は、それぞれの資産のリスク（標準偏差）を加重平均したもの以下となることがわかっています。これを**ポートフォリオのリスク低減効果**といいます。

相関係数

　値動きの異なる資産を組み入れることで、リスクの低減効果を大きくすることができます。その際、資産どうしの値動きが似ているのか似ていないのかを判断する数値が**相関係数**です。相関係数は、「0」を中心として、「－1」～「＋1」の範囲で表されます。

試験にも出るよ

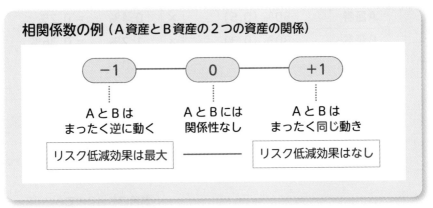

相関係数の例（A資産とB資産の2つの資産の関係）

－1 ─── 0 ─── ＋1

－1	0	＋1
AとBはまったく逆に動く	AとBには関係性なし	AとBはまったく同じ動き
リスク低減効果は最大	───	リスク低減効果はなし

Point!

　相関係数は「＋1」でない限り、分散投資によるリスク低減効果はあります。
　相関係数「－1」のときが、ポートフォリオのリスク低減効果が最も高くなります。

ポートフォリオについて
おさらいするよ！

ポートフォリオとは
分散投資のこと

株式だけでなく
債券や外国株など
複数の金融商品を
組み合わせて
リスクを低減
させているんだ

1つのカゴに
入れたよ

10個の卵を…

3個、4個、3個で
3つのカゴに
分けて入れたよ

あっ！

カゴの底が抜けた

ボクのも
1つ抜けた
でも、残り7つの
卵は無事だよ

10個の卵が全滅！

すべての卵を
1つのカゴに盛るな

1つだけに全力で投資すると
失敗したときのリスクが大きいからね

4 デリバティブ

「デリバティブ」とは、株式や債券などの金融商品（「原資産」と呼びます）から派生して生まれた金融派生商品のことです。代表的なものに「オプション取引」があります。

5 オプション取引

株式などの原資産を、将来の特定の日（まで）に、特定の価格（権利行使価格）で「買う権利」や「売る権利」を売買する取引です。**買う権利**のことを「**コール・オプション**」、**売る権利**のことを「**プット・オプション**」といいます。オプションの買い手は、プレミアム（オプション料）を売り手に支払います。

買う権利 → コール、売る権利 → プット
買う権利・売る権利の買い手が、売り手に「プレミアム（オプション料）」を支払います。他の条件が同じであれば、一般に、満期までの残存期間が長いほどプレミアムは高くなります。

オプション取引の概要

オプションの買い手は、権利を行使するかどうかを選択できます。権利を行使すると損をする場合は、権利を行使しなければよいのです。その場合、プレミアム分は損をしますが、それ以上に損失が増えることはありません。一方、売り手は権利を放棄できず、買い手の権利行使に応じないといけません。

コールオプションと
プットオプション

コールオプションは
「買う」権利

はーい

すいませーん
これ買います！
（と、Callする）

呼ぶ

プットオプションは
「売る」権利

売るよー
買ってきな！
（とPutする）

置く

LESSON 14

金融商品と税金

預貯金

金融商品ごとの
課税の仕組みを
覚えよう!

債券

株式

投資信託

1 金融商品の税金

　金融商品に投資して利益を得た場合、通常、利益に対して税金がかかります。課税方法は、金融商品や利益の中身によって変わります。また、金融商品によっては、投資家が課税方法を選ぶこともできます。

2 金融商品への課税方法

　金融商品に対する課税方法は、主に、「申告分離課税」「総合課税」「源泉分離課税」の3つに分類されます。

申告分離課税	投資して得た1年間の所得金額を、ほかの所得と分離して、所得税等を計算する
総合課税	投資して得た1年間の所得金額を、ほかの所得と合計して、所得税等を計算する
源泉分離課税	投資して収益を受け取るときに、一定の税額が源泉徴収等され、納税が完了する

3　預貯金と税金

　国内預貯金の利子は、「利子所得」として源泉分離課税の対象となります。税率は20.315%（所得税15.315%、住民税5%）です。

受け取る利息は、税引き後の金額です

4　証券会社の取引口座

　証券会社には、投資商品を保有するための取引口座が4種類あります。取引口座の種類によって、確定申告が必要かどうかが異なります。

特定口座

　「特定口座」は、金融商品に関する税金の確定申告や納税などを、簡易的に行うことができる口座です。投資家の代わりに証券会社等が、特定口座内での年間の売買損益などの計算を行います。

※特定口座を開設すると、「年間取引報告書」が作成・交付されます。

取引口座の種類

特定口座	1）源泉徴収口座 （源泉徴収あり）	原則、確定申告不要※
	2）簡易申告口座 （源泉徴収なし）	確定申告必要
3）一般口座		
4）新NISA口座		非課税（申告不要）

※特定口座の源泉徴収口座（源泉徴収あり）を選択すると、20.315％の税金が源泉徴収等されます

5 債券（特定公社債）と税金

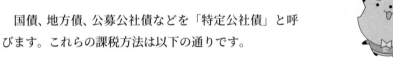

ここは
さらりと流そう

国債、地方債、公募公社債などを「特定公社債」と呼びます。これらの課税方法は以下の通りです。

	償還差益・譲渡益	利子
課税方法	上場株式等の譲渡所得として申告分離課税	利子所得として申告分離課税
税率	20.315％ （所得税15.315％、住民税5％）	20.315％ （所得税15.315％、住民税5％）

6 上場株式の売却と配当金に関する税金

上場株式を売却したときに発生する譲渡益は、原則20.315％の税率で申告分離課税の対象となります。また、配当は、原則20.315％の税率で源泉徴収等されます。

	上場株式の譲渡益	上場株式の配当金 （大口株主以外）
課税方法	上場株式等の譲渡所得として申告分離課税	配当所得として総合課税または申告分離課税※、または申告不要
税率	20.315% （所得税15.315%、住民税5%）	源泉徴収税率は20.315% （所得税15.315%、住民税5%）

※総合課税を選択した配当は一定要件のもと配当控除を適用できます。
　一方、申告分離課税を選択した配当は上場株式等の譲渡所得の損失と損益通算・繰越控除できます。申告不要を選択した場合は、いずれも適用できません。
　また、上場株式等の配当所得および譲渡所得は、所得税および住民税について同一の課税方式を選択しなければなりません。

7　上場株式等の譲渡損失の損益通算および繰越控除

　上場株式等の譲渡損失は、**申告分離課税**を選択した配当所得や、特定公社債の利子所得・譲渡所得と**損益通算**をすることができます。譲渡損失を控除しきれない場合には確定申告することで、翌年以降、最長**3年間**、繰越控除（損失を繰り越すこと）ができます。

損益通算とは、利益と損失を相殺すること！

8　投資信託の税金

　投資信託の分配金や換金時の利益は課税対象となり、それぞれ、税金は以下のようになります。

公募公社債投資信託	・収益分配金 → 利子所得 ・換金時の利益 → 譲渡所得
公募株式投資信託	・普通分配金 → 配当所得 ・換金時の利益 → 譲渡所得

9 「普通分配金」と「特別分配金」

公募株式投資信託の分配金は2種類あります。

「**普通分配金**」と「**特別分配金**」で、特別分配金は「**元本払戻金**」と呼ばれることもあります。

追加型投資信託は、投資家の購入日によって取得価額が異なります。したがって、**投資家ごとの平均取得価額が個別元本**になります。この投資家ごとの個別元本にもとづき、分配金が投資信託の**値上がり部分**から分配されるものを**普通分配金**、元本部分から払い戻して分配されるものを**特別分配金**といいます（次ページ参照）。

特別分配金は
非課税

普通分配金と特別分配金の税金

普通分配金	利益部分なので、配当所得として課税される 源泉徴収税率は20.315%（所得税15.315%、住民税5%）
特別分配金 （元本払戻金）	元本の払い戻しなので非課税

10 個別元本方式について

分配金の受領時または、投資信託を換金したときの税金は、個別元本にもとづいて行われます。

この課税方法を「**個別元本方式**」といいます。

分配金の見分け方

（例1） 分配落ち後の基準価額 ≧ 個別元本　の場合

購入時の基準価額が 9,000 円で、決算時に 1,000 円の
分配があった場合（決算時の基準価額は 10,700円）

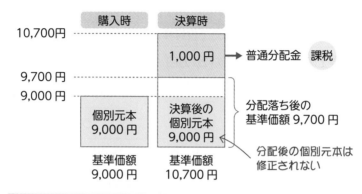

（例2） 分配落ち後の基準価額 ＜ 個別元本　の場合

購入時の基準価額が 10,000 円で、決算時に 1,000 円の
分配があった場合（決算時の基準価額は 10,700円）

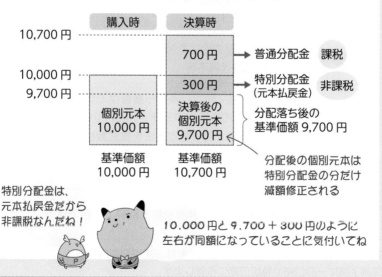

特別分配金は、
元本払戻金だから
非課税なんだね！

10,000 円と 9,700＋300 円のように
左右が同額になっていることに気付いてね

11 新NISA（少額投資非課税制度）

新NISAとは、株式や投資信託等から得た利益について、非課税とする制度です。

新NISAの概要

	つみたて投資枠	成長投資枠
年間投資上限額	年間120万円	年間240万円
非課税保有限度額	1,800万円	
		うち1,200万円
	売却すると、翌年以降非課税枠を再利用できる	
非課税期間	無期限	
利用者の条件	18歳以上の日本国内居住者等	
対象金融商品	長期・積立・分散投資に適した一定の公募株式投資信託、ETF	上場株式（国内・外国株）公募株式投資信託 ETF、J-REIT
損益通算	NISA口座で生じた損失は、他の配当、分配金や譲渡益との損益通算不可	
その他	・一般口座、特定口座から移管はできない ・上場株式の配当やETF、J-REITの分配金を非課税とするためには、受取方法を株式数比例配分方式（証券口座で受け取る方法）にする必要がある ・毎月分配型は対象外	
2023年までの（つみたて）NISA	上記新NISAの非課税枠と別枠で利用できる	

※2023年までにNISA口座で購入した資産は非課税期間内に売却、または非課税期間終了時に一般口座や特定口座に移管します。

新NISAのポイント

口座	「つみたて投資枠」と、「成長投資枠」を併用できる
非課税枠	それぞれ年間非課税投資額に上限が設定されている
損失	新NISA口座で譲渡損失が発生しても、特定口座や一般口座で発生している譲渡益や配当金などと損益通算はできない

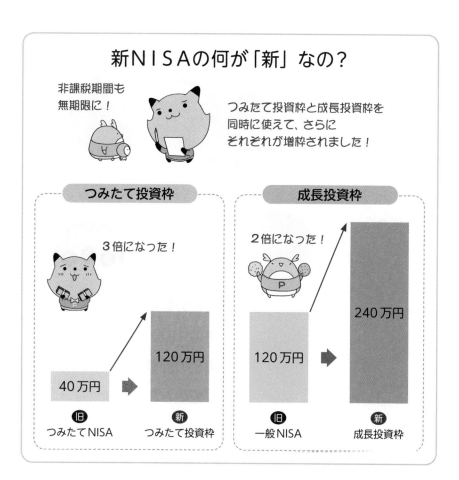

新NISAの何が「新」なの？

非課税期間も
無期限に！

つみたて投資枠と成長投資枠を
同時に使えて、さらに
それぞれが増枠されました！

つみたて投資枠

3倍になった！

40万円　➡　120万円

旧 つみたてNISA　➡　新 つみたて投資枠

成長投資枠

2倍になった！

120万円　➡　240万円

旧 一般NISA　➡　新 成長投資枠

タックスプランニング

ここで学ぶ内容です！

所得税の基本

所得の10分類と計算

所得税の計算手順

所得控除と税額控除

確定申告

傾向と対策

学科試験 すべての分野をつなぐ重要分野

税金はすべての分野に関連してくる重要な分野です。「タックスプランニング」を学習することで、全分野を横断する力が身に付きます。その結果、得点力が飛躍的にUPしますので頑張って学習しましょう。所得税の非課税所得を確実に押さえましょう。所得の中でも利子所得、不動産所得、退職所得、一時所得、雑所得は頻出です。損益通算や配当控除、住宅ローン控除は多く出題されています。青色申告は繰越控除も押さえておきましょう。

実技試験 受検先別の傾向と対策

【金財 個人資産相談業務】

事例を用いながら、所得控除を絡めて総所得金額を計算する問題が出題されます。そのため、損益通算できる損失とできない損失は確実に押さえておきましょう。所得控除では基礎控除、配偶者控除、扶養控除が、手続きでは確定申告が頻出です。

【金財 保険顧客資産相談業務】

総所得金額と退職所得の計算は頻出です。所得控除では配偶者控除と扶養控除、税額控除では住宅ローン控除を、手続き等では確定申告を押さえておきましょう。

【日本FP協会 資産設計提案業務】

学科試験で頻出部分は押さえたうえで、総所得金額の求め方、不動産の譲渡所得と医療費控除の計算式をしっかり頭に入れておきましょう。

所得税の基本

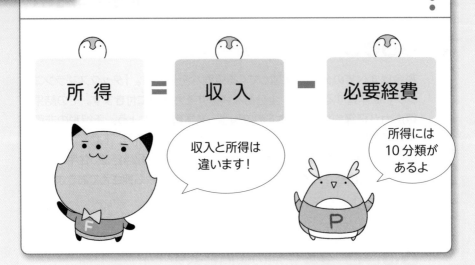

1 国税と地方税

税金は、国が課税する国税と、地方公共団体（都道府県、市区町村）が課税する地方税の2つに分けられます。

> 国税 ……… 所得税、法人税、相続税、贈与税など
> 地方税 …… 住民税、固定資産税など

住民税は、
個人住民税と
法人住民税があるよ

2　直接税と間接税

　税金を負担する人と納める人が同じ税金を直接税、税金を負担する人と納める人が違う税金を間接税といいます。

これだけは覚えよう!

消費税は間接税!

> **直接税**　……　所得税、法人税、相続税、贈与税など
> **間接税**　……　消費税、酒税など

3　申告納税方式と賦課課税方式

　納税者自らが税金を計算して自ら納める方法を申告納税方式といいます。一方、国や地方公共団体が計算した税額を納税者が納める方法を、賦課課税方式といいます。

> **申告納税方式**　……　所得税、法人税、相続税、贈与税など
> **賦課課税方式**　……　個人住民税、固定資産税など

 Point!　固定資産税は地方税で賦課課税方式。
原則、3年毎に評価替えが行われます。

4　所得税の納税方式

　所得税納税の原則は、1年間の所得金額と税額を自分で計算して、**翌年2月16日～3月15日までの間に確定申告をして納税する、申告納税方式**です。

ただし、
多くの会社員は
年末調整により
申告は不要となります

語呂合わせ　確定申告に一郎　さぁ行こう!
に（2月）一郎（16日）さぁ（3月）行こう（15日）

5 所得税の対象

　所得税は、個人が1年間（1月1日〜12月31日まで）に得た所得に対して課税される**個人単位課税**です。

　なお、1月1日〜12月31日のことを**暦年**（れきねん）といい、所得税は**暦年課税**だと覚えておきましょう。

6 収入と所得の違い

　所得とは、収入から必要経費等を差し引いたものです。収入と所得の違いを理解しておきましょう！

公式　所得 ＝ 収入 － 必要経費等

（例）給与所得＝給与収入－給与所得控除額

7 所得税の納税義務者と課税対象の範囲

　所得税の納税義務者は個人と法人です。

　個人の納税義務者は、国内に居住しているかどうかによって居住者と非居住者に区分され、課税対象となる範囲が異なります。

個人の納税義務者	居住者	**＜居住者（非永住者以外）＞** 国内に住所を有する、または現在まで引き続いて１年以上居所を有する個人 →国内外を問わず、全ての所得が課税対象 **＜非永住者＞** 居住者のうち日本国籍がなく、かつ過去10年以内に日本国内に住所または居所を有していた期間の合計が5年以下である個人 →国内源泉所得に加えて、国外源泉所得で日本国内で支払われた、または国内に送金されたものが課税対象
	非居住者	居住者以外の個人→国内源泉所得のみ課税対象

8 非課税所得

　所得の中には、税金が課税されない次のような非課税所得があります。

①障害年金、遺族年金
②雇用保険や健康保険等からの給付金
③生活に通常必要な動産の譲渡による所得
　（１個または１組の価額が30万円を
　　超える貴金属等を除く）
④宝くじの当選金
⑤通勤手当（月額15万円まで）
⑥生命保険契約や損害保険契約で身体の傷害に基因して支払われる給付金（手術給付金、入院給付金等）

⑤通勤手当は
よく出題されるので
金額まで
覚えておきましょう

老齢年金は雑所得（課税所得）なので注意！

9　10種類の所得

　個人の所得は、収入の性質に応じて次の10種類に分類され、それぞれの性質に応じた計算方法で所得金額を計算します。

所得は10種類
という数を
押さえましょう

① 利子所得 ……… 預貯金や公社債の利子等

② 配当所得 ……… 株式の配当金等

③ 不動産所得 …… 不動産貸付けによる家賃収入等

④ 事業所得 ……… 個人事業主が事業で得た売上等

⑤ 給与所得 ……… 給与・賞与、役員報酬等

⑥ 退職所得 ……… 退職金等

⑦ 山林所得 ……… 山林の伐採の譲渡等で得た収入

⑧ 譲渡所得 ……… 資産の売却で得た収入
　　　　　　　　　　（土地・建物等、株式等、それ以外の3区分あり）

⑨ 一時所得 ……… 生命保険の満期保険金、解約返戻金等

⑩ 雑所得 ………… 公的年金等（老齢年金等）、業務（副業）、
　　　　　　　　　　その他の収入（個人年金保険の年金等）

不動産の売却は
「③不動産所得」ではなく、
「⑧譲渡所得」になります

10　総合課税と分離課税

　10種類の所得に対する課税方法は、**総合課税**（それぞれの所得を合計してから課税）と**分離課税**（所得ごとに課税）に分けられます。原則は総合課税ですが、一部の所得については分離課税になります。

　分離課税には、**申告分離課税**と**源泉分離課税**があります。申告分離課税は、自分で確定申告が必要です。一方、源泉分離課税は、支払いを受ける際に収入から税額が差し引かれて（源泉徴収）納税が完了するため、確定申告は不要です。

ひと言！

源泉分離課税は、預貯金の利子をイメージしてみてください。預貯金の利子は確定申告していませんよね！

原則　総合課税		各種所得金額を合計してから税額を計算し、確定申告により納税する
分離課税	申告分離課税	総合課税の対象となる所得とは分離して税額を計算し、確定申告により納税する
	源泉分離課税	源泉徴収で納税が完了する

総合課税と分離課税の主な分類

総合課税の所得 → 合算した総所得金額に課税	分離課税の所得 → 所得ごとに課税
・配当所得（原則） ・不動産所得 ・事業所得 ・給与所得 ・譲渡所得（土地・建物等、株式等以外） ・一時所得 ・雑所得	・利子所得（総合課税の場合あり） ・退職所得 ・山林所得 ・譲渡所得（土地・建物等、株式等）

11 超過累進税率

　総合課税の所得税の税率は一律ではなく、所得が多く
なるにしたがって段階的に税率が高くなる**超過累進税率**
となっています。

併せて覚えよう！

住民税は超過累進税率ではなく一律10％の比例税率（所得割）
と均等割。
法人税（会社に課される税金）も原則は、比例税率です。

所得税の速算表

 所得税額 ＝ （A）×（B）－（C）

課税所得金額（A）		税率（B）	控除額（C）
	195万円以下	5％	－
195万円超	330万円以下	10％	9万7,500円
330万円超	695万円以下	20％	42万7,500円
695万円超	900万円以下	23％	63万6,000円
900万円超	1,800万円以下	33％	153万6,000円
1,800万円超	4,000万円以下	40％	279万6,000円
4,000万円超		45％	479万6,000円

 速算表を覚える必要はありませんが、表を使って計算できる
ようにしておきましょう。また、税率は7段階で、最低税率
が5％、最高税率が45％であることは覚えておきましょう！

12 復興特別所得税

　復興特別所得税とは、東日本大震災からの復興に必要な財源を確保するための税金で、2013年から2037年まで、所得税額に2.1％を上乗せしています。

例）課税所得金額が500万円の場合、所得税額と復興特別所得税額は？

①所得税の速算表から所得税額を求める

所得税額＝5,000,000円×20％－427,500円＝572,500円

②所得税額に復興特別所得税の税率を掛ける

復興特別所得税額＝572,500円 × 2.1％ ＝ 12,022円

(1円未満切り捨て)

復興特別所得税は
国税だから
住民税には
かからないよ！

所得税の計算の主な流れ

所得税の計算は、次のStep 1 からStep 5 の順番で行います。

Step 1
所得金額の算出

所得の金額を計算する

10種類の所得に分ける。
それぞれの収入金額から必要経費等を
引く。

Step 2
所得金額の算出

損益通算する

マイナスの所得を他のプラスの所得と相殺して、損失
の繰越分を引く。
損益通算できるのは不動産所得、事業所得、山林
所得、譲渡所得の損失のみ。

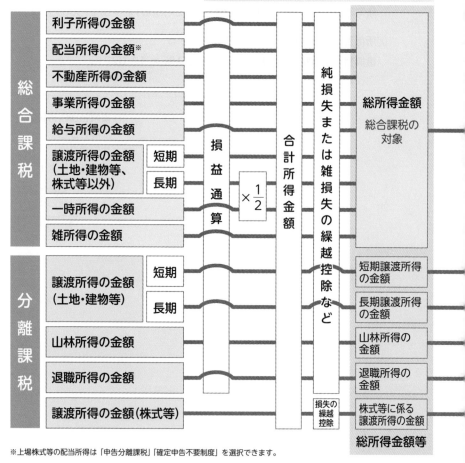

※上場株式等の配当所得は「申告分離課税」「確定申告不要制度」を選択できます。

全体の流れを
イメージしてね！

Step 3
課税所得金額の算出

所得控除

所得金額から所得控除（15種類）
を引く。

Step 4
所得税額の算出

税率を掛けてから税額控除を引く

課税所得金額に税率を掛けて所得税額を
求め、該当する税額控除を引く。

Step 5
納税額の算出

納税する

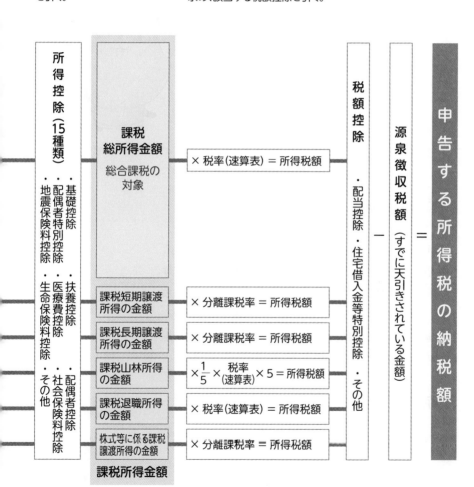

所得控除（15種類）
・基礎控除 ・配偶者特別控除 ・地震保険料控除 ・扶養控除 ・医療費控除 ・生命保険料控除 ・配偶者控除 ・社会保険料控除 ・その他

課税総所得金額
総合課税の対象

× 税率（速算表）＝ 所得税額

課税所得金額

課税短期譲渡所得の金額 ── × 分離課税率 ＝ 所得税額

課税長期譲渡所得の金額 ── × 分離課税率 ＝ 所得税額

課税山林所得の金額 ── $× \dfrac{1}{5} × \dfrac{税率}{（速算表）} × 5 ＝$ 所得税額

課税退職所得の金額 ── × 税率（速算表）＝ 所得税額

株式等に係る課税譲渡所得の金額 ── × 分離課税率 ＝ 所得税額

税額控除
・配当控除 ・住宅借入金等特別控除 ・その他

− 源泉徴収税額（すでに天引きされている金額）

＝ **申告する所得税の納税額**

252

所得の10分類

これらを
10分類するよ！

所得を得る方法 いろいろ

個人
事業主

会社員

不動産

福引きで
10万円
当たった！

1 利子所得

　利子所得とは、預貯金の利子、公社債（債券）の利子、公社債投資信託の収益分配金などによる所得のことです。国内預貯金の利子は、原則として、**20.315％（所得税15％＋復興特別所得税0.315％＋住民税5％）**の税率で、国内預貯金は**源泉分離課税**、特定公社債は申告分離課税の対象となります。

利子所得の計算方法

公式	利子所得 ＝ 収入金額（受け取った金額）

利子所得は
税率を要チェック

2 配当所得

　配当所得とは、個人の株主が受ける株式の配当金や株式投資信託、不動産投資信託等の収益分配金などによる所得のことで、原則は総合課税です。上場株式等（一定の大口株主を除く）の配当所得にかかる税金は、配当金等の支払いの都度、所得税および復興特別所得税と住民税の合計**20.315％**が源泉徴収等されます。

注目！

非上場株式の配当金は、一定金額以下（少額配当）であれば、所得税の確定申告不要制度を選択することができます。

配当所得の計算方法

公式	配当所得 ＝ 収入金額 － 株式等を取得するための負債の利子

　上場株式等（一定の大口株主を除く）からの配当所得は、総合課税、申告分離課税、確定申告不要制度の選択ができます。それらにより、累進税率の適用や配当控除の適用を受けることができるか否か、損益通算ができるか否かなどの違いがあります。

詳しくは、金融資産運用を見てね

3 不動産所得

　不動産所得とは、不動産の**貸付け**（土地やアパートなどの貸付け）による所得のことで、総合課税です。貸付けが事業的規模であれば、青色申告特別控除の適用を受けることができます。

　「不動産の事業的規模の貸付けは事業所得」というひっかけ問題は誤りで、正しくは**事業的規模の貸付けでも不動産所得**です。

ひと言！

事業的規模とは、一軒家は5棟以上、アパートなどは10室以上保有していることを指します。

注目！

青色申告特別控除は、P.288を参照。

不動産所得の計算方法

> **公式**　不動産所得 ＝ 総収入金額 － 必要経費 （－ 青色申告特別控除額）

総収入金額 … 家賃、地代、礼金、更新料など
　　　　　　（敷金や保証金等で、賃借人に返還しないものは総
　　　　　　収入に含める）

必要経費 …… 固定資産税、火災保険料、修繕費、管理費、仲介手
　　　　　　数料、借入金の利子、減価償却費（新たに取得した
　　　　　　建物の減価償却方法は定額法のみ）など

返還しない敷金は
収入に計上するんだね！

4　事業所得

　事業所得とは、個人事業主などが行う農業、漁業、製造業、小売業、サービス業やその他の事業から生じる所得のことで**総合課税**です。

事業所得？　譲渡所得？
商品の売却代金（売上）は事業所得ですが、事業用資産を売却したことによる所得は、原則、譲渡所得です。
例えば、中古車販売業を営む個人事業主が、商品の車を売却したときは事業所得になりますが、自分が仕事で乗っている車を売却したときには譲渡所得になります。

事業所得の計算方法

公式　事業所得 ＝ 総収入金額 － 必要経費（－ 青色申告特別控除額）

総収入金額……… 事業による収入
　　　　　　　　　（未収でも年内に確定した売上を含む）

必要経費………… 収入に対する売上原価、従業員に対する給与、
　　　　　　　　　通信費、水道光熱費、減価償却費など

売上原価とは？

売上に対する商品の製造原価・仕入原価のことで、以下の計算式
で求められます。

公式　売上原価 ＝ 期首棚卸高 ＋ 年間仕入高 － 期末棚卸高

前期末の商品の
在庫

今期の商品の
仕入れ

今期末の商品の
在庫

● 減価償却費とは

　建物や車両、備品、機械などの資産は、時間の経過に
よって価値が減少していきます。こうした資産は、購入
した年に購入金額の全額を経費として計上するのではな
く、資産ごとに定められた**耐用年数で割って経費化**しま
す。その経費のことを**減価償却費**といいます。

土地は建物と違い
時間の経過で
劣化しないから
減価償却の対象外です！

● 減価償却費の計算方法

減価償却費の計算方法は、資産・設備の種類ごとに**定額法**か**定率法**を選択して、所轄の税務署長に届け出ます。個人事業主の場合、届け出なければ法定償却方法である**定額法**で計算します。

なお、**新たに取得した建物、建物附属設備、構築物の**計算方法は、**定額法のみ**です。

減価償却費の計算方法

定額法

取得価額に、所定の耐用年数に応じた償却率を掛けて計算した金額で、毎年同じ額（定額）を必要経費として計上する方法です。

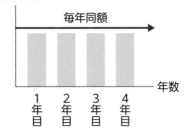

減価償却費

毎年同額

年数

1年目　2年目　3年目　4年目

計算方法（2007年4月以降に取得した資産の場合）

$$減価償却費 = 取得価額 × 定額法の償却率 × \frac{使用月数}{12カ月}$$

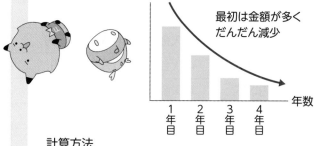

定率法

取得価額から、すでに必要経費として計上した減価償却費を引いた後の額（未償却残高）に、一定の償却率を掛けて計算した金額を、必要経費として計上する方法です。年を経るごとに減価償却費が減少していきます。

減価償却費

最初は金額が多くだんだん減少

年数

1年目 2年目 3年目 4年目

計算方法

減価償却費 ＝
（取得価額－既償却額）×定率法の償却率× 使用月数／12カ月

5 給与所得

給与所得とは、会社員やアルバイト、パートタイマーなどの人が勤務先から受け取る給与や賞与などの所得のことで、総合課税です。出張旅費や、通勤に通常必要な通勤手当は非課税（月額上限15万円）となります。

注目！
非課税所得については P.246 参照。

給与所得の計算方法

公式 給与所得 ＝ 給与等の収入金額 － 給与所得控除額

● 給与所得控除額

給与所得は、給与等の収入金額に応じて一定の給与所得控除額が定められています。

ひと言！

給与所得控除とは会社員が仕事上必要なスーツや交際費など自己負担しているものを考慮したみなし経費のこと。

給与所得控除額の速算表

給与等の収入金額		給与所得控除額
	162.5万円以下	55万円
162.5万円超	180万円以下	収入金額 × 40％ － 10万円
180万円超	360万円以下	収入金額 × 30％ ＋ 8万円
360万円超	660万円以下	収入金額 × 20％ ＋ 44万円
660万円超	850万円以下	収入金額 × 10％ ＋110万円
850万円超		195万円（上限）

※上の表は覚えなくて大丈夫ですが、数値をあてはめて計算できるようにしておきましょう。

● 所得金額調整控除

給与等の収入金額が850万円を超える者に23歳未満の扶養親族がいたり、本人、同一生計配偶者、扶養親族が特別障害者の場合、総所得金額の計算の際、給与等の収入金額（1,000万円を超える場合は1,000万円）から850万円を控除した金額の10％相当額を、給与所得の金額から控除することができます。

このほかに、給与所得と公的年金等（雑所得）の双方がある場合に、給与所得から最高10万円を控除できる所得金額調整控除もあります。

過去の税制改正で
影響を受ける
子育て世帯や、
特別障害者を有する
世帯の税負担を
軽減する制度だよ

● 年末調整

給与や賞与の支払時には、勤務先が所得税の概算額を源泉徴収しています。年末になると、勤務先は給与所得者のために「1年間に源泉徴収した所得税額」と「実際に納めるべき所得税額」の**過不足を精算**し、納税や還付などを行います。この手続きを**年末調整**といいます。

確定申告をする必要がない給与所得者の、所得税の納税は年末調整で完了します。

年末調整では、生命保険料控除や地震保険料控除等の適用を受けることができます。一方、医療費控除や雑損控除等は年末調整での適用は受けられないため、**確定申告が必要**です。

ほとんどの会社員は年末調整で納税はおしまい！

---

6 退職所得

退職所得とは、退職によって勤務先から受け取る退職一時金等のことで、**分離課税**です。

ひと言！

確定拠出年金の老齢給付金を一時金として受け取った場合も退職所得となります。

退職所得の計算方法

公式	退職所得 ＝（収入金額 － 退職所得控除額）× $\dfrac{1}{2}$

特定役員退職手当等…勤続年数5年以下の役員等に対する退職一時金等の場合は、2分の1を掛けないで計算します。

短期退職手当等………勤続年数が5年以下の役員ではない民間従業員が受けた退職一時金等は、退職所得控除額を控除した残額のうち300万円を超える部分については、2分の1を掛けないで計算します。

● 退職所得控除額

退職所得控除額は、勤続年数によって以下のように定められています。

退職所得控除額

勤続年数	退職所得控除額
20年以下	40万円 × 勤続年数（最低控除額80万円）
20年超	800万円 ＋ 70万円 ×（勤続年数－20年）

※勤続年数に1年未満の端数は、1年に切り上げます。

勤続年数20年の場合の退職所得控除額は、「40万円×20年＝800万円」です。勤続年数20年超の計算式における「800万円」は、ここからきています。そして、20年を超えた部分に対して「1年あたり70万円」を加算します。

絶対暗記！

Point!

試験問題では、「退職所得控除額」と「退職所得」のどちらが問われているのか、という点に注意しましょう。例えば、「退職所得は？」という問題であれば、前ページの計算式で1/2を掛けた後の数字ということになります（特定役員退職手当等、短期退職手当等ではない場合）。

例）退職金2,000万円、勤続年数34年1カ月の場合

退職所得控除額 ＝ 800万円＋70万円×（35年－20年）
　　　　　　　　＝ 800万円＋1,050万円
　　　　　　　　＝ 1,850万円

退職所得 ＝（2,000万円－1,850万円）× $\dfrac{1}{2}$

　　　　 ＝ 75万円

● 退職所得の課税方法

退職所得は**分離課税**です。退職一時金等を受け取るまでに、勤務先へ「**退職所得の受給に関する申告書**」を提出していれば、所得税等と住民税が源泉徴収されるため、原則、確定申告は不要です。

なお、退職一時金等を**年金（分割）**で受け取る場合は、公的年金と同様に**雑所得**となります。

退職所得の受給に関する申告書の提出

あり	退職一時金等の支払時に退職所得控除額が適用され、適正な所得税等と住民税が源泉徴収されるため、原則として確定申告は必要ない
なし	退職所得控除額が適用されず、一律で、退職一時金等（収入金額）の20.42％の所得税および復興特別所得税が源泉徴収されるため、確定申告をして精算する必要がある

7 山林所得

山林所得とは、取得後5年超の山林を伐採して譲渡（売却）した場合や、立木のまま譲渡した場合の所得で、分離課税です。

ここはさらりと流そう

山林所得の計算方法

最高
50万円

> 公式 山林所得 ＝ 総収入金額 － 必要経費 － 特別控除額

8 譲渡所得

譲渡所得とは、資産を譲渡（売却）したことによる所得のことです。分離課税である①土地・建物等、②株式等と、総合課税である③その他（ゴルフ会員権、書画、骨董、金地金等）の3つに分かれます。

土地・建物等の譲渡所得はP.346にも出てるよ

分離課税	①土地・建物等	譲渡した年の1月1日時点の所有期間が5年以下（短期譲渡）
		譲渡した年の1月1日時点の所有期間が5年超（長期譲渡）
	②株式等 （株式や特定公社債等）	長期・短期の区分なし
総合課税	③その他 （金地金等）	所有期間が5年以下（短期譲渡）
		所有期間が5年超（長期譲渡）

譲渡した年の1月1日時点とは？
不動産を年の途中で売却しても、その年の1月1日まで戻って、所有期間が5年以下なら短期譲渡になります。また、①は短期譲渡か長期譲渡かで税率が異なります。

譲渡所得の計算方法

公式
①土地・建物等 = 総収入金額 −（取得費 + 譲渡費用）

公式
②株式等
= 総収入金額 −（取得費＋譲渡費用＋購入にかかる本年分の負債利子）

公式
③その他
= 総収入金額 −（取得費 + 譲渡費用）− 特別控除額（最高50万円）

※③で長期譲渡の場合は、損益通算後に2分の1をして、総所得金額に算入する。

9 一時所得

一時所得とは、一時的な所得のことをいい、総合課税です。

〈一時所得の例〉

保険の解約や
満期が一時所得の
代表選手

- 契約者（＝保険料負担者）が受け取る
  生命保険の満期保険金・解約返戻金
- 懸賞や福引の賞金品
- **法人からの贈与**（雇用関係があれば給与所得）
- ふるさと納税の返戻品

> 注意！
>
> 一時払養老保険で保険期間が5年以内、または契約から5年以内に解約したものは、金融類似商品に該当し20.315％の源泉分離課税の対象となります。

一時所得の計算方法

最高
50万円

> 公式
>
> 一時所得 ＝ 総収入金額 － 収入を得るための支出金額 － 特別控除額

> 注意！
>
> 一時所得を他の所得と合算するために、総所得金額へ含めるときは、損益通算した後の一時所得の金額に2分の1を乗じて合算します。

10 雑所得

　雑所得とは、10種類の所得のうち、ほかの9種類のいずれにも該当しない所得のことで、原則は総合課税です。

〈雑所得の例〉

①公的年金等
　・老齢年金
　・確定拠出年金の老齢給付金
②業務
　・副業による原稿料
③その他
　・個人年金保険（契約者＝年金受取人）
　・外貨預金の為替差益（予め為替予約を締結していないもの）

雑所得の計算方法

> 雑所得 ＝ ① ＋ ② ＋ ③
> 　①公的年金等 ＝ 公的年金等の収入金額 － 公的年金等控除額
> 　②業務 ＝ 総収入金額 － 必要経費
> 　③その他 ＝ 総収入金額 － 必要経費

ちゃんとほかの9種類を
知っておかないとね

フレー！

フレー！

雑所得は
雑に扱えないね

● 公的年金等控除額

公的年金等の受給者の年齢（その年の12月31日時点）と、公的年金等の収入金額に応じて、公的年金等控除額が算出されます。公的年金等の収入金額が1,000万円超の場合の控除額は、上限が原則、195.5万円になります。

公的年金等控除額（原則）

受給者年齢	公的年金等の収入金額		公的年金等控除額
65歳未満		130万円以下	60万円
	130万円超	410万円以下	収入金額×25%＋27.5万円
	410万円超	770万円以下	収入金額×15%＋68.5万円
	770万円超	1,000万円以下	収入金額×5%＋145.5万円
	1,000万円超		195.5万円
65歳以上		330万円以下	110万円
	330万円超	410万円以下	収入金額×25%＋27.5万円
	410万円超	770万円以下	収入金額×15%＋68.5万円
	770万円超	1,000万円以下	収入金額×5%＋145.5万円
	1,000万円超		195.5万円

いっぱい数字があるけど、
赤いところだけ注目しといてね

損失と利益を相殺して、適切に課税します

損益通算の基本

1 損益通算とは

　所得に損失（赤字）が発生した場合、他の所得の利益（黒字）と相殺することができ、これを損益通算といいます。ただし、損益通算できる損失は、次の4つに限定されています。

損益通算できる損失

不動産所得の損失	山林所得の損失
事業所得の損失	譲渡所得の損失

注目！

損益通算できない所得に損失が生じた場合、その所得はゼロとなります。
例）一時所得がマイナス30万円になった→ほかの所得とは相殺できません。

ひと言！

損益通算は計算問題が出題されます。

語呂合わせ 損益通算は不事山譲（富士山上）と覚えましょう！

2 損益通算できない損失

4つの所得「不事山譲」の損失であっても、次の損失は損益通算することができません。

土地の負債利子がからむ計算は頻出！

損益通算できない損失

不動産所得の例外
・土地等を取得するために要した負債の利子等

譲渡所得の例外
・土地・建物等の譲渡損失
　※ただし、一定の要件を満たす居住用財産の譲渡損失は損益通算できます。
・株式等の譲渡損失
　※ただし、上場株式等の譲渡損失については、確定申告をすることで申告分離課税を選択した配当所得・特定公社債の利子所得との間で損益通算できます。
・生活に通常必要でない資産の譲渡損失（ゴルフ会員権、別荘等）

損益通算の計算例（給与所得と不動産所得の場合）

給与所得‥‥‥‥‥　700万円
不動産所得 ‥‥‥‥ ▲260万円（土地等を取得するために要した負債の利子60万円を含む）
損益通算後の
総所得金額 ‥‥‥ 700万円 − 200万円（260万円 − 60万円）
　　　　　　　　＝ 500万円 　（土地の負債利子控除後）

所得控除の全体像

所得控除とは…

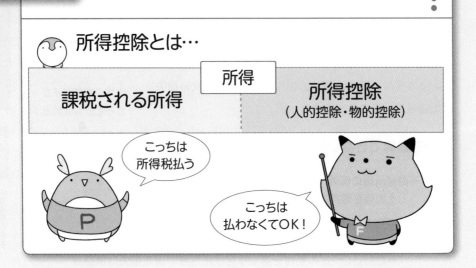

1 所得控除とは

　所得税額の計算において、所得金額から控除できるものを所得控除といいます。所得控除が増えれば結果として税金が少なくなります。

2 15種類の所得控除

　所得税の所得控除は15種類あり、その内容から人的控除と物的控除の2つに分けることができます。

所得は10種類、所得控除は15種類
混同しないように！

所得控除の一覧表（所得税）

	控除	主な適用要件	控除額（限度額）
人的控除	基礎控除	合計所得金額が 2,500 万円以下	最高 48 万円
	配偶者控除	納税者の合計所得金額が 1,000 万円以下 配偶者の合計所得金額が 48 万円以下	最高 38 万円（老人控除対象 配偶者の場合 最高 48 万円）
	配偶者特別控除	納税者の合計所得金額が 1,000 万円以下 配偶者の合計所得金額が 48 万円超～ 133 万円以下	最高 38 万円
	扶養控除	生計を一にする扶養親族で、 合計所得金額が 48 万円以下	一般 38 万円 特定 63 万円 老人 48 万円 または 58 万円（同居老親等）
	障害者控除	本人、または配偶者・扶養親族が障害者	一般 27 万円
	寡婦控除	納税者本人が寡婦で、合計所得金額が 500 万円以下	27 万円
	ひとり親控除	納税者本人がひとり親で、合計所得金額が 500 万円以下	35 万円
	勤労学生控除	納税者本人が勤労学生	27 万円
物的控除	社会保険料控除	社会保険料の支払いがある	支出額全額
	生命保険料控除	生命保険料などの支払いがある	最高 12 万円（新契約の場合）
	地震保険料控除	地震保険料の支払いがある	最高 5 万円
	小規模企業共済等掛金控除	小規模企業共済の掛金、確定拠出年金の掛金の支払いがある	支出額全額
	医療費控除[※1]	医療費が一定額を超えている	最高 200 万円
	雑損控除[※1]	災害、盗難、横領により損害を受けた（詐欺や恐喝の被害は対象外）	①、②のうち多い方の額[※2] ①損失額－総所得金額等×10% ②災害関連支出－5 万円
	寄附金控除[※1]	国・地方公共団体、一定の団体に寄附した （自治体に対する寄附金を「ふるさと納税」[※3]という）	①、②のうち低い方の金額 － 2,000 円 ①支出した特定寄附金の合計額 ②総所得金額等の 40％相当額

※1：▢これらの控除は年末調整されないので、給与所得者でも確定申告が必要になります
※2：P.280「雑損控除の控除額」の計算式参照
※3：確定申告不要の給与所得者等が年間に 5 自治体以内にふるさと納税を行い、「ふるさと納税ワンストップ特例制度」を申請した場合は、原則、寄附金控除に関わる確定申告は不要となります

LESSON **5**

控除の種類と控除額を知ろう！

所得控除

1 基礎控除

　納税者本人の合計所得金額が 2,500 万円以下の場合に適用を受けることができる控除です。

　控除額は合計所得金額が 2,400 万円以下だと **48 万円**となり、2,400 万円超から 2,500 万円以下の間は、所得金額に応じて段階的に減額されます。

2 配偶者控除

　納税者本人の合計所得金額が 1,000 万円以下で、本人と生計を一にする配偶者の合計所得金額が 48 万円以下である場合に、納税者本人の合計所得金額に応じて次の金額の控除を受けることができます。

注目！

合計所得金額が 48 万円以下とは、給与収入のみでいうと給与所得控除（55 万円）前の年収 103 万円以下のことです。

配偶者控除の控除額

本人の合計所得金額		一般の控除対象 配偶者の場合	老人控除対象 配偶者の場合
	900万円以下	38万円	48万円
900万円超	950万円以下	26万円	32万円
950万円超	1,000万円以下	13万円	16万円

配偶者控除と配偶者特別控除は、**青色事業専従者**として給与を受けている配偶者や、白色申告者の**事業専従者**である配偶者は対象になりません。また、内縁関係（法律婚でない）も対象にはなりません。

注目！

老人控除対象配偶者とは、控除対象配偶者のうち、その年の12月31日現在の年齢が70歳以上の人をいいます。

3 配偶者特別控除

配偶者控除の対象外でも、納税者本人の合計所得金額が**1,000万円以下**で、本人と生計を一にする配偶者の合計所得金額が**48万円超133万円以下**の場合は、本人と配偶者の合計所得金額に応じて**最高38万円**の控除を受けることができます。なお、配偶者控除と配偶者特別控除は、重複して適用できません。

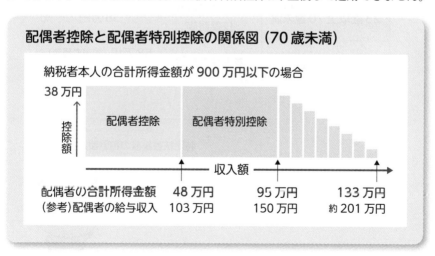

配偶者控除と配偶者特別控除の関係図（70歳未満）

納税者本人の合計所得金額が900万円以下の場合

4 扶養控除

　控除対象扶養親族がいる場合、扶養控除を受けることができます。

　控除対象扶養親族とは、配偶者を除く納税者本人と生計を一にする16歳以上の親族で、合計所得金額が48万円以下、青色事業専従者として給与を受けていない、または白色事業専従者ではない人です。所得と年齢は、その年の12月31日時点で判断します。

Point!

扶養控除の控除額

扶養親族の年齢	区分	控除額
16歳未満	対象外	―
16歳以上19歳未満	一般の控除対象扶養親族	38万円
19歳以上23歳未満	特定扶養親族	63万円
23歳以上70歳未満	一般の控除対象扶養親族	38万円
70歳以上	老人扶養親族	58万円（同居老親等） 48万円（上記以外）

特定扶養親族の控除額と
年齢は押さえましょう！

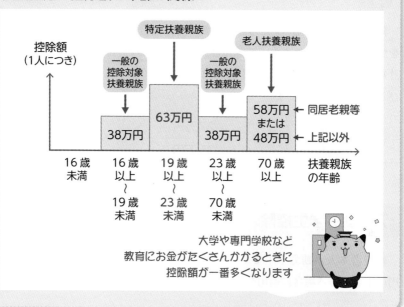

扶養控除の控除額と年齢の関係

控除額
（1人につき）

特定扶養親族

老人扶養親族

一般の
控除対象
扶養親族

一般の
控除対象
扶養親族

63万円

38万円

38万円

58万円
または
48万円　← 同居老親等

　　　　　← 上記以外

16歳
未満

16歳
以上
〜
19歳
未満

19歳
以上
〜
23歳
未満

23歳
以上
〜
70歳
未満

70歳
以上

扶養親族
の年齢

大学や専門学校など
教育にお金がたくさんかかるときに
控除額が一番多くなります

「同居老親等」とは、老人扶養親族のうち、納税者本人または配偶者の直系尊属（父母や祖父母）で、本人または配偶者と同居している70歳以上の人のことです。

5　障害者控除

　納税者本人が障害者である場合や、同一生計の配偶者や扶養親族（16歳未満も含む）が障害者である場合に適用を受けることができます。

5と7は
さらりと流そう
FP3級では
あまり問われないよ

障害者控除の控除額

　一般障害者の場合：27万円

274

6　寡婦控除・ひとり親控除

　納税者本人が寡婦、またはひとり親である場合に適用を受けることができます。控除額は、寡婦は27万円、生計を一にする子（総所得金額等が48万円以下）がいるひとり親は35万円です。

寡婦控除	27万円
ひとり親控除	35万円

注目!

寡婦控除・ひとり親控除は、本人の合計所得金額が500万円以下の場合に適用を受けられます。

7　勤労学生控除

　納税者本人が勤労学生であり、合計所得金額が75万円以下等である場合に適用を受けることができます。

勤労学生控除の控除額
27万円

8　社会保険料控除

　納税者が、本人または生計を一にする配偶者・その他の親族の負担すべき社会保険料を支払った場合に、適用を受けることができます。控除額は支払った社会保険料の全額です。

社会保険料控除の控除額
支払った社会保険料の全額

注目!

社会保険料とは、国民健康保険、健康保険、国民年金、厚生年金保険、介護保険、国民年金基金などの保険料のことです。

9 生命保険料控除

生命保険料を支払った場合に適用を受けることができます。控除額は、支払った生命保険料を、<u>契約締結時期</u>ごとに一般の生命保険料控除、介護医療保険料控除、個人年金保険料控除に区分し、それぞれ保険料に応じた金額です。

団体信用生命保険料は対象外

生命保険料控除の控除限度額（所得税）

保険契約の締結時期	一般の生命保険料控除	介護医療保険料控除	個人年金保険料控除	合計（適用限度額）
2011年以前	5万円	制度なし	5万円	10万円
2012年以降	4万円	4万円	4万円	12万円

10 地震保険料控除

居住用建物や家財を保険の対象とする地震保険料を支払った場合に、適用を受けることができます。

地震保険料控除の控除額

所得税の控除額：支払った地震保険料の全額（最高5万円）
住民税の控除額：支払った地震保険料の2分の1（最高2万5,000円）

11 小規模企業共済等掛金控除

　小規模企業共済や確定拠出年金（iDeCoなど）等の、加入者が掛金を支払った場合に適用を受けることができます。支払った掛金の全額が控除額になります。

> **小規模企業共済等掛金控除の控除額**
> 支払った掛金の全額

 確定拠出年金の掛金が、どの所得控除になるのかは頻出問題です。
社会保険料控除や生命保険料控除と間違えないように注意しましょう。

12 医療費控除

1．医療費控除

　納税者が、本人または生計を一にする**配偶者・その他の親族**の医療費等を支払った場合に、適用を受けることができます。医療費控除を受けるには**確定申告が必要**です。

おサイフが
いっしょの
家族分もOK！

医療費控除の控除額

医療費控除額[※]＝支出した医療費の金額

　　　　　　　－保険金等で補てんされる金額

　　　　　　　－下記①または②のいずれか少ない金額

①10万円、②総所得金額等 ×5％

※控除限度額は200万円です

医療費控除の対象となる医療費、ならない医療費の例

医療費控除の 対象となる医療費	・医師または歯科医師による診療費や治療費 ・治療や療養のための薬代（市販の風邪薬なども含む） ・病院に支払う食事代 ・出産費用 ・通院のための公共交通機関の交通費
医療費控除の 対象と ならない医療費	・美容整形の費用 ・健康増進や病気の予防のための医薬品購入費 ・通院のための自家用車のガソリン代 ・自己の都合による差額ベッド代 ・健康診断や人間ドックの費用 　※診断の結果、重大な疾病がみつかり治療した場合は医療費 　　控除の対象となります。 ・未払分の医療費

2. セルフメディケーション税制
（特定一般用医薬品等購入費を支払った場合の医療費控除の特例）

　健康の維持・増進および疾病の予防を目的に、一定の取り組み（健康診断、予防接種、メタボ検診、がん検診など）を行っている納税者が、本人または生計を一にする配偶者・その他の親族の特定医薬品（スイッチOTC）等の購入費用を支払った場合に、適用を受けることができます。

セルフメディケーション税制の医療費控除額

セルフメディケーション税制の医療費控除額※＝
医薬品の購入費用－保険金等で補てんされる金額－1万2,000円
※控除限度額は8万8,000円

 医療費控除とセルフメディケーション税制の医療費控除は、併用できません。

13 雑損控除

　納税者本人または生計を一にする配偶者・その他の親族が保有する生活に必要な資産（住宅、家財、現金など）が災害・盗難・横領により損失を受けた場合に、適用を受けることができます。

雑損控除を受けるには
確定申告が
必要です！

雑損控除の控除額

下記①または②のどちらか多い方
① （損害金額等－保険金等の額）－ 総所得金額等 × 10％
② （災害関連支出－保険金等の額）－５万円

14 寄附金控除

　納税者本人が、特定寄附金（国や地方公共団体などへ
の寄附）や特定の自治体に寄附をするふるさと納税をし
た場合、確定申告により適用を受けることができます。

　ふるさと納税には「ふるさと納税ワンストップ特例制
度」があります。これは、元々確定申告が不要な給与所
得者等が、１年間に５自治体以内でふるさと納税をして
ワンストップ特例の申請をすると、原則、**確定申告不要**
で寄附金控除が受けられる制度です。この制度を適用し
た場合、所得税の控除額分が翌年度の個人住民税から控
除されます。

寄附金控除の控除額

寄附金控除額 ＝ 次のいずれかの少ない金額 － 2,000円
①その年に支出した特定寄附金の額の合計額
②その年の総所得金額等の40％相当額

ワンストップ特例は
原則、確定申告不要！

税額控除

1 税額控除とは

税額控除は所得控除と違い、算出された所得税額から直接控除されます。所得控除と税額控除の違いに注意しましょう。

2 配当控除

国内株式の配当金は、**総合課税**を選択して確定申告をすると、配当控除を受けることができます。ただし、次の配当金等は、配当控除を受けることはできません。

注目！

所得控除
税率を掛ける前の、総所得金額等から差し引きます。

税額控除
算出された所得税額から差し引きます。

配当控除の対象にならない配当金等

①申告分離課税を選択した上場株式等の配当金等

②確定申告不要制度を選択した配当金等

③上場不動産投資信託（J-REIT）から受け取る分配金

④外国株式から受け取る配当金等

配当金の課税方法は
３種類ありましたよね
P.254 を参照

3 住宅借入金等特別控除（住宅ローン控除）

　住宅ローンを利用して住宅を新築等や中古住宅（既存住宅）の購入をし、一定の要件を満たした場合には、住宅借入金等特別控除（住宅ローン控除）を受けることができます。

　控除期間は新築等の場合 13 年間、その他（通常の中古住宅）は 10 年間で、控除額は「年末の住宅ローン残高（限度額内）×控除率」で計算されます。

新築は 13 年、
中古等は 10 年！

控除を受ける要件 （2022 年以降の取得・入居）

住宅ローンの要件	償還期間が 10 年以上の住宅ローン
住宅の要件	・住宅の床面積が 50㎡以上※で、店舗併用住宅等の場合には床面積の 2 分の 1 以上の部分が自己の居住用であること ・中古住宅の場合は、1982 年 1 月 1 日以降に建築された住宅か、一定の耐震基準を備えていること
居住要件	住宅取得の日から 6 カ月以内に居住を開始し、控除を受ける年の 12 月 31 日まで引き続き居住していること
所得要件	控除を受ける年分の合計所得金額が、2,000 万円以下※であること

※ 2024 年末までに建築確認を受けた床面積 40㎡以上 50㎡未満の新築住宅等についても対象ですが、この場合は合計所得金額が 1,000 万円以下の年に限り利用できます

新築住宅等と中古住宅の控除概要（カッコ内は通常の中古住宅）

入居年		2024 年 子育て特例※	2024 年〜2025 年
住宅ローンの年末残高限度額	認定住宅	5,000 万円 （3,000 万円）	4,500 万円 （3,000 万円）
	ZEH 水準省エネ住宅	4,500 万円 （3,000 万円）	3,500 万円 （3,000 万円）
	省エネ基準適合住宅	4,000 万円 （3,000 万円）	3,000 万円 （3,000 万円）
控除率		0.7％ （0.7％）	
控除期間		13 年 （10 年）	

※対象者は、40 歳未満の既婚者、もしくは 40 歳以上でも 40 歳未満の配偶者がいる、または 19 歳未満の扶養親族がいる者。

住宅借入金等特別控除の控除限度額

給与所得者でも
初年度だけは
確定申告しなきゃ
使えない制度だよ！

● 1年目〜13年目（新築等）
● 1年目〜10年目（通常の中古住宅）

控除限度額 ＝ 住宅ローンの年末残高 × 0.7%

ここが狙われる！

・給与所得者は、初年度の利用のみ確定申告が必要。
通常、2年目以降は年末調整で控除することができます。

・繰上げ返済などによって償還期間が10年未満になった場合、それ以降は控除を受けることができません。

・控除限度額から所得税額を差し引いても、まだ控除額が余る場合は、その部分を限度として、翌年度分の個人住民税から控除されます（上限額あり、住民税の申告不要）。

家を買うときにも
使える知識だね！

4 外国税額控除

国外において発行された外国株式の配当金は、国外で源泉徴収されたのちに、国内でも源泉徴収されます。その国際間の二重課税を調整するために、総合課税か申告分離課税のいずれかを選択することで外国税額控除を受けることができます。

確定申告

1　確定申告の概要

　確定申告は、1月1日から12月31日までの1年間に生じた所得について、原則として**翌年の2月16日**から**3月15日**までの間に自分で所得税額を計算して申告と納税を行うものです（申告納税方式）。

　確定申告は、納税地（住所地）を所轄する税務署長へ**郵送・持参**する方法のほか、e-Taxを利用して申告・電子納税する方法もあります。

確定申告の概要は
頻出ポイントです

> 覚え方
>
> 確定申告に一郎　さぁ行こう
> に（2月）一郎（16日）さぁ（3月）
> 行こう（15日）

2　準確定申告

　死亡した人の所得税は、その相続人等が、死亡した年の1月1日から死亡日までの所得税額を計算し、相続の開始があったことを**知った日の翌日から4カ月以内に**申告・納税します。これを準確定申告といいます。

3　給与所得者と確定申告

　給与所得者は、原則、勤務先が行う年末調整で所得税額が確定・精算されるため、確定申告は不要です。ただし、給与所得者であっても、以下のいずれかの例に該当する人は確定申告が必要です。

Point!　給与所得者で確定申告が必要な人の例

- ・その年の給与収入金額（年収）が2,000万円を超える
- ・給与所得および退職所得以外の所得金額が20万円を超える
- ・給与を2カ所以上から受け取っている
- ・住宅借入金等特別控除の初年度の適用を受ける
  （通常、2年目以降は確定申告不要）
- ・医療費控除、雑損控除、寄附金控除の適用を受ける

4 青色申告制度（個人事業主の場合）

　青色申告制度とは、一定水準の記帳により所得税を計算して申告をする人が利用できる制度で、税法上の特典を受けることができます。青色申告ができるのは**不動産所得、事業所得、山林所得**のいずれかがある人です。

　青色申告者は、原則として所定の帳簿や電子データを7年間（一部は5年間）保存しなければなりません。

　なお、青色申告以外の申告を一般的に、白色申告といいます。

青色申告制度を利用するための申請手続き（個人の場合）

原則	青色申告をしようとする年の3月15日までに「所得税の青色申告承認申請書」を納税地（一般には住所地）の所轄税務署長に提出する
新規開業する場合	1月16日以降に新規開業する場合は、開業日から2カ月以内に「所得税の青色申告承認申請書」を納税地の所轄税務署長に提出する

5 青色事業専従者給与

　青色申告者が青色事業専従者（青色申告者と生計を一にする親族で、その事業に専従している配偶者や親族）に支払った給与は、原則として、必要経費に算入することができます。

給与の支払いを
受けている
青色事業専従者は
配偶者控除や
扶養控除の
対象とはなりません

6 青色申告特別控除

　青色申告をすることによって、所得金額から最高65万円、55万円、または10万円を差し引くことができます。

青色申告特別控除の適用要件

控除額	適用要件
65万円	下記55万円控除の要件を満たしている人が、優良電子帳簿の保存、または電子申告（e-Tax）を行う場合
55万円	不動産所得が事業的規模（5棟10室基準）である人、事業所得のある人で、次に掲げる要件をすべて満たしていること ①正規の簿記の原則に基づいて記帳する ②貸借対照表と損益計算書を確定申告書に添付する ③法定申告期限内（原則、翌年の3月15日まで）に確定申告をする
10万円	上記以外の場合

7 純損失の繰越控除と繰戻還付

　青色申告者は、損失が出たらその**純損失を翌年以降3年間繰り越して各年分の合計所得金額から控除すること**ができたり（**純損失の繰越控除**）、前年も青色申告をしている場合は、**繰戻還付**を受けられます。

帳簿保存は7年間、繰越控除は3年間と覚えましょう

8 棚卸資産の評価方法の選択

　青色申告者は、決算時の在庫を評価する際に**低価法**（資産の取得価額と期末の時価を比較し、低い方で評価）を選択できます。

9　給与所得の源泉徴収票の見方

令和 X 年分　**給与所得の源泉徴収票**

	(受給者番号)
支払を受ける者　住所又は居所　東京都練馬区○○町1-2-3	(個人番号)
	(役職名)
	氏名　(フリガナ)　スズキ　タロウ　鈴木　太郎

種　別	支払金額 ❶	給与所得控除後の金額 調整控除後 ❷	所得控除の額の合計額 ❸	源泉徴収税額 ❹
給与・賞与	6 000 000	4 360 000	2 539 000	92 900

(源泉)控除対象配偶者の有無等		配偶者(特別)控除の額 ❹	控除対象扶養親族の数 (配偶者を除く。)						16歳未満扶養親族の数	障害者の数 (本人を除く。)		非居住者である親族の数
有	従有		特定 ❸		老人		その他			特別	その他	
			人	従人	内	人	従人	人	従人	人	内　人	人	人
○		380 000	1										

社会保険料等の金額 ❻	生命保険料の控除額 ❼	地震保険料の控除額 ❺	住宅借入金等特別控除の額
934 000	100 000	15 000	

(摘要)

生命保険料の金額の内訳	新生命保険料の金額	旧生命保険料の金額 150,000	介護医療保険料の金額	新個人年金保険料の金額	旧個人年金保険料の金額 120,000
住宅借入金等特別控除の額の内訳	住宅借入金等特別控除適用数	居住開始年月日(1回目)　年　月　日	住宅借入金等特別控除区分(1回目)	住宅借入金等年末残高(1回目)	
	住宅借入金等特別控除可能額	居住開始年月日(2回目)　年　月　日	住宅借入金等特別控除区分(2回目)	住宅借入金等年末残高(2回目)	

(源泉・特別)控除対象配偶者	(フリガナ)　スズキ　タカコ　氏名　鈴木　貴子	区分	配偶者の合計所得 0	国民年金保険料等の金額	旧長期損害保険料の金額
	個人番号			基礎控除の額 ❺	所得金額調整控除額

控除対象扶養親族	1	(フリガナ)　スズキ　ナオト　氏名　鈴木　直人	区分	16歳未満の扶養親族	1	(フリガナ)　氏名	区分	(備考)
		個人番号						
	2	(フリガナ)　氏名	区分		2	(フリガナ)　氏名	区分	
		個人番号						
	3	(フリガナ)　氏名	区分		3	(フリガナ)　氏名	区分	
		個人番号						
	4	(フリガナ)　氏名	区分		4	(フリガナ)　氏名	区分	
		個人番号						

未成年者	外国人	死亡退職	災害者	乙欄	本人が障害者 特別　その他	寡婦	ひとり親	勤労学生	中途就・退職 就職　退職　年　月　日	受給者生年月日 元号　年　月　日
										昭和　47　12　10

支払者	個人番号又は法人番号	
	住所(居所)又は所在地	東京都世田谷区○○○ 4-5-6
	氏名又は名称	株式会社○○○○　(電話)

375

289

　給与などを支払う会社などは、給与所得者に対して、その年に支払った源泉徴収税額（所得税額）が記載されている源泉徴収票を交付します。給与所得者の源泉徴収票の見方は、次のとおりです。

❶ 1年間の給与など　6,000,000円

❷ 給与所得の金額（参考P.258〜259）

給与所得控除額＝ 6,000,000円× 20％＋ 440,000円 ＝ 1,640,000円

給与所得 ＝ 6,000,000円− 1,640,000円 ＝ 4,360,000円

> 給与所得控除額の一覧表より

❸ 所得控除額（参考P.270）

　Ⓐ配偶者控除 380,000円＋Ⓑ特定扶養親族の扶養控除 630,000円

　＋Ⓒ社会保険料控除 934,000円＋Ⓓ生命保険料控除 100,000円

　＋Ⓔ地震保険料控除 15,000円＋Ⓕ基礎控除 480,000円

　＝ 合計 2,539,000円

> 「基礎控除の額」が空欄の場合は48万円

課税所得金額

　❷ 4,360,000円− ❸ 2,539,000円＝ 1,821,000円

　（※ 1,000円未満は切り捨て）

> 所得税の速算表より

所得税額（参考P.291）

　・ⓐ所得税：1,821,000円 × 5％ ＝ 91,050円

　・ⓑ復興特別所得税：91,050円 × 2.1％ ＝ 1,912.05円 → 1,912円

　　　　　　　　　　（※ 1円未満は切り捨て）

　・ⓐ 91,050円＋ ⓑ 1,912円＝ 92,962円 → 92,900円 … ❹源泉徴収税額

　　　　　　　　（※ 100円未満は切り捨て）

> 給与所得控除額の一覧表と所得税の速算表は次ページにあるよ

給与所得控除額の速算表

給与の収入金額		給与所得控除額
	162.5万円以下	55万円
162.5万円超	180万円以下	収入金額 × 40% − 10万円
180万円超	360万円以下	収入金額 × 30% + 8万円
360万円超	660万円以下	収入金額 × 20% + 44万円
660万円超	850万円以下	収入金額 × 10% + 110万円
850万円超		195万円（上限）

所得税の速算表

所得税額 =（A）×（B）−（C）

課税所得金額（A）		税率（B）	控除額（C）
	195万円以下	5%	−
195万円超	330万円以下	10%	9万7,500円
330万円超	695万円以下	20%	42万7,500円
695万円超	900万円以下	23%	63万6,000円
900万円超	1,800万円以下	33%	153万6,000円
1,800万円超	4,000万円以下	40%	279万6,000円
4,000万円超		45%	479万6,000円

確定申告の
おさらいをするよ！

確定申告した？

まだ

2月16日から
3月15日までに
やっとくんだよ

はい

確定申告に（2）
一郎（16）
さ（3）あ、
行こ（15）う、
って覚えるんだよ

うーん

一郎が
がんばってるね

誰なんだろう…

STAGE 5

不動産

こ こ で 学 ぶ 内 容 で す ！

不動産の基本

不動産取引

不動産に関する法律

不動産にかかる税金

不動産の有効活用

傾向と対策

学科試験 頻出・定番問題を中心に学習しましょう

土地の価格と登記記録の構成、交付請求に加え、手付金は頻出です。宅地建物取引業法では媒介契約を、借地借家法では普通借地権と定期借地権の違いを確実に押さえておきましょう。区分所有法、都市計画法と開発許可、建築基準法では定番問題があるので比較的対策しやすいです。不動産の税金では譲渡所得と居住用財産の特例を覚えます。実質利回り（NOI利回り）の計算式は暗記しておきましょう。

実技試験 受検先別の傾向と対策

【金財　個人資産相談業務】

建蔽率と容積率の計算問題は必ず同時に出題されます。建蔽率では緩和措置も合わせて覚え、容積率では道路が2本ある場合の前面道路の幅員による制限が重要です。譲渡所得の特例と不動産の有効活用は幅広く出題されるので、的を絞りこまず学習をしましょう。

【金財　保険顧客資産相談業務】

この分野からは出題されません。

【日本FP協会　資産設計提案業務】

建蔽率と容積率の計算問題はセットバックを交えて高頻度で出題されます。その他、登記記録の構成や媒介契約、税金では譲渡所得の計算を中心に押さえておきましょう。

LESSON 1

不動産の基本

不動産は "住むところ" じゃなく資産形成も!

という視点から
見てみよう!

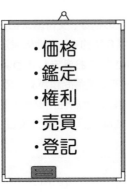

・価格
・鑑定
・権利
・売買
・登記

特に不動産の
要ともいえる
「不動産登記」
は重要だよ!

1 土地の価格

　不動産の価格には、実際の売買価格である実勢価格のほかに、土地の価格を評価するものとして以下4つの価格があります。

・公示価格
・基準地標準価格
・相続税路線価
・固定資産税評価額

土地の1㎡あたりの
価格を評価しているよ

土地の価格（公的価格）

	公示価格	基準地標準価格	相続税路線価	固定資産税評価額
内容・利用目的	土地取引の目安となる価格	土地取引の目安となる価格（公示価格を補完するもの）	相続税や贈与税の計算の基礎となる価格	固定資産税、都市計画税、不動産取得税などの計算の基礎となる価格
所管	国土交通省（土地鑑定委員会）	都道府県	国税庁	市町村（東京23区は都）
基準日	毎年1月1日	毎年7月1日	毎年1月1日	3年ごとに評価替え（1月1日）
発表時期	3月	9月	7月	4月
価格水準	100％	公示価格の100％	公示価格の80％	公示価格の70％

基準日と発表時期、価格水準は
試験でよく狙われるから
覚えておこう！

Point!

基準日は、基準地標準価格のみが7月1日で、そのほかは1月1日です。

公示価格を基準（100％）とした場合の価格水準は、相続税路線価が80％、固定資産税評価額が70％ですが、試験では名称と数字が入れ替わるひっかけ問題が出題されます。

評価替えは、固定資産税評価額だけは原則、3年ごと。ほかの3つは毎年行われます。

2 不動産の鑑定評価

不動産の適正な価格を求めるための鑑定評価の手法には次の３つがあります。

原価法・取引事例比較法・収益還元法

鑑定時には複数の手法を併用すべきとされています。

試験で
「〇〇法のみを
適用するべき」と
出たら、それは×！

３種類の鑑定評価手法

原価法	対象不動産の再調達原価（例えば、今、同程度の建物を建てる場合はいくらか？）を求め、これに老朽化等を考慮して減価修正を行い、価格を求める方法
取引事例比較法	対象不動産に類似した複数の取引事例を参考に、その取引価格に修正・補正等をして価格を求める方法
収益還元法	対象不動産が将来生み出すであろうと期待される、純収益の現在価値の総和から価格を求める方法 収益還元法には、直接還元法とDCF法がある

実際の
売却事例を
もとに価格を
求めます。

それぞれの説明と方法を
紐づけて覚えよう

収益還元法における算定方法

①**直接還元法**：一期間（通常は１年間）の純収益を、還元利回りで割り戻して現在価値を求める方法

②**DCF法**　　：これから生み出す純収益と、将来売ったときの予想価格（復帰価格）を現在価値に割り戻し、それらを合計して価格を求める方法

3　不動産登記

　不動産登記とは、土地や建物の所在・面積・構造や、所有者の住所・氏名などを法務局（登記所）の登記記録に記載しているものです。

　登記をするということは、ほかの誰かに対して「この不動産には、わたしの権利が付いています」と主張するためにも必要となるものです。

登記の内容は
誰でも
確認できますよ！

不動産登記記録の構成

　登記記録は、1筆の土地（登記上のひとつの土地の単位）または1個の建物ごとに、表題部と権利部に区分して作成されます。権利部はさらに甲区と乙区の2つに区分されています。

登記記録の構成

表題部 （表示に関する登記）		土地・建物に関する物理的状況を記録している 　土地 … 所在、地番、地目、地積など 　建物 … 所在、家屋番号、床面積など
権利部 （権利に関する登記）	甲区	所有権に関する事項を記録している （所有権の保存、移転、差押え等）
	乙区	所有権以外の権利に関する事項を記録している（抵当権、賃借権など）

語呂合わせ

乙区の代表例は抵当権
「乙（おつ）かれ抵当権！」と
覚えましょう。

ここは重要だよ！

地番や家屋番号は、日常的に使われている住居表示と一致しているとは限りません！
→ 郵便物のあて先となる住居表示とは異なります。

区分所有建物（分譲マンションなど）の登記される床面積は内法面積（壁の内側の面積）で記載され、それ以外の建物の床面積は壁芯面積（壁の中心から測った面積）で記載されます。「壁芯より内法のほうが狭い」と覚えましょう。

2024年4月以降、相続により不動産を取得した者は、取得を知った日から3年以内に相続登記をすることが義務化されました。2024年3月以前に不動産を相続していて相続登記をしていない者も2024年4月から3年以内に登記をする必要があります。

4 不動産登記の効力

対抗力は
「わたしの
権利があるよ！」
と主張すること

　不動産登記をすると、第三者に対して「自分にはこの不動産に関する権利がある」ということを主張できます。これを**対抗力**といいます。不動産に関する権利は、原則、登記をしなければ第三者に対抗することができません。

不動産の二重譲渡があった場合は、先に所有権の登記を済ませた方が所有権を主張できます。
例えば、Aさんが所有している不動産をBさんにもCさんにも同時に売った場合、BさんとCさんのうち、先に所有権の登記をした方が所有権を得ます！
契約の先後ではありません。

登記には**公信力**がありません。そのため、実際には登記記録上の権利者と真の権利者が異なっていた場合、登記記録を信頼して取引をした人は、原則、**法的には保護**されません。

めちゃめちゃ試験に出ます!

Point! 登記には対抗力(権利を主張する力)はありますが、公信力はありません。

余裕があれば
ここも押さえよう!

本来なら、不動産を所有したり、借りている権利を主張するためには登記が必要ですが、登記がなくても第三者に対抗(権利を主張)できる場合があります。

借りている土地

借地上に借地権者を所有者として登記した建物がある場合。借地権者とは、借地料を支払って土地を借り、自分の建物を建てている人のことです。その建物に自己名義の登記をしていれば、借地権に関する登記をしていなくても、借地権を第三者に借地権を対抗できます。

借りている建物

建物の賃借人が建物の引渡しを受けている場合。具体的には、建物や部屋を借りている人が鍵の引渡しを受けていれば、建物の賃借権(借家権)を第三者に対抗できます。

まだわからなくてもいいよ
あとでまた
読み直そう!

※借地権と借家権についてはP.310、P.312。

5 登記記録の交付

　手数料を納付して申請すれば、**誰でも**登記記録の内容が書かれている登記事項証明書や登記事項要約書の交付請求をすることができます。

　登記事項証明書の交付請求は、登記所（法務局）の窓口へ出向くほか、郵送、**オンラインによる請求**（受取りは郵送か窓口）もできます。

ひと言！

誰でも交付請求OK！試験問題で「所有者のみ請求可能」と書かれていたら、それは×。

登記事項証明書 … 登記事項の全部または一部を証明した書面
登記事項要約書 … 登記事項の概要を記載した書面

6 登記記録以外の調査

　登記所（法務局）において、不動産の状況を確認できる資料として、登記記録のほかに地図や公図を調査することができます。

意外にも公図は精度が低い。「公」の文字から信用できそうな印象を持たないでね

地図 （14条地図）	不動産登記法第14条の規定にもとづいて備え付けられた地図 現地を測量して作成されており、精度は高いが、すべての土地に備え付けられているわけではない
公図	土地の形状や近隣地との位置関係等を表した地図 14条地図に準ずる図面で精度は低い

ここからは売買契約の解説だよ

7 手付金

　手付金とは、一般に、不動産の売買契約を結ぶ際に買主が売主に渡すお金で、代金の一部に充当されます。通常は**解約手付**として扱われます。

　民法上、売買契約において買主が売主に手付金（解約手付）を交付した場合、**相手方**が契約の履行に着手するまでは、「買主」は手付金を**放棄**することにより、「売主」は、買主へ手付金の**倍額**を現実に**提供**することにより契約を解除できます。

どっちが放棄で
どっちが倍額なのか
っていうのがポイント

注目!
売主が倍額なのは、売主から契約を解除するには、買主から受け取った手付金を返したうえで、さらに同額を渡すからです。

注目!
買主側から見た「相手方」とは売主のこと。売主側から見た「相手方」は買主のことです。

注意!
売主が宅地建物取引業者で、買主が宅地建物取引業者でない場合には、売主は売買代金の2割を超える手付金を受け取ることはできません。（P.308 参照）

8 危険負担

　契約締結から引渡しまでに、売主の責めによらない事由（天災等）によりその物件が滅失してしまった場合、その**危険（リスク）は売主が負担**します。そのため、**買主**は目的物の滅失を理由に代金の**支払いを拒む**ことができ、売主の引渡し債務が履行不能の場合、売主および買主は契約を解除することができます。

9　契約不適合責任

　民法では、売主が買主に引き渡した**目的物**（**物件等**）が契約の内容に適合しない場合、買主は売主に対して、修理や不足部分の引渡し等を求める追完請求や、代金減額請求、損害賠償請求、契約の解除などの請求をすることができます。

契約不適合責任の通知期間と特約の有効性

民法	買主は、目的物の種類・品質に関する不適合の事実を知った時から、1年以内に売主に通知する必要がある なお、売主の責任を軽減したり、契約不適合責任を免除する特約（免責特約）は有効
宅地建物取引業法	宅地建物取引業者が売主、買主が宅地建物取引業者以外の場合には、通知期間を引渡し日より2年以上とする旨の特約は有効（それよりも買主に不利な特約は無効）

10　住宅の品質確保の促進に関する法律（品確法）

　新築住宅の売買および請負契約において、売主等は構造耐力上主要な部分（屋根、壁、柱等）および雨水の浸入を防ぐ部分について、建物の引渡しから10年間は瑕疵担保責任（＝契約不適合責任）を負うことが、品確法により定められています。

不動産登記を
おさらいするよ！

不動産登記記録には
公信力はない

「対抗力」は
ある！

そして表題部と権利部に
分かれているけど、

権利部はさらに
甲区と乙区に分かれるよ

抵当権は乙（おつ）区に入る

（おつ）かれ！

抵当権

「乙（おつ）かれ
抵当権！」
と覚えよう！

LESSON 2

宅地建物取引業法

1 宅地建物取引業法とは

　次の取引を業として行うためには、宅地建物取引業の免許が必要です。

（1）宅地・建物を自ら、売買・交換する
（2）宅地・建物の売買・交換・貸借の代理をする
（3）宅地・建物の売買・交換・貸借の媒介をする

　（1）には「貸借」は含まれません。つまり、自ら所有する不動産で自らが賃貸業を営むことは、宅地建物取引業の免許が不要です。

大家さんは
宅建の免許は不要！

2 宅地建物取引士

宅地建物取引業者は、事務所ごとに業務に従事する者5人に対して1人以上の割合で「成年の専任の宅地建物取引士」を置くことが義務づけられています。

いわゆる
"たっけんし"って
ヤツね！

宅地建物取引士の独占業務（専任でなくてもよい）

（1）重要事項の説明
　　（宅地建物取引士証を提示し、契約締結前に説明）

（2）重要事項説明書への記名

（3）契約内容を記載した書面（37条書面、いわゆる契約書）への記名

3 媒介契約

宅地建物取引業者は、宅地や建物の売買等の仲介（＝媒介）を依頼されたときは、**依頼者と媒介契約を締結**します。媒介契約には、**一般媒介契約、専任媒介契約、専属専任媒介契約**の3種類があります。

仲介業務に関して
依頼者とのトラブルを
防ぐために契約を結びます

3つの媒介契約と契約内容

（○＝できる、×＝できない）

売買・交換の媒介	一般 媒介契約	専任 媒介契約	専属専任 媒介契約
ほかの業者にも重ねて依頼できるか	○	×	×
自己発見取引ができるか （依頼者が自ら見つけた相手と直接取引すること）	○	○	×
契約の有効期間	法律上の 定めなし	最長 3カ月※	最長 3カ月※
依頼者への業務報告義務	なし	2週間に 1回以上	1週間に 1回以上
指定流通機構への物件情報の登録義務	なし	7営業日 以内	5営業日 以内

※3カ月を超える部分は無効となります。更新は依頼者が申し出ればできます。

覚え方

みんなにお願い → 一般媒介契約

あなたにお願い、でも自分で探すかも → 専任媒介契約

あなただけにお願い、すべてをお任せして自分では探さない
→ 専属専任媒介契約

4　宅地建物取引業者の報酬限度額

　宅地建物取引業者が依頼者から受け取ることのできる
報酬の額は、取引の種類と金額に応じて国土交通大臣が
定めた額を超えてはなりません。

報酬とは
仲介手数料の
ことだよ

報酬限度額　売買の媒介の場合

売買価格が 400 万円超の場合、売主と買主の一方から受け取れる報酬は、「売買価格×3％＋6万円（＋消費税）」が上限です

報酬限度額　貸借の媒介の場合

貸主と借主から受け取れる報酬の合計額は、双方合わせて「借賃の1カ月分（＋消費税）」が上限です

 依頼者との合意があっても、限度額を超える報酬を受け取ってはいけません。

6　手付金の額の制限

　宅地建物取引業法では、売主が宅地建物取引業者で、買主が宅地建物取引業者でない場合には、売主（宅地建物取引業者）は売買代金の2割を超える手付金を受け取ることはできません。

 手付金の額の制限は、買主が一般人（アマ）のときです。買主が宅地建物取引業者（プロ）である場合は、制限されません。

プロ（売主）とアマ（買主）→ 2割に制限
プロとプロ → ご自由にどうぞ

LESSON 3

借地借家法

「資産」としての不動産を貸し借りするんだから

キチンとした
ルールが
必要ですね！

特に借主の保護に
重点を置いた
法律です！

1 借地借家法

　借地借家法は、土地や建物の賃貸借契約に関するルールで、借主側の保護に重点を置いた法律です。

民法は一般法で、私人間の問題を解決するためのものです。しかし、立場や力関係が違う者の間に生じる問題の解決には対応しきれないことがあります。そこで、弱者側（借主）の保護に重きを置いた借地借家法という特別法が登場します。特別法と一般法が重なるときは、弱者を守るために特別法が優先されます。

2 借地権

借地権とは、**建物の所有を目的**とする地上権または土地の賃借権のことをいいます。つまり、建物を建てるために土地を借りる権利のことです。

契約期間の満了後も更新できる**普通借地権**と、更新のない**定期借地権**があります。

借地権は
借りている側の
権利です

（1）普通借地権

契約の存続期間（契約期間）は**30年以上**で定めます。存続期間が満了する際、当事者の合意、もしくは借地上に建物がある場合に限り、法定更新（原則、同一条件）によって更新されます。借地権設定者（貸主）が更新を拒絶するためには、**正当事由**が必要です。

更新後の存続期間は、最初の更新後が**20年以上**、2回目以降は**10年以上**で定めます。

存続期間満了後、契約の更新がされない場合は、借地権者（借主）は借地権設定者（貸主）に対して、借地上の建物を**時価**で買い取ることを請求できます（**建物買取請求権**）。

（2）定期借地権

定期借地権には、一般定期借地権、**事業用定期借地権**等、建物譲渡特約付借地権の3種類があります。

存続期間終了後、借地権者（借主）は土地を**必ず返さ**
なければいけません。

普通借地権と定期借地権のまとめ

出題されることが多い！	普通借地権	定期借地権		
		一般定期借地権	事業用定期借地権等	建物譲渡特約付借地権
存続期間	30年以上	50年以上	10年以上50年未満	30年以上
更新	更新あり※1	更新なし		
建物の用途	制限なし	制限なし	事業用建物のみ（一部でも居住用は×）	制限なし
契約方法	制限なし	公正証書等の書面※2	公正証書に限る	制限なし
契約期間終了後	時価で建物の買取請求可	原則として更地で返還		建物付きで返還

※1：最初の更新後は20年以上、2回目以降の更新後は10年以上で定めます。
※2：電磁的記録も可

借地権の対抗力はP.300を見よう

Point!

普通借地権の存続期間は3.2.1（30年以上、20年以上、10年以上）と覚えましょう。

「公正証書等の書面」とは、公正証書に限定されていません。

3 借家権

借家権とは、**建物を借りる権利**です。契約期間満了後に更新可能な普通借家契約と、更新のない定期借家契約があります。

（1）普通借家契約

普通借家契約の期間を定める場合は、**1年以上**で定めます。契約期間を1年未満とした場合は「**期間の定めのない契約**」とみなされます。

契約期間が満了する場合、当事者の合意、もしくは一定の要件のもとに更新（法定更新）されます。貸主が更新を拒絶するためには、**正当事由**が必要です。

（2）定期借家契約

定期借家契約では、期間満了後、**契約は更新されずに終了**します。契約を締結するときは、貸主は借主に対し、契約前に「契約の更新がなく、契約期間満了により賃貸借契約が終了する」旨を、**書面（借主の承諾があれば電磁的方法も可）**を交付して説明する必要があります。

契約期間が1年以上の契約において、貸主は、契約期間満了の**1年前から6カ月前**までの間に、借主に対して期間満了により賃貸借契約が終了する旨の**通知**が必要です。このとき、貸主の**正当事由は不要**です。

借家権の対抗力はP.299を見よう

普通借家契約と定期借家契約のまとめ

	普通借家契約	定期借家契約
契約の存続期間	1年以上 （1年未満の契約は期間の定めのない契約となる）	契約で定めた期間 （1年未満でも可能）
更新	借主は更新請求が可能 （貸主が更新を拒絶する場合は正当事由が必要）	更新なし （契約前に、貸主による書面※での説明が必要）
契約方法	制限なし	書面（電磁的記録も可）
契約の終了	期間の定めのない契約の場合、貸主からは、正当事由＋6カ月前の通知、借主からは、正当事由がなくても3カ月前の通知があれば、契約終了が可能	契約期間が1年以上の場合、貸主は、期間満了の1年前から6カ月前までの間に、借主に対して期間満了により賃貸借が終了する旨の通知が必要

※借主の承諾があれば電磁的方法も可能

 基本的に、「定期（借家契約）は定められた期間だから、更新はない」と覚えましょう。

公正証書でなくてもよいです

（3）造作買取請求権

借主が貸主の同意を得て取り付けたエアコンなどの造作は、契約終了時に、借主は貸主に対して時価で買い取ることを請求できます（造作買取請求権）。ただし、契約に**買取り請求しない旨の特約**が付いている場合は請求できません。

事業用定期借地権等の
おさらいをするよ！

この土地を借りて
事業を始めるよ！

契約は必ず
公正証書で…

土地のすみっこに
自分の住む家も
建てちゃおう！

そうだ！

それはダメ！
事業用のみです！

ガーン

え～～～～～！

区分所有法

1 区分所有法

区分所有法（建物の区分所有等に関する法律）は、集合住宅（マンションなど）で生活する際のさまざまなルールを定めた法律です。

区分所有法と聞いたらマンションを思い浮かべましょう！

2 区分所有権

区分所有建物には、各持ち主（区分所有者）が専用で使うことができる専有部分と、ほかの所有者等と共同で使用する共用部分があります。専有部分を所有する権利のことを区分所有権といいます。

ひと言！

マンションなどは、区分所有建物といいます。

（1）専有部分と共用部分

専有部分

　区分所有建物において、構造上・利用上独立した空間で、区分所有権の対象となる部分を指します。

（例）マンションの一室（202号室など）

区分所有権は
登記によって
第三者に対抗できる

共用部分

　区分所有建物における、専有部分以外の部分には、法定共用部と規約共用部があります。共用部分は区分所有者全員の共有となり、各区分所有者の持分は、原則として**専有部分の床面積の割合**によります。

　共用部分の共有持分は、原則、専有部分と分離処分はできません（**分離処分の禁止**）。

処分とは
売ることなどを
いいます

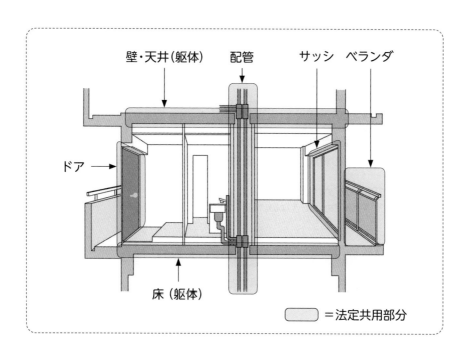

（2）敷地利用権

専有部分を所有するための、敷地に関する権利を**敷地利用権**といいます。敷地利用権は、原則として、**専有部分と分離処分はできません**。ただし、規約で別段の定めをすることができます。

（3）規約

規約とは、区分所有建物等に関するルールのことです。規約の変更や区分所有建物に関する事項の決定のため、管理者は少なくとも**毎年1回集会を招集**しなければなりません。集会では、区分所有者（区分所有者の頭数）および議決権（専有部分の床面積の割合）の一定割合の賛成により、決議を行います。

集会の決議

決議要件	決議内容
区分所有者と議決権の各過半数の賛成[※1]	普通決議（管理者の選任・解任など）
区分所有者と議決権の各4分の3以上の賛成	規約の設定、変更、廃止など
区分所有者と議決権の各5分の4以上の賛成[※2]	建替え ⇒ 建物を取り壊して新たに建築する

※1　規約で別段の定めができる。
※2　規約で別段の定めはできない。

覚え方

「建替え5分の4」は試験でよく出題されますよ！
建替えご（5）用（4）と覚えましょう。

建替えの決議について
おさらいするよ！

このタワマンも
古くなってきたね

よし！

ワシが集会で
「建替え」を
提案しよう！

実力者のワシがいえば
一発で決まるぞ！

そんな簡単に
いくかしら？

集会後 ──

５分の４の賛成が
いるんだって…

だから
いったじゃない

都市計画法

原則、建物を建てちゃいけない
エリアも作らなきゃね

農業や林業を
守るために

市街化調整区域のことだね！

1 都市計画区域

　計画を立てて街づくりを行うために、都市計画法という法律があります。

　この都市計画法によって都道府県や国土交通大臣が指定した区域のことを都市計画区域といいます。

　都市計画区域は、市街化区域と市街化調整区域に区分することができ、区分した区域を線引き区域といい、それ以外の都市計画区域を非線引き区域といいます。

右ページの図を
よく見てね

市街化区域と市街化調整区域とは

全　国

都市計画区域

── 線 引 き 区 域 ──

市街化区域
・既に市街地を形成している区域
・おおむね 10 年以内に優先的かつ
　計画的に市街化を図るべき区域
　→どんどん市街地にしていきたい
　　区域
・用途地域を定める

市街化調整区域
・市街化を抑制すべき区域
　→ 農林漁業を守る区域
・原則として用途地域を定
　めない

── 非 線 引 き 区 域 ──
市街化区域でもなく、市街化調整区域でもない区域

準都市計画区域
都市計画区域外だが、そのままの状態にしておくと、
将来的に街づくりに支障が出るおそれがある区域

試験では、「市街化調整区域は市街化を促進する区域であ
る」という文章が提示され、それが正しいか誤りかを答え
させる問題が出題されることがあります。この場合、解答
は「誤り」です（「市街化調整区域」の正しい説明は「市街
化を抑制すべき区域」）。

2 用途地域

　用途地域は、土地の計画的な利用を図るために、地域ごとに建物の用途に対して制限を設けたもので、次のように全部で13種類あります。

住居系（8種類）…… 住居の環境を保護する地域
商業系（2種類）…… 商業等の利便を増進する地域
工業系（3種類）…… 工業の利便を増進する地域

 市街化区域については、少なくとも用途地域を定めるものとしますが、市街化調整区域については原則として用途地域は定めません。

3 開発許可

開発行為

　開発行為とは、主として建築物の建築または特定工作物の建設のために行う**土地の区画形質の変更**のこと（土地の造成など）をいいます。

 ひと言！

特定工作物とは、周辺地域の環境悪化をもたらすおそれがある工作物やゴルフコースなどの大規模な工作物のことをいいます。

開発許可

　開発行為をしようとする場合、原則として、あらかじ
め都道府県知事等の許可が必要ですが、次の場合には許
可不要となります。なお、どの区域でも図書館など、公
益上必要な建築物を建築する場合は許可不要です。

許可が不要とされる主な開発行為（原則）

全　国

都市計画区域

線　引　き　区　域	
市街化区域 原則、1,000 ㎡未満 （三大都市圏の一部は 500 ㎡ 未満）	**市街化調整区域** 農林漁業用の建築物や農林漁 業従事者の居住用建築物を建 築するための開発行為 上記以外は規模にかかわらず 許可が必要

非　線　引　き　区　域
3,000 ㎡未満

準都市計画区域
3,000 ㎡未満

上記以外の区域：1ha（10,000㎡）未満

市街化区域内で行う、原則 1,000㎡未満の開発行為は許
可が不要というのは押さえておきましょう。

LESSON 6

建築基準法

ここに
老人ホームを
建てちゃダメ！

工業専用地域

老人ホーム

え!?

用途地域
ごとに

建てていいものと
いけないものが
決まってるんだ！

都市計画区域、
準都市計画区域の
規定を見ていこう！

1 用途制限

　建築基準法とは、建物を建築する際の最低限のルール
を定めた法律です。建築基準法では、都市計画法で区分
した用途地域（住居系、商業系、工業系の全13種類）ご
とに建築できる建物とできない建物を具体的に定めてい
ます。これを用途制限といいます。

用途地域と用途制限（抜粋）　　〇 = 建築できる　　✕ = 建築できない

	第一種低層住居専用地域	商業地域	工業地域	工業専用地域
住宅、老人ホーム	〇	〇	〇	✕
診療所、保育所	〇	〇	〇	〇
大学、病院	✕	〇	✕	✕

敷地が2つ以上の用途地域にわたる場合、敷地の過半の属する地域（面積の広い方）の用途制限が敷地全体に適用されます。

2 道路と接道義務

建築基準法上の道路は、原則、幅員（道路幅）4m以上の一定の道路のことです。

ただし、幅員4m未満の道であっても、建築基準法第42条第2項により道路として認められるものもあり、この道を2項道路といいます。

接道義務

建築物の敷地は、原則として、建築基準法上の道路（幅員4m以上の道路）に、2m以上接しなければなりません。

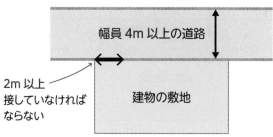

接道義務

幅員4m以上の道路

2m以上
接していなければ
ならない

建物の敷地

接道義務は「4 (m) の2 (m) 」と覚えましょう。試験では、「2m」と「4m」の記述が逆になっているひっかけ問題が出題されます。
なお、「建築物の敷地は道路に接していないと建てられない！」という接道義務があるのは、火事の際に消火活動ができるようにするためでもあります。

2項道路とセットバック

2項道路は、原則として、その道路の中心線から水平距離で2m下がった線を道路境界線とみなし、この部分をセットバックといいます。セットバック部分は建蔽率や容積率の計算において、敷地面積に算入されません。

セットバックの例
（道路の両側が敷地の場合）

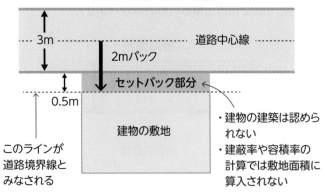

道路の反対側が河川などの場合は、反対側の道路境界線から手前へ4m下がった線を、道路境界線とみなします。

3 建蔽率（建ぺい率）

　建蔽率とは、敷地面積に対する建物の**建築面積**の割合のことです。敷地に建てられる建築面積の最高限度は、敷地面積に、用途地域ごとに都市計画で定められた建蔽率の上限（指定建蔽率）を乗じて算出します。土地を上から見てどのくらいの面積の建物を建てられるか（建坪）をイメージするとわかりやすいです。

計算式

公式　建蔽率（％）＝ $\dfrac{\text{建築面積（㎡）}}{\text{敷地面積（㎡）}}$ × 100

公式　建築面積の最高限度（㎡）
　　　＝ 敷地面積（㎡）× 指定建蔽率（％）

※上記の敷地面積にセットバック部分は含めません。

計算例

指定建蔽率が80％の地域で、敷地面積200㎡の土地に建物を建てる場合の建築面積の最高限度は
200㎡ × 80％ = 160㎡

敷地面積
200㎡

建築面積の
最高限度
160㎡

建蔽率の緩和措置

　次の場合は、指定建蔽率にプラスされます。これにより、建築面積を増やすことができます。

① 特定行政庁が指定する角地等	指定建蔽率　＋10％
② 防火地域内にある耐火建築物等 　（指定建蔽率が80％以外の地域）	指定建蔽率　＋10％
③ 準防火地域内にある耐火建築物等、 　または準耐火建築物等	指定建蔽率　＋10％
④ 上記の条件を同時に満たしている場合 　（①＋②）または（①＋③）	指定建蔽率　＋20％
⑤ 指定建蔽率が80％の地域内で、 　防火地域内にある耐火建築物等	建蔽率の制限なし → 建蔽率は100％となる

商業地域の
指定建蔽率は
80％です

① の「角地等」とは？

建蔽率が緩和される「角地」の例は、下図のような街区の角にある敷地です。

建蔽率の異なる地域にわたる場合の建蔽率

建築物の敷地が建蔽率の異なる地域にわたる場合、加重平均した建蔽率が敷地全体に適用されます。

〈例〉 地域Aと地域Bにわたる500㎡の敷地に建築する場合の建蔽率の求め方

地域A	地域B
指定建蔽率：80% 面積：300㎡	指定建蔽率：50% 面積：200㎡

・地域Aの建築面積の最高限度 ＝ 300㎡ × 80％ ＝ 240㎡
・地域Bの建築面積の最高限度 ＝ 200㎡ × 50％ ＝ 100㎡

建築面積の最高限度の合計 ＝ 240㎡ ＋ 100㎡ ＝ 340㎡

公式　$敷地全体の建蔽率（\%）＝ \dfrac{建築面積の最高限度の合計（㎡）}{敷地面積の合計（㎡）} × 100$

$敷地全体の建蔽率 ＝ \dfrac{340㎡}{（300㎡＋200㎡）} × 100 ＝ 68（\%）$

4 容積率

容積率とは、敷地面積に対する建物の**延べ面積**の割合のことです。敷地に建てられる延べ面積の最高限度は、敷地面積に、用途地域ごとに都市計画で定められた容積率の上限（指定容積率）を乗じて算出します。建物全体の大きさをイメージするとわかりやすいです。

計算式

公式	容積率（%）＝ $\dfrac{\text{延べ面積（㎡）}}{\text{敷地面積（㎡）}}$ × 100

公式	延べ面積の最高限度（㎡） ＝ 敷地面積（㎡） × 指定容積率（%）

※上記の敷地面積にセットバック部分は含めません。

計算例

指定容積率が150％の地域で、敷地面積200㎡の土地に
建物を建てる場合の延べ面積の最高限度は

200㎡ × 150％ ＝ 300㎡

【例えばこんなイメージ】

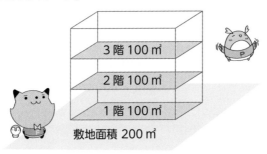

敷地面積 200 ㎡

容積率の異なる地域にわたる場合の容積率

建築物の敷地が容積率の異なる地域にわたる場合、加重平
均した容積率が敷地全体に適用されます。計算の方法は建
蔽率と同じです。

前面道路の幅員による容積率の制限

前面道路（2つ以上ある場合は幅が最も広い道路）の幅員が12m未満の場合、次の（1）、（2）のいずれか低い方が容積率の上限となります。

（1）都市計画で定められた指定容積率
（2）前面道路の幅員（m）× 法定乗数

住居は4、
その他は6！

法定乗数の原則	
住居系用途地域 $\dfrac{4}{10}$	その他の用途地域 $\dfrac{6}{10}$

※（2）の「前面道路の幅員」には、セットバック部分を含めます。

〈例〉　前面道路幅員が12m未満の場合の容積率の求め方

2本以上の道路に
接する場合は、
最も広い幅員の
値を使う

住居系用途地域

第一種住居地域
指定容積率：300%

幅員
5m

幅員7m

（1）指定容積率　300%
（2）前面道路の幅員 × 法定乗数 ＝

$$7m \times \dfrac{4}{10} = 280\%$$

比べて低い方が上限になるので、この場合の容積率は280%

330

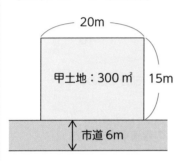

奥義！
こう来たら、
こうする式

特別講義 建蔽率・容積率の計算問題は3つのパターンで攻略できる！

建築面積（建蔽率）と延べ面積（容積率）の計算問題は実技試験では定番で、パターンから条件を変化させて出題されます。基本パターン（設例）を基にして条件がどのように変化したら何に注意して解くのかを見ていきましょう。

[基本パターン（設例）]

20m

甲土地：300㎡　15m

市道 6m

用途地域　　：第一種住居地域
指定建蔽率：6/10
指定容積率：30/10
前面道路幅員による容積率の制限
　　　　：前面道路幅員× 4/10

これがよく出題される典型的なパターンね。
これをベースに建築面積と延べ面積の上限を
求める問題が出題されます。

[基本パターンの計算方法と解答]

建築面積の上限（建蔽率を使う）

（20m × 15m）× 6/10＝180㎡

延べ面積の上限（容積率を使う）

前面道路幅が12m未満の場合、以下①②のいずれか低い容積率を使う
　　①指定容積率 30/10＝300％
　　②前面道路幅員6m×法定乗数 4/10＝24/10＝240％
　　↓
（20m × 15m）× 240％＝720㎡

この条件なら、こう対処する！

出題される問題によって
各条件が変わってきます！

変更された各条件に合わせて。
基本形のそれぞれの数値を
変えて対処すればOK！

問われて いること	条件	対応
建築面積 の上限 **建蔽率 を使う**	特定行政庁指定の角地	建蔽率を10％アップする
	防火地域・準防火地域 ＋耐火建築物	建蔽率を10％アップする
	指定建蔽率80％ ＋防火地域 ＋耐火建築物	建蔽率を100％にする
	セットバック	敷地面積から セットバック部分を引く
両方 共通	用途地域をまたぐ	それぞれの敷地部分で建築面積を 計算して足し合わせる（加重平均）
延べ面積 の上限 **容積率 を使う**	角地	道路幅の広い方（m）×法定乗数
	前面道路幅員が 12m未満	①指定容積率 ②道路幅員×法定乗数 上記①②のうち低い方とする
	セットバック	敷地面積から セットバック部分を引く

建蔽率と容積率を求める問題で頻出するパターンは次に紹介
する3つ。基本パターンと比べて、どこの数字を変えればい
いかを押さえれば、色んな出題に対応できるはず！

角　地 → パターン1

防火地域 → パターン2

セットバック → パターン3

特定行政庁指定の角地

例題：特定行政庁指定の角地であるこの土地に、建築物を建てる場合の（1）建築面積と（2）延べ面積（床面積の合計）の最高限度を計算しなさい。

建蔽率は
1／10上乗せ、
容積率は道路幅の
広い方で計算！

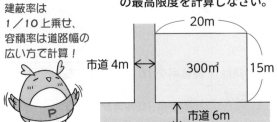

指定建蔽率：6／10
指定容積率：30／10
前面道路幅員による容積率の制限
　　　　：前面道路幅員× 4／10

パターン2 防火地域・準防火地域 ＋ 耐火建築物

例題：この土地（防火地域）に耐火建築物を建てる場合の（3）建築面積と（4）延べ面積（床面積の合計）の最高限度を計算しなさい。

建蔽率は
1／10上乗せで！

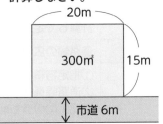

指定建蔽率：6／10
指定容積率：30／10
前面道路幅員による容積率の制限
　　　　：前面道路幅員× 4／10

パターン3　セットバック

例題：甲土地に建築物を建てる場合の（5）建築面積の最高限度と（6）延べ床面積の最高限度を計算しなさい。

建蔽率・容積率ともに
セットバック分を
引いて計算！

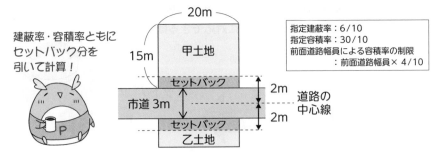

指定建蔽率：6／10
指定容積率：30／10
前面道路幅員による容積率の制限
　　　　：前面道路幅員× 4／10

（1）このパターン※で建築面積の最高限度を求める際は、建蔽率を 1/10 上乗せできます。　※特定行政庁が指定する角地であること。

　　計算　300 ㎡×（6/10+**1/10**）=300 ㎡× 70％ = 210 ㎡

（2）道路幅員が 12 m 未満の角地で延べ面積の最高限度を求める際は、①指定容積率と②広い道路幅員×法定乗数により求めた容積率のどちらか低い方を使います。

　　計算　①指定容積率：30/10=300％ ⎫ ②が低い
　　　　　　②6 m × 4/10=24/10=240％ ⎭ → 300 ㎡× 240％ = 720 ㎡

（3）このパターンで建築面積の最高限度を求める際は、建蔽率を 1/10 上乗せできます。

　　計算　300 ㎡×（6/10+**1/10**）=300 ㎡× 70％ =210 ㎡

（4）前面道路が 12 m 未満なので①指定容積率と②道路幅員×法定乗数により求めた容積率のどちらか小さい方を使います。

　　計算　①指定容積率：30/10 =300％ ⎫ ②が低い
　　　　　　②6 m × 4/10=24/10 =240％ ⎭ → 300 ㎡× 240％ = 720 ㎡

（5）このパターンで建築面積の最高限度を求める際は、セットバック部分を除いた敷地面積で計算をします。乙土地もセットバックできる土地なので、道路の中心線から 2 m ずつ割り振りをして甲土地・乙土地ともに 0.5 m のセットバックが生じます。

　　計算　20 m ×（15 m − **0.5 m**）× 6/10=290 ㎡× 6/10 =174 ㎡

（6）上記（5）と同様にセットバック部分は敷地面積から除きます。前面道路幅員はセットバックを含めて 4 m となりますが、12 m 未満のため以下の計算をしてどちらか低い方の容積率を使います。

　　計算　①指定容積率：30/10=300％ ⎫ ②が低い
　　　　　　②4 m × 4/10=16/10 =160％ ⎭ → 20 m ×（15 m − 0.5 m）× 160％
　　　　　　　　　　　　　　　　　　　 = 464 ㎡

5　防火規制

　駅前の繁華街や建物の密集地など、火災による被害を防止・制御するため、都市計画で防火地域や準防火地域に指定されている地域があります。

　建築物が、防火規制の異なる地域にわたる場合には、原則として厳しい方の規制が適用されます。

　準防火地域よりも、防火地域の方が厳しい規制です。

試験に出るよ！　**異なる地域にわたる論点**

用途制限……………敷地の過半の属する地域の用途制限が適用されます

建蔽率・容積率…加重平均した率が適用されます

防火規制…………原則として厳しい方の規制が適用されます

「火事には厳しい」
と覚えましょう！

6　建築物の高さの制限

低層住居専用地域等での制限（絶対高さ制限）

　第一種低層住居専用地域、第二種低層住居専用地域および田園住居地域では、建築物の高さの限度は、原則として10mまたは12mです。どちらになるかは都市計画で定められます。

建蔽率と容積率は
守らなくちゃ！

土地がもったいない
から面積いっぱいに
建てるよ！

ダメ！
建蔽率に
違反するよ！

それじゃあ
上に伸ばして
フロアを増やすよ〜

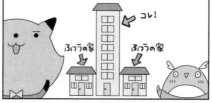

ナイスアイディア！
これなら広くなるね！

それもダメ！
容積率に
違反するよ！

えーっ！

その名のとおり、農地を守る法律です

農地法

1 農地法とは

　農地法は、農地の売買や転用を規制して、食料の安定供給や耕作者を守ることを目的とした法律です。農地か否かは現況により判断されます。

注目!

現況により判断とは、登記地目によらず、現在農地として使用しているか否かで判断するということです。

農地法の許可

　農地を売買したり、農地を農地以外の用途（宅地など）に転用する場合には、原則として許可が必要です。

農地法のまとめ

農地法	規制内容	許可をする者	市街化区域内の特例
3条 （権利移動）	農地を農地のまま 売買・貸借等	農業委員会	適用なし
4条 （転用）	農地を農地以外の ものに転用	都道府県 知事等	市街化区域内の農地 は、あらかじめ農業委 員会へ届出をすれば 許可は不要
5条 （転用目的の 権利移動）	農地を農地以外の ものに転用するた めに売買・貸借等 （3条＋4条）		

「市街化区域は市街化を進める地域！」だから、市街化区域
内の農地を農地以外に転用することは、あらかじめ農業委
員会への届出をすれば許可は不要です。

農地は食糧自給のためにも
大事だからね

勝手に転用しちゃ
ダメなんだね！

不動産の税金

不動産は…

| 取　得 | 保　有 | 譲　渡 | 賃　貸 |

これらに
各種税金が
かかります！

金額
大きいもんね

1　不動産と税金の概要

不動産にかかる税金は、大きく分けて次の4種類です。

①不動産を取得したときの税金
　→不動産取得税、登録免許税、消費税、印紙税

②不動産を保有しているときの税金
　→固定資産税、都市計画税

③不動産を譲渡したときの税金
　→所得税、住民税（譲渡所得）

④不動産を賃貸したときの税金
　→所得税、住民税（不動産所得）

2 不動産取得税

不動産取得税は、不動産を取得した場合（購入、増改築、贈与など）、登記の有無に関わらず**都道府県が課税し**ます。

増改築も
取得になります！

課税される …… 売買、贈与、交換、建築（新築、増改築）等による取得

課税されない … 相続による取得、法人の合併等による取得

（1）税額

税額 ＝ 固定資産税評価額（課税標準）× 税率

（2）宅地等の課税標準の特例

2027年3月31日までに取得した宅地等は、固定資産税評価額が2分の1に引き下げられます。

税額 ＝ 宅地等の固定資産税評価額（課税標準）× $\dfrac{1}{2}$ × 税率

上記の特例の他に、一定の住宅用地には税額軽減の特例もあります。

340

（3）住宅の課税標準の特例

　要件を満たす新築住宅の固定資産税評価額（課税標準）から、**最高1,200万円**（認定長期優良住宅の場合は最高1,300万円）を控除できます。

　要件を満たす中古住宅の場合の控除額は建築時期に応じて異なります。

固定資産税評価額は
公示価格の70%です
結構安くなりますね！

（4）税率

　本則は4%、宅地等および一定の要件を満たす住宅は特例（2027年3月31まで）により3%となります。

不動産取得税と特例のまとめ

	課税標準	課税標準の特例	特例税率
宅地等	固定資産税評価額	$\times \dfrac{1}{2}$	×3%（本則は4%）
要件を満たす住宅		一般住宅　　　　　　→ −1,200万円 認定長期優良住宅 → −1,300万円	

中古住宅は建築時期により
控除額が異なります

341

3 登録免許税

登録免許税は、不動産に関する権利を登記する際にかかる税金（国税）です。ただし、建物を新築したときなどにする**表題登記には課税されません**。

課税標準は、原則、固定資産税評価額ですが、**抵当権設定登記の課税標準は債権金額**になります。

税率には、軽減税率が設けられており、土地売買による所有権移転登記や住宅の新築購入等で一定要件を満たせば適用を受けられます。

> 公式
>
> 税額 ＝ 固定資産税評価額※×税率

※抵当権設定登記においては債権金額

4 消費税

土地の貸付け、
住宅の貸付けは
**1カ月未満の場合は
課税されます**

不動産の取引においては、原則として事業者が事業として行う建物の譲渡・貸付、役務の提供（仲介手数料）は消費税の課税取引となりますが、**土地の譲渡・貸付（1カ月以上）や住宅の貸付（1カ月以上）は非課税取引**です。

> **課税取引** ……… 建物の譲渡、建物の貸付け（1カ月以上の住宅を除く）、不動産の仲介手数料等
>
> **非課税取引** …… 土地の譲渡・貸付け（1カ月未満を除く）、住宅の貸付け（1カ月未満を除く）

5 印紙税

　印紙税は、課税対象となる一定の文書（売買契約書な
ど）を作成した場合に、国が課税します。契約書に印紙
を貼り、消印することにより納付します。

①売買契約書を2通作成し、売主と買主の双方が保管する場
　合は、その2通ともが課税されます。

②相手方の承諾があれば売買契約書を電磁的方法によるこ
　とができ、その際、印紙税は課されません。

6 固定資産税

　固定資産税は、毎年1月1日時点における不動産の所
有者（固定資産課税台帳などに登録されている人）に対
して、市町村（東京23区は都）が課税します。したがっ
て、1月1日に所有していれば、その年の途中で売却や
取り壊しをしても、その年度分の固定資産税の全額を納
付する義務があります。

実務上では、
売主と買主との間で
引渡し日により
案分することが慣例です

（1）税額

税額 ＝ 固定資産税評価額（課税標準）× 1.4％（標準税率）

標準税率→ 通常用いることとされる税率で、市町村等は条例で異な
　　　　　る税率を定めることができます

（2）新築住宅の税額の減額措置

新築住宅で、床面積等の一定の要件を満たした一戸建て住宅は**3年間**（認定長期優良住宅は**5年間**）、地上3階建以上の耐火・準耐火建築物は**5年間**（認定長期優良住宅は**7年間**）にわたり、1戸あたり**床面積120㎡以下**の部分の税額が**2分の1**に減額されます。

（3）住宅用地に対する固定資産税の課税標準の特例

住宅用地の固定資産税評価額（課税標準）には、次のような特例措置があります。

公式

小規模住宅用地（住宅1戸につき**200㎡以下の住宅用地部分**）

→ 固定資産税評価額（課税標準）× $\dfrac{1}{6}$

公式

一般住宅用地（住宅1戸につき**200㎡超の住宅用地部分**）

→ 固定資産税評価額（課税標準）× $\dfrac{1}{3}$

住宅用地とは
自宅以外にも
アパートの敷地もだよ！

7 都市計画税

都市計画税は、都市計画事業等の費用にあてるための目的税で、原則として、**市街化区域内**の土地・家屋の所有者に対して、市町村（東京23区は都）が課税します。

（1）税額

> **公式**
> 税額＝固定資産税評価額（課税標準）× 0.3%（制限税率）

制限税率→ 市町村等で異なる税率を定める際の上限です

（2）住宅用地に対する都市計画税の課税標準の特例

余裕があれば覚えよう

都市計画税においても、住宅用地の固定資産税評価額（課税標準）には、次のような特例措置があります。

> **公式**
> **小規模住宅用地**（住宅1戸につき200㎡以下の住宅用地部分）
> → 固定資産税評価額（課税標準）× $\dfrac{1}{3}$

> **公式**
> **一般住宅用地**（住宅1戸につき200㎡超の住宅用地部分）
> → 固定資産税評価額（課税標準）× $\dfrac{2}{3}$

固定資産税の税率 → 標準税率
都市計画税の税率 → 制限税率

あわせて
確認しよう！

固定資産税と都市計画税の特例まとめ

固定資産税			
新築住宅	一般住宅は3年間 地上3階建以上の耐火・ 準耐火建築物の住宅は 5年間	課税標準	×1.4% （標準税率） ↓ 床面積120㎡以下 の部分は税額1/2
住宅用地	200㎡以下の部分	課税標準 × 1/6	×1.4% （標準税率）
	200㎡超の部分	課税標準 × 1/3	
都市計画税			
住宅用地	200㎡以下の部分	課税標準 × 1/3	×0.3% （制限税率）
	200㎡超の部分	課税標準 × 2/3	

8 土地・建物等の譲渡所得

　土地・建物等を売却したときの収入は譲渡所得となり、
所得税・住民税が課税されます。この場合の譲渡所得は
ほかの所得と分けられ、**分離課税**の対象となります。

譲渡所得金額の計算式

買った金額

公式　譲渡所得金額 ＝ 譲渡価額 － （取得費 ＋ 譲渡費用）

売った金額

売るために
かかった金額

取得費

譲渡資産の取得に要した金額、その後の設備費や改良費

〈例〉購入代金、仲介手数料、登録免許税、不動産取得税、
設備費、改良費など

譲渡費用

資産を売る（譲渡する）ための費用

〈例〉仲介手数料、賃借人への立退料、
建物の取り壊し費用、印紙税など

固定資産税や
都市計画税は
売るための費用
ではないですからね！

取得費について

概算取得費

取得費が不明な場合は「譲渡価額×5％」を概算取得費とすることができます。実際の取得費が譲渡価額の5％を下回る場合でも、概算取得費を適用できます。

取得費の引き継ぎ

相続や贈与によって取得した場合は、被相続人（亡くなった人）や贈与者の取得費（買った金額等）を引き継ぎます。

相続税の取得費加算の特例

相続により取得した財産を、相続開始の日の翌日から相続税の申告期限の翌日以後3年以内に譲渡した場合は、支払った相続税のうち一定金額を取得費に加算できます。

建物の取得費

建物の取得費は、減価償却費を控除した後の金額になります。建物は劣化するためです。

長期譲渡所得と短期譲渡所得

　土地・建物等の譲渡所得は、譲渡した年の1月1日時点の所有期間が、5年以下か、5年超かにより短期譲渡所得と長期譲渡所得に区分され、異なる税率が適用されます。

譲渡した年の1月1日時点の所有期間

　5年以下 … 短期譲渡所得 → 税率39.63%
　　　　　　　（所得税30%、復興特別所得税0.63%、住民税9%）
　5年超 …… 長期譲渡所得 → 税率20.315%
　　　　　　　（所得税15%、復興特別所得税0.315%、住民税5%）

※相続・贈与により取得した不動産の譲渡においては、前の所有者（被相続人や贈与者）が取得した日を引き継ぎます。

9 居住用財産の譲渡の特例

　居住用財産を譲渡して利益が出たときに、一定の要件を満たした場合には、主に以下3つの特例があります。

　①居住用財産を譲渡した場合の3,000万円の特別控除の特例
　②居住用財産の軽減税率の特例
　③特定の居住用財産の買換えの特例

3つの特例の共通要件

・配偶者、父母、子など特別な関係者への譲渡ではないこと
・居住しなくなってから3年経過後の12月31日までに譲渡していること
・前年、前々年に居住用財産の譲渡の特例を受けていないこと

①居住用財産を譲渡した場合の3,000万円の特別控除の特例

居住用財産を譲渡した場合は、所有期間を問わず、譲渡所得から最高3,000万円を控除することができます。

※その居住用財産を共有していた場合は、1人につき最高3,000万円が控除されます。

②居住用財産の軽減税率の特例

譲渡した年の1月1日時点の所有期間が10年超の居住用財産を譲渡した場合、①の3,000万円の特別控除を控除した後の6,000万円以下の部分に対して、軽減税率が適用されます。

課税長期譲渡所得金額に課される税率

6,000万円以下の部分（軽減税率）
→ 所得税10％（復興特別所得税を含む税率は10.21％）、住民税　4％

6,000万円を超える部分
→ 所得税15％（復興特別所得税を含む税率は15.315％）、住民税　5％

3,000万円特別控除と軽減税率の特例は重複適用できる！

③特定の居住用財産の買換えの特例

譲渡した年の1月1日時点の所有期間が10年超で、居住期間が10年以上の居住用財産を譲渡して新たな居住用財産に買い換えた場合は、譲渡益に対する税金を将来の売却時まで繰り延べることができます。

「①居住用財産を譲渡した場合の3,000万円の特別控除の特例」と「②居住用財産の軽減税率の特例」は重複適用できません。

> **譲渡価額（旧居住用）≦ 買換資産（新居住用）の場合**
> この場合は譲渡益に対する課税を、全額繰り延べできます。

<主な適用要件>

- ・譲渡価額が1億円以下であること
- ・譲渡した年の1月1日時点の所有期間が10年超で、かつ居住期間が10年以上であること
- ・買換資産（新居住用）の床面積が50㎡以上で、敷地面積が500㎡以下であること

> **譲渡価額（旧居住用）> 買換資産（新居住用）の場合**
>
> **課税対象となる譲渡所得の計算方法**
>
> 譲渡価額よりも買換資産の価額が安いときは、その差額を収入金額とし、案分した必要経費を控除して譲渡所得金額を算出します。
>
> ①譲渡価額－買換資産の価額＝収入金額（A）
>
> ②（取得費＋譲渡費用）× $\dfrac{収入金額（A）}{譲渡価額}$ ＝ 必要経費（B）
>
> ③収入金額（A）－ 必要経費（B）＝課税対象となる譲渡所得

※この場合、長期譲渡所得の税率（20.315％）となります。

居住用財産を譲渡した場合の
3つの特例のまとめ

譲渡した年の1月1日時点の所有期間の要件

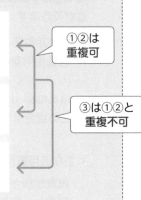

①居住用財産を譲渡した場合の
**3,000万円の
特別控除の特例** → **なし**
（所有期間は問わない）

②居住用財産の
軽減税率の特例 → 所有期間10年超

③特定の居住用財産の
買換えの特例 → 所有期間10年超かつ
居住期間10年以上

①②は
重複可

③は①②と
重複不可

居住用財産の譲渡で損失が出た場合

譲渡した年の1月1日時点で所有期間が5年超の居住用財産を譲渡して、譲渡損失が生じた場合で、一定の要件に該当すれば、ほかの所得金額と損益通算することや、3年間にわたり繰越控除をすることができます。

被相続人の居住用財産（空き家）に係る
譲渡所得の特別控除の特例

相続開始の直前において、被相続人の居住用であった家屋を相続・遺贈により取得して一定期間内に譲渡した場合、譲渡所得の金額から最高3,000万円※を控除することができます。被相続人が要介護認定等を伴うため相続開始直前まで老人ホームなどに入所していた場合においても、被相続人が居住用に使っていたものとして適用できます。

※取得した相続人が3人以上である場合は2,000万円

＜主な適用要件＞

（1）譲渡する建物の要件

　①1981年5月31日以前に建築された家屋であること

　②相続開始から譲渡のときまで、事業用・貸付用・居住用に使用されていないこと

　③新耐震基準を満たして譲渡すること、建物を取り壊して敷地のみを譲渡する、または譲渡した翌年2月15日までの間に前記要件に該当すること

（2）譲渡の要件

　①相続開始日から3年を経過する年の12月31日までに譲渡すること

　②譲渡対価の額が1億円以下であること

（3）その他

　所定の書類を添付して確定申告をすること

不動産にはいろんな使い方があります！

LESSON 9

不動産の有効活用・不動産投資

マンションを建てて賃貸に！

大家さん！

土地を貸して地代を得る！

土地を貸すよ！

不動産は有効活用や
投資でお金を生むのだ！

1 土地の有効活用

　土地所有者が土地を有効活用するには、さまざまな方法があります。例えば、土地に建てた建物を賃貸して賃料を得る方法や、土地を貸して地代を得る方法などが考えられます。代表的な方式としては、次のものがあります。

収益をあげる方法が
いくつもあるんだね

自己建設方式　→ 自分でやる方法

土地所有者が自己所有の建物を建設し、賃貸業を行います。土地所有者が建設資金の調達を行います。すべての業務を土地所有者が行うため外注コストを抑えられます。うまくいけば収益性は高くなりますが専門知識が必要です。

事業受託方式　→ 業者に任せる方法

デベロッパー（不動産開発業者）が、企画、建物の設計、施工・管理、運営を受託して不動産投資を行います。土地所有者の業務負担は軽減されますが、デベロッパーに報酬を支払う必要があります。建設資金は土地所有者が負担します。

土地信託方式（賃貸型）→ 信託銀行に任せる方法

土地を信託銀行に信託し、信託銀行がその土地を有効活用するための企画・運営・管理等を行います。土地所有者は、土地活用の収益から必要経費や信託報酬等を差し引いた配当金を受け取れます（実績配当）。土地や建物の名義は、信託期間中は信託銀行に移りますが信託期間終了後は土地所有者に戻ります。
建設資金の調達は信託銀行が行いますが、最終的な返済責任は土地所有者が負います。

等価交換方式 → 土地と建物を交換する方法

土地所有者はデベロッパーに土地を提供し、デベロッパーは建物の建設資金を出資してその土地に建物を建設します。それぞれの出資比率に応じて土地・建物を所有します（土地所有者は、土地の価値と建物の価値を交換します）。等価交換方式には、次の2つの方式があり、取得した建物部分を賃貸するなどして収益を得ます。

①部分譲渡方式：所有する土地の一部をデベロッパーに譲渡し、建物完成後、建物のうち譲渡した土地の価格に相当する部分を取得（区分所有）する方法です。

②全部譲渡方式：所有する土地全部をデベロッパーに譲渡し、出資比率に応じた土地・建物を取得（区分所有）する方法です。

定期借地権方式 → 一定期間土地を貸す方法

土地を一定期間、借地人に賃貸し、借地人が建物を建設します。土地所有者は、一定期間安定した地代収入を確保することができますが、契約期間が比較的長くなり、その間、土地は拘束されてしまいます。土地所有者は建設資金を負担することはありません。

建設協力金方式 → 入居予定のテナントが出資する方法

入居予定のテナントが、建物の建築資金を建設協力金（保証金）として土地所有者に差し入れ（または貸し付けて）、その資金で土地所有者が建物を建設します。建物の完成後は差し入れられた建設協力金は家賃の一部に充当する形でテナントに返還されます。土地所有者は建設資金を全額負担しなくてもいいというメリットがある反面、テナントが退去した後の建物は汎用性が低いというデメリットもあります。

土地の有効活用まとめ

ここは全部自分と覚えましょう！

有効活用方法	土地の所有名義	建物の所有名義	事業推進者	建設資金の自己負担
自己建設方式	本人	本人	本人	あり
事業受託方式	本人	本人	デベロッパー	あり
土地信託方式（賃貸型）	信託期間中は信託銀行 信託終了後は本人	信託期間中は信託銀行 信託終了後は本人	信託銀行	最終的な返済責任は本人
等価交換方式	本人・デベロッパー	本人・デベロッパー	デベロッパー	なし
定期借地権方式	本人	借地権者	デベロッパーまたは、借地権者等	なし
建設協力金方式	本人	本人	本人、テナント等	なし、または少なくなる

356

2 不動産投資の収益性を評価する手法

　不動産投資をする際には、採算が合うかどうかを検討する必要があります。採算性や収益性を評価する投資利回りには、以下のような種類があります。

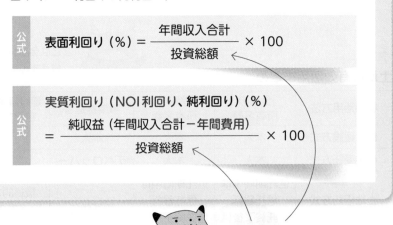

投資利回りの種類

　不動産投資をする場合の収益性を評価する利回りには、年間収入合計をもとにして計算する表面利回りと、年間収入合計から年間費用（運営コスト）を差し引いた純収益をもとに計算する実質利回り（NOI利回り、純利回り）があります。

公式

$$表面利回り（\%）= \frac{年間収入合計}{投資総額} \times 100$$

公式

$$実質利回り（NOI利回り、純利回り）（\%）= \frac{純収益（年間収入合計-年間費用）}{投資総額} \times 100$$

投資総額とは
物件を買うときの自己資金と
借入金の合計額のことです

レバレッジ効果

　レバレッジ効果とは、全額を自己資金で投資を行うより、借入金を併用した方が、自己資金の投資利回りが高くなる効果をいいます。借入金の金利よりも投資不動産の利回りが上回っている場合にレバレッジ効果があります。

注目！

レバレッジとは「てこ」のことです。てこで大きな効果をもたらすという意味です。

土地の有効活用には
利回り計算が有効！

広大な土地…

これを
お金に換えるんだ！

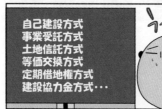

が、しかし！

自己建設方式
事業受託方式
土地信託方式
等価交換方式
定期借地権方式
建設協力金方式・・・

色々あって
どれを選べばいいか
わからない…

利回り計算も
してみたら？

うん…
がんばる…

割り算とかけ算、
それにちょっとだけ
引き算だから
できるよね

相続・事業承継

ここで学ぶ内容です！

傾向と対策

〔学〕〔科〕〔試〕〔験〕 相続の法律と相続税、贈与税が幅広く

相続では親族図から法定相続分を求める問題はほぼ毎回出題されるほか、遺言書の方式と概要、相続税の生命保険金の非課税限度額、基礎控除、2割加算、配偶者の相続税額の軽減、小規模宅地等の評価減の特例、宅地や上場株式の評価額などは頻出です。贈与では贈与の形態と概要はほぼ毎回出題されるほか、贈与税の非課税制度、贈与税の配偶者控除、暦年課税と相続時精算課税の違いも頻出です。確実に得点にしましょう。相続税や贈与税の申告も押さえましょう。

〔実〕〔技〕〔試〕〔験〕 受検先別の傾向と対策

【金財　個人資産相談業務】

相続税の総額の計算問題はほぼ毎回出題されます。FPアドバイスの問題では、遺言方式、相続税の基礎控除、2割加算、小規模宅地等の評価減の特例、贈与税の非課税制度、暦年課税と相続時精算課税、申告など幅広い知識が求められます。

【金財　保険顧客資産相談業務】

相続税の総額の計算問題のほか、相続税の基礎控除、死亡保険金の非課税金額は頻出です。遺言書、生前贈与、相続税や贈与税の特例、贈与税の非課税制度、申告などを押さえましょう。

【日本FP協会　資産設計提案業務】

親族図から民法上の相続人・法定相続分を求める問題はほぼ毎回出題されるほか、遺言書、贈与税額の計算問題、贈与税の配偶者控除も頻出です。相続放棄・限定承認の手続きや小規模宅地等の評価減の特例、死亡保険金の非課税限度額、相続税の債務控除なども押さえておきましょう。

相続の基礎知識

1 相続とは

　相続とは、死亡した人の財産（資産および負債）を残された人に承継することで、人の死亡によって開始されます。死亡した人のことを**被相続人**といい、財産を承継する人のことを**相続人**といいます。

　民法上での親族とは、**配偶者、6 親等内の血族、3 親等内の姻族**を指しますが、民法上の相続人は、配偶者と一定の血族です。

注目！

父母や祖父母など被相続人よりも上の世代で直系する親族を直系尊属、子や孫など下の世代を直系卑属といいます。

注意！

血族 → 血がつながっている関係
姻族 → 結婚によりつながった関係（「義理の〇〇」など）

2 相続人

　被相続人の配偶者、子（養子、非嫡出子も含む）、直系尊属、兄弟姉妹が相続人となります。胎児も相続人となります。民法上の相続人は、実子と養子、嫡出子と非嫡出子に区別はなく、同等に扱います。

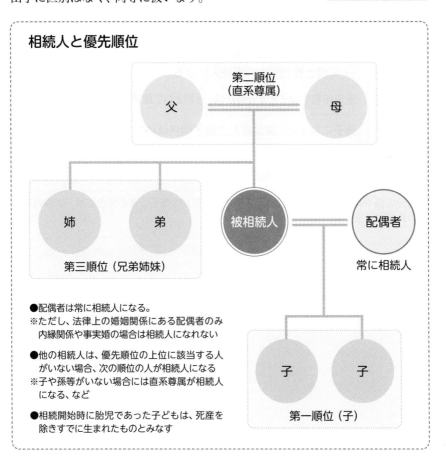

相続人と優先順位

第二順位
（直系尊属）

父　　母

姉　弟

被相続人　配偶者

第三順位（兄弟姉妹）　　常に相続人

●配偶者は常に相続人になる。
※ただし、法律上の婚姻関係にある配偶者のみ
　内縁関係や事実婚の場合は相続人になれない

●他の相続人は、優先順位の上位に該当する人
　がいない場合、次の順位の人が相続人になる
※子や孫等がいない場合には直系尊属が相続人
　になる、など

●相続開始時に胎児であった子どもは、死産を
　除きすでに生まれたものとみなす

子　　子

第一順位（子）

3　実子と養子

　民法上の相続人においては、実子も養子も同じように
「子」とされ、第一順位となります。

　養子には普通養子と特別養子がありますが、**特別養子**
は**実父母との親子関係が終了**しますので、実親の相続人
にはなれません。

普通養子	養子になっても、実父母との親子関係は存続する → 実親と養親両方の相続人になる 未成年者を養子とする時には、原則として家庭裁判所の許可が必要※
特別養子	養子になると、実父母との親子関係は終了する → 養親のみの相続人になる 養子になるには、原則、実父母の同意と、家庭裁判所の審判が必要

※自分の孫や再婚したときの配偶者の子（連れ子）を養子にする場合には、家庭裁判所
　の許可は不要です

4 代襲相続

　代襲相続とは、相続人となる人が、死亡、欠格、廃除の
いずれかによって、相続開始時に相続権を有していない
場合に、その人の子が代わりに相続することです。

※**相続放棄**には代襲相続はありません →初めから相続人で
　なかったことになるから。

ここは
さらりと読もう

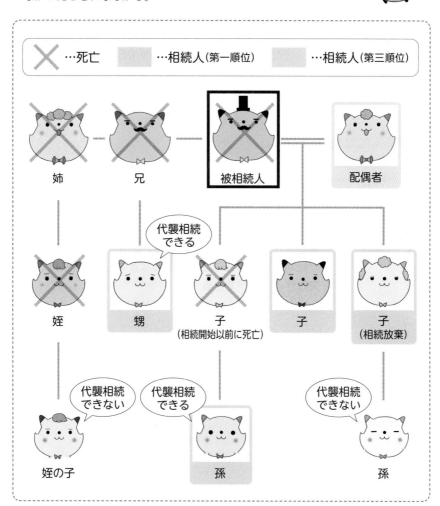

✕ …死亡　■…相続人（第一順位）　■…相続人（第三順位）

姉　　兄　　被相続人　　配偶者

代襲相続
できる

姪　　甥　　子（相続開始以前に死亡）　　子　　子（相続放棄）

代襲相続
できない

代襲相続
できる

代襲相続
できない

姪の子　　孫　　孫

血族相続人が死亡している場合

優先順位	婚姻関係	血縁関係
第一順位	配偶者	子（相続人） →子が亡くなっていれば孫（代襲相続） →孫がいなければひ孫（再代襲相続）……
第二順位		直系尊属 →父母が全員亡くなっていれば祖父母……
第三順位		兄弟姉妹（相続人） →兄弟姉妹が亡くなっていれば 甥・姪（代襲相続） 兄弟姉妹の代襲相続は1代（その子）限り（再代襲相続、再々代襲相続……はない）

相続人になれない人

①**死亡**…… 相続開始以前にすでに死亡している人

②**欠格**…… 被相続人を殺した人、詐欺や強迫で被相続人に遺言を書かせた人などは、当然に資格を失う

③**廃除**…… 被相続人を虐待するなどした人は、被相続人が生前に家庭裁判所に申し立てをすることなどで、その相続権を失わせることができる

ここに注意！　①死亡・②欠格・③廃除は代襲相続できる

代襲相続は
こんなイメージ！

これが代襲相続です

5　相続分

　被相続人の財産は相続人で分割します。その割合を相続分といい、**指定相続分**と、**法定相続分**があります。被相続人が遺言などで相続分を指定した場合は、**指定相続分**となり、原則、法定相続分より**優先**されます。

相続の優先順位と法定相続分

優先順位	婚姻関係	法定相続分	血縁関係	法定相続分
第一順位	配偶者	2分の1	子	2分の1
第二順位		3分の2	直系尊属	3分の1
第三順位		4分の3	兄弟姉妹	4分の1

※同順位の相続人が複数いる場合は、原則、相続分を均等に相続します。

代襲相続と法定相続分

被相続人には配偶者と子が2人いたが、そのうち1人（次男）は相続開始前に亡くなっている。次男には子ども（被相続人の孫）が2人いる。

この場合、次男の相続分を孫2人が均等に相続する。

※×は、死亡を表します。

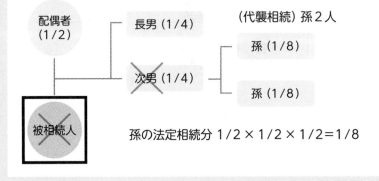

配偶者
（1/2）

長男（1/4）

（代襲相続）孫2人

孫（1/8）

次男（1/4）

孫（1/8）

被相続人

孫の法定相続分 1/2 × 1/2 × 1/2 ＝ 1/8

3級では
相続順位の理解を問われるよ

普通養子と特別養子の違いも
理解しておいてね

6　相続の承認と放棄

相続人は、被相続人の財産（資産や負債）を相続するか否かを選ぶことができます。

以下の3つの選択肢があります。

これは、試験でよく問われるよ！

単純承認	・被相続人の財産のすべて（資産も負債も）を無条件で相続する
限定承認	・被相続人の財産のうち資産の範囲内で負債を相続する ・相続があったことを知ったときから3カ月以内に、相続放棄した人を除く相続人の全員が家庭裁判所に申述する 　→期間内に申述がない場合は単純承認したものとみなされる
相続放棄	・すべての財産を（資産も負債も）相続しない ・相続があったことを知ったときから3カ月以内に、放棄する相続人が単独で家庭裁判所に申述できる 　→期間内に申述がない場合は単純承認したものとみなされる ・放棄した相続人に代襲相続は発生しない

覚え方

限定承認は全員で、相続放棄は単独で！

7　民法上と相続税計算上の違い

　民法上の相続人・法定相続分と、相続税計算上の法定
相続人・法定相続分には、扱いの違いがあります。

重要！	民法上の 相続人・法定相続分	相続税計算上の 法定相続人・法定相続分
相続放棄 した人	除く 「初めから相続人でなかった」 とみなし、代襲相続もない	含める
普通養子	何人でも相続人となる	実子あり カウントするのは1人まで
		実子なし カウントするのは2人まで

（注意点1）相続税の計算上の法定相続人・法定相続分を使用する場面

LESSON4の
相続税の計算で
重要だよ

・遺産に係る基礎控除額の計算

・生命保険金・死亡退職金の非課税金額の計算

・相続税の総額

・配偶者の税額軽減など

（注意点2）相続税の計算において、養子が実子扱いになる場合の例

・民法上の特別養子縁組

・被相続人の配偶者の実子で被相続人の養子になった人
（再婚後、連れ子を養子にした場合など）

相続放棄の一族

財産なんか
いらねえよ！
孫にやってくれ！
（相続放棄）

相続放棄した場合、
代襲相続が
なくなるので
孫は相続できない
のであった…

ややこしいけど
頻出論点だよ！

遺産を承継するための大事な書類です

遺産分割

1 遺産分割の種類

遺産分割とは、相続財産を相続人で分けることです。代表的なものには、遺言による**指定分割**と、遺言がない場合などに相続人全員が協議して、全員の合意をもって分割方法を決める**協議分割**などがあります。

まずは遺言の
確認だね

遺言	あり	指定分割	遺言にもとづいて遺産を分割する方法 遺産の全部ではなく、一部についてだけ行うこともできる →原則、協議分割より優先される
	なし	協議分割	相続人全員が協議し、全員の合意にもとづいて遺産を分割する方法 遺言と異なる遺産分割をすることもできる →協議終了後、遺産分割協議書を作成する

※協議分割でも遺産分割が決まらないときには家庭裁判所の調停による「調停分割」が、調停分割でも決まらないときには家庭裁判所の審判による「審判分割」となります。

指定分割

妻に1億円、息子に2,000万円、娘に…

←遺言書

もう決まってるよ

協議分割

これでいいかな？

はーい

相談しよう

2　遺言

　自身の死後の財産について、意思表示しておくことを遺言といい、遺言を書面にしたものが遺言書です。また、遺言によって財産を相続人等に贈ることを遺贈（いぞう）といいます。

遺言の３つのポイント

（1）満15歳以上で、意思能力があれば、誰でも遺言を作成できます

（2）遺言が複数ある場合は、作成日の新しいものが有効となります

（3）遺言によって、5年以内の期間を定めて、遺産の全部または一部についてその分割を禁止することができます

ま、しかし
遺すだけの
遺産があるのかね？

満15歳から
作れるのか！
てっきりお年寄
りだけかと…

3　遺言の方式

遺言の作成には３つの方式があります。

方式	作成方法	証人	検認
自筆証書遺言	遺言者が遺言の全文、日付、氏名を自筆して、押印する（実印でなくてよい） ・財産目録はパソコン作成可能 　（ページごとに署名・押印が必要） ・法務局での保管制度あり	不要	必要※
公正証書遺言	遺言者が口述したものを、公証人が筆記する 原本は公証役場に保管される	２人以上	不要
秘密証書遺言	遺言者が遺言書に署名・押印して、封印した後、公証人が日付等を記入する 遺言の内容は秘密だが、遺言の存在は明確になる ・パソコンでの作成、代筆もできる ・押印は実印でなくてよい 　（自筆による署名は必要）	２人以上	必要

※法務局での保管制度利用の場合は検認が不要です。

検認とは？

　遺言書を発見した相続人や遺言書の保管者は、その遺言書を家庭裁判所に提出して、検認手続きを受ける必要があります。これは、遺言の偽造を防止するためなどの形式的な手続きで、遺言の内容が有効かどうかの判断はされません。

遺言の証人について

証人になれない人の具体例

（1）未成年者
（2）推定相続人や受遺者
（3）（2）の配偶者および直系血族
（4）公証人の配偶者および4親等以内の親族など

現時点で相続が発生した場合の
相続人になるはずの人を
推定相続人というよ

Point!

なんとなく
利害関係者および
近い人は
ダメだと思ってね

試験問題で、「司法書士資格を有しないFPは、
公正証書遺言の証人になることはできない」と
書かれていたら、それは誤りです。

証人になるのに資格は不要で、誰でもなれます。
ただし、前出の（1）〜（4）に該当する場合は、
証人となることはできません！

4 遺留分

　民法では、一定の要件を満たす相続人が最低限の遺産
を受け取ることができるように配慮されています。この
権利のことを**遺留分**といいます。

　なお、相続開始前の遺留分放棄は、**家庭裁判所の許可**
を受けたときに限りできます。

遺留分の権利者と遺留分

遺留分権利者	・配偶者、子（その代襲相続人を含む）、直系尊属 ・兄弟姉妹には認められない
権利者全体に対する遺留分割合	・相続人が直系尊属だけの場合 → 相続財産の3分の1 ・その他の場合 → 相続財産の2分の1

※各権利者ごとの遺留分は原則、上記割合×法定相続分となります。

これを覚えておこう

相続放棄と遺留分放棄の違いを押さえよう！
・相続放棄は相続が開始した後にしかできない。
・遺留分の放棄は相続開始前でもできる。

5 遺産分割協議

　相続人全員で遺産の分け方について話し合うことを遺産分割協議といいます。

　全員が合意したら、その内容をまとめた遺産分割協議書を作成します。その**形式**には**決まりがありません**が、相続人全員が**記名・押印**をします。

　なお、全員が合意すれば、遺言と異なる分割をすることも可能です。

記名と押印は
セットだよ

6 主な遺産分割の方法

遺産分割の方法には、現物分割、換価分割、代償分割
などがあります。

現物分割	個別の特定財産について、数量、金額、割合などを決めて現物のまま分割する方法
換価分割	共同相続人が相続で取得した財産の全部または一部をお金に換えて、そのお金を分割する方法
代償分割	共同相続人のうち、特定の人が遺産を現物で取得し、ほかの相続人に代償財産（現金など）を支払う方法

遺産の分割が終わるまでは
複数人で財産を共有するので
共同相続人というよ

7 配偶者居住権

配偶者居住権とは、被相続人の配偶者がそれまで一緒
に住んでいた自宅に、原則、亡くなるまで（終身）住み
続けることができる権利です。

急に住居から
出て行かなければならない…
なんてことがないようにする
措置なんだね！

8　成年後見制度

　判断能力が不十分な人が、財産管理、協議、契約等をするときに不利益にならないよう保護・支援する制度です。法定後見制度と任意後見制度があります。

	法定後見制度	任意後見制度
効力発生時期	判断力が衰えた後	判断力が衰え得る前から
選任方法	家庭裁判所が選任	本人があらかじめ選任 ※公正証書で契約
判断能力	後見：判断能力を欠く常況 保佐：判断能力が特に不十分 補助：判断能力が不十分	現在は判断能力があるが、将来判断能力が不十分になったときに備える

判断力にも
老後の備えが
必要だねー

判断力が衰えてから
他人にだまされたり
しないようにね！

378

LESSON 3 相続税の計算の流れ

1 相続税とは

　相続税は、相続や遺贈（死因贈与も含む。以下同じ）によって、被相続人の財産を取得した場合に課される国税です。

2 相続税の計算

　相続税の計算は、5つのステップで計算していきます。ここでは、それぞれのステップごとに計算する項目を説明していきます。

まずは
全体の流れを
確認しましょう

Step 1 各人の課税価格を計算

公式	課税価格 = 取得財産 − 非課税財産 − 債務控除

課税価格は、相続や遺贈によって、相続人ごとに計算します。

❶ 本来の相続財産 — 相続や遺贈でもらった、被相続人が所有していた財産

＋

❷ みなし相続財産 — ❶以外で被相続人が亡くなったことで相続人がもらった、相続財産とみなされる財産

＋

❸ 生前贈与加算 — 亡くなる日より前に被相続人から贈与された財産

＋

❹ 相続時精算課税制度による贈与財産 — 相続時精算課税制度により贈与された財産

−

❺ 非課税財産 — 相続税の課税対象とならない財産

−

❻ 債務控除 — 被相続人の債務や、葬式費用

＝

課税価格 — 相続や遺贈によって財産をもらった人の「相続税の計算のもとになる金額」

財産の内容と非課税・控除枠の対応表

❷みなし相続財産	❺非課税財産
生命保険金 死亡退職金	生命保険金のうち一定額 死亡退職金のうち一定額
※死亡後3年以内に支給が確定したもの	弔慰金のうち一定額 墓地、墓碑、仏壇、仏具など
❶本来の相続財産 現預金、株式、不動産 ゴルフ会員権など	❻債務控除 債務（借入金） 葬式費用など
❸生前贈与加算 ※死亡前に被相続人から贈与を受けた財産	❶❷❸❹の合計から ❺❻の合計を差し引いたものが課税価格
❹相続時精算課税制度による贈与財産	

ここが
対応しています

Step 2 各人の課税価格を合計する

Step 3 課税遺産総額を求める

Step2で求めた課税価格の合計から基礎控除額を差し引いたものが課税遺産総額です。

> 課税遺産総額＝課税価格の合計－遺産に係る基礎控除額

法定相続人が配偶者と子2人の場合

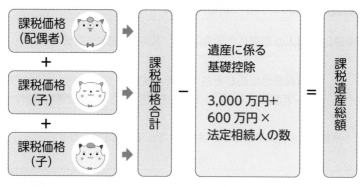

Step 4　相続税の総額を求める

実際の取得割合にかかわらず、課税遺産総額を法定相続人が法定相続分で取得したと仮定して求めた取得金額に応じた税率を乗じて、各人の仮の相続税額を算出します。

> 各人の仮の相続税額
> ＝法定相続分に応じた取得金額×税率−控除額

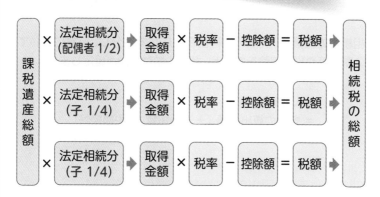

各人の法定相続分に応じた取得金額に税率を掛けて算出されたそれぞれの税額を合計します。これが相続税の総額となります。

実際に相続人が取得した割合にもとづいて相続税を案分する。

取得割合に応じた各人の算出税額
＝ 相続税の総額 × （各人の課税価格 ÷ 課税価格合計）

※相続人が兄弟姉妹などの場合は、さらに2割加算を行う。

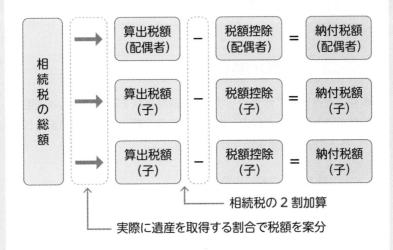

相続税の総額を、実際の取得割合に応じて案分し、必要に応じて
2割加算や税額控除をすると、各人の納付税額が確定します。

各人の納付税額
＝ 各人の算出税額（＋2割加算 － 税額控除）

まずは相続人それぞれの 納付税額を算出するよ！

まずは
相続人それぞれの
課税価格を
算出するよ！

生前贈与…
非課税…

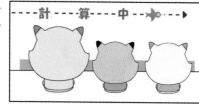

引いたり、
足したり、

やっと
各人の課税価格が
出たー

途中までは
別々に計算するのね

で、最後に
全部合算すると
課税価格が
出るわけです

相続税計算の具体的なやり方を説明します！

財産、各種控除、非課税の理解と相続税の計算

相続財産はいろいろ！

土地・家屋
生命保険金
死亡退職金
…etc

これらを＋－して
税額が決まるよ！

控除もいろいろ！

債務控除
基礎控除
贈与税額控除
…etc

Step 1 （P.380）、 Step 2 （P.381）… について

1 本来の相続財産

　本来の相続財産とは、相続や遺贈によって相続人が受け継いだ、被相続人が生前に所有していたすべての財産で、預貯金、株式、不動産、**ゴルフ会員権**などが該当します。

2 みなし相続財産

　みなし相続財産とは、本来の相続財産以外に、被相続人の死亡によって相続人が受け継いだ、相続税の計算上、相続財産とみなされるもので、主に**生命保険金や死亡退職金**などがあります。

生命保険金	被相続人が保険料を負担した保険契約で、被相続人の死亡にともない支払われる生命保険金など
死亡退職金	被相続人の死亡により、3年以内に支給が確定した退職金

3 生前贈与加算

被相続人から相続や遺贈によって財産を取得した者が、相続開始前**一定期間内**※に被相続人から暦年課税方式により贈与を受けた財産は、**贈与時の価額**により相続税の課税価格として加算されます。

贈与時の価額というのが狙われます！

フフフ…

※ 2024年1月1日以後の贈与により取得する財産にかかる相続税（2027年1月1日以後の相続）から3年超7年未満の期間で段階的に拡大され、2031年1月1日から加算期間が7年となります。

ただし、相続開始前3年超7年以内に受けた贈与については合わせて100万円まで加算されません。

4 相続時精算課税制度による贈与財産

相続時精算課税制度※によって贈与を受けた財産。相続時精算課税制度とは、原則、贈与年の1月1日時点で60歳以上の父母または祖父母から、18歳以上の子または孫への贈与の制度です。贈与の時期や相続財産の有無を問わず、相続財産にこの制度を適用した贈与財産（原則、贈与時の価額）を加算して、相続税の計算をします。

※詳細はP.411

※※ 2024年以降、特別控除とは別に、年間110万円までの贈与であれば、相続財産に加算されません。

5 非課税財産

非課税財産には次のようなものがあります。

- **相続人が受け取る生命保険金・死亡退職金のうち、一定額**

  相続税の対象となる生命保険金・死亡退職金を相続人が受け取る場合の非課税金額については、以下の算式で計算します。

  > 公式
  >
  > 500万円 × 法定相続人の数
  > (相続税計算上の法定相続人)

  相続放棄した人や、相続人でない人が受け取る場合は、非課税金額の適用はありません。

- **弔慰金**

  次の金額までは非課税となる
  業務上での死亡 → 死亡時の普通給与 × 36カ月分
  業務外での死亡 → 死亡時の普通給与 × 6カ月分

- **墓地、墓碑、仏壇、仏具など**

ややこしい！

注意！

非課税金額の計算に用いる「法定相続人の数」には、相続放棄した人の数もカウントしますが、相続放棄した人自身は、たとえ、死亡保険金等の受取人になっていても非課税枠を使うことができません。

6 債務控除

被相続人の債務や葬式費用も、被相続人が死亡したときにすでにある債務は、プラスの財産から控除できます。

	控除できるもの	控除できないもの
債務	・借入金 ・未払いの医療費 ・未払いの税金　など	・生前に購入した墓碑や仏壇などの未払金 ・税理士に支払う相続税申告費用 ・遺言執行費用　など
葬式費用	・葬式・通夜・火葬の費用、戒名料　など	・香典返しの費用 ・法要費用（初七日など）

Step 3 （P.381）‥‥‥‥‥‥‥‥‥‥‥‥‥‥‥ について

7 遺産に係る基礎控除

各人の課税価格の合計から、遺産に係る基礎控除額を差し引いて、課税遺産総額を計算します。

公式　課税遺産総額 ＝ 課税価格の合計 － 遺産に係る基礎控除額

遺産に係る基礎控除額
＝ 3,000万円 ＋ 600万円 × 法定相続人の数
（相続税計算上の法定相続人）

特別講義 民法上と相続税の計算上では相続人の数が変わる！

民法上の相続人と相続税の計算上の法定相続人は扱いが異なります。
このため、「民法上は4人なのに相続税の計算をするときには5人に増えた！」
ということから、民法上と相続税計算上の法定相続分が異なるという現象も起
こります。相続関連の問題を解く際に毎回出くわす論点ですから、ここは一度
しっかりと整理して理解しておきましょう！

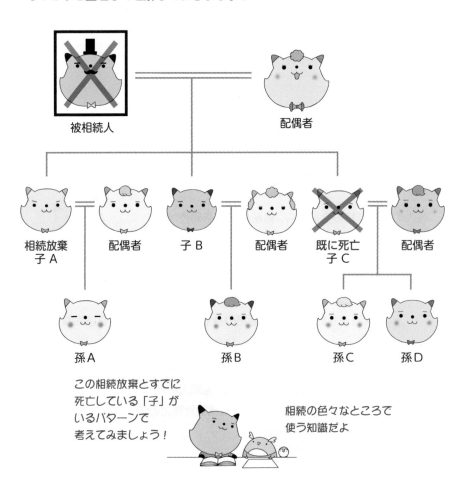

その1 **民法上は、相続放棄している人を含めない**

民法上の相続人は、相続放棄をした人を数に入れず、「最初から相続人ではなかった」こととして処理します。

したがって、その孫に代襲相続されることもなく、相続人の数は4人となります。

配偶者	子B	孫C	孫D
1/2	1/4	代襲相続で1/8	代襲相続で1/8

すでに死亡していた子Cの法定相続分1/4を孫CとDで分け1/8ずつ相続する

 その2 **相続税の計算上は、相続放棄している人も含める**

相続税計算上、基礎控除や非課税限度額の計算で用いる法定相続人は相続放棄している人も含めます。

したがって、相続放棄した子Aもカウントし、法定相続人の数は5人になります。

配偶者	子A	子B	孫C	孫D
1/2	1/6	1/6	1/12	1/12

すでに死亡していた子Cの法定相続分1/6を孫CとDで分け1/12ずつ相続する

▼**非課税限度額の計算はこうなります**

生命保険金	500万円×法定相続人の数（相続人が受け取る場合）
死亡退職金	500万円×法定相続人の数（相続人が受け取る場合）

非課税限度額は500万円×5人＝2,500万円

▼**遺産にかかる基礎控除の計算はこうなります**

3,000万円＋600万円×法定相続人の数
3,000万円＋600万円×5人＝6,000万円

Step 4 （P.382） ······························ について

8 相続税の総額の計算

　実際に相続人の間でどのような割合で分割したかにかかわらず、課税遺産総額を法定相続人が法定相続分に応じて取得したものと仮定して、各人の取得金額を計算し、それぞれの相続税率を乗じた各人の仮の相続税額を算出します。この合計額が相続税の総額となります。

> **公式**
> 各人の仮の相続税額
> ＝ 法定相続分に応じた取得金額 × 税率 － 控除額
>
>
> 相続税額速算表より

相続税額速算表

（A）法定相続分に応じた取得金額		（B）税率	（C）控除額
	1,000万円以下	10%	―
1,000万円超	3,000万円以下	15%	50万円
3,000万円超	5,000万円以下	20%	200万円
5,000万円超	1億円以下	30%	700万円
1億円超	2億円以下	40%	1,700万円
2億円超	3億円以下	45%	2,700万円
3億円超	6億円以下	50%	4,200万円
6億円超		55%	7,200万円

相続税の総額の計算の流れ
（法定相続人が配偶者と子1人の場合）

	課税価格の合計		
遺産に係る基礎控除額を差し引いて課税遺産総額を計算	課税遺産総額		▲遺産に係る基礎控除額 3,000万円＋600万円×2人
課税遺産総額に法定相続分をかける	課税遺産総額 × 1/2（配偶者）	課税遺産総額 × 1/2（子）	
仮の取得金額に相続税率をかける	仮の相続税額（配偶者）	仮の相続税額（子）	
仮の相続税額を合計する	相続税の総額		

まずは課税遺産総額を法定相続分に応じて取得したものと仮定して相続税の総額を求めるよ

Step 5 （P.383）……………………………… について

9 各人の税額

前項で計算した相続税の総額を、各人の実際の取得割合に応じて案分します。

公式
取得割合に応じた各人の算出税額
＝ 相続税の総額 ×（各人の課税価格 ÷ 課税価格合計）

10 相続税の2割加算

　被相続人の配偶者および1親等の血族（子、父母、代襲相続人となった孫）以外の人（**兄弟姉妹など**）が、相続や遺贈によって財産を取得した場合には、各人の税額の2割が加算されます。

　　相続税の加算額 ＝ 各人の税額 × 20％

> **注意！**
>
> 代襲相続人である孫は2割加算の対象外
> 代襲相続人ではない孫は、養子であっても2割加算の対象

11 贈与税額控除

　相続または遺贈により財産を取得した人で、被相続人の生前に暦年課税方式で贈与を受け、相続財産に加算された財産につき、すでに贈与税を支払っている場合は、その贈与税額を相続税額から控除できます。

贈与税と相続税が
二重に課されないように
なっています！

12 配偶者の税額軽減

被相続人の配偶者が相続や遺贈で取得した財産が、以下の金額のいずれかのうち**多い方**の金額までであれば、相続税はかかりません。

> ① 1億6,000万円
> ② 配偶者の法定相続分相当額

ここは
重要です！

ビシ！

注意！

配偶者の税額軽減の適用要件に、婚姻期間は関係ありません。贈与税の配偶者控除と間違えやすいので注意が必要です。

13 未成年者控除

相続や遺贈で財産を取得した法定相続人が未成年である場合、未成年者が18歳に達するまでの年数1年につき、10万円が相続税額から控除されます（1年未満は1年として計算）。

公式　控除額 ＝（18歳－相続開始時の年齢）× 10万円

LESSON 5

相続税の申告と納付

1 相続税の申告

　課税価格の合計が、遺産に係る基礎控除額を超える場合には、相続税の申告が必要です。原則、相続の開始があったことを知った日の翌日から10カ月以内に、被相続人の住所地を管轄する税務署長に申告します。

相続開始の日ではなく、
知った日の翌日から
10カ月以内です

> **注意！**
>
> 課税価格の合計が、遺産に係る基礎控除額以下
> → 相続税の申告は不要
>
> 特例を使う場合
> → 申告が必要
> （例：配偶者の税額軽減、小規模宅地等の評価減特例）
>
> 特例といえば申告！
> 特例を使って税金がゼロになったとしても、申告が必要です。

2 相続税の納付

相続税は、申告期限＝納付期限までに金銭で一括納付するのが原則ですが、分割して納付する延納や、相続財産によって納付する物納といった方法も認められています。

> 延納 → 金銭で一括納付が困難な場合
> 物納 → 延納しても納付が困難な場合

3 被相続人の準確定申告

被相続人の所得税の申告は、相続人が行います。これを準確定申告といいます。原則、相続の開始があったことを知った日の翌日から **4カ月以内**に、被相続人の死亡時の納税地（一般的に住所地）を管轄する**税務署長**に申告します。

LESSON 6

そう簡単にはもらえない！　あげられない！

贈与と贈与税

贈与税額速算表を使うと計算しやすいよ！
(P.391)

1 贈与とは

　贈与とは、贈与者（あげる人）と受贈者（もらう人）の、「あげます ⇆ もらいます」の合意によって成立します。贈与契約は、**口頭**（口約束）でも**書面**でも**有効**となります。口頭による贈与契約は、原則、履行が終わった部分を除き、各当事者が解除することができますが、**書面による贈与契約は履行前・履行後のいずれであっても、原則、贈与者が一方的に解除することはできません**。

書面での贈与と口頭での贈与の違いに注意！

Point!

書面による贈与
→原則、履行前でも解除できない！

2 贈与の種類

定期贈与	定期的に一定額を贈与する契約 （例）毎年100万円を、10年間にわたって贈与する　など ・贈与者または受贈者のいずれか一方の死亡により効力を失う
負担付贈与	受贈者に一定の義務を負担させる贈与契約 （例）不動産を贈与する代わりにローンを支払わせる　など ・受贈者が負担を履行しない場合は、贈与者は契約を解除できる
死因贈与	贈与者の死亡によって効力が生ずる贈与契約 （例）わたしが死んだら、この土地をあげる　など ・死因贈与は贈与税ではなく、相続税の課税対象となる ・先に受贈者が死亡した場合は効力を失う

3 贈与税の納税義務者

　贈与税は、原則として、個人（贈与者）から贈与により財産を取得した個人（受贈者）に課されます。

　なお、**法人**から個人への贈与には贈与税はかかりませんが、**所得税**がかかります。

贈与税はもらった人
（受贈者）が
払う税金です

4　贈与財産

本来の贈与財産

　贈与によって取得した財産（預貯金、株式、不動産など）で、金銭に換算することができる財産のことです。

みなし贈与財産

　本来の贈与財産ではないが、贈与者の死亡により受贈者が受け取った、贈与とみなされる財産です。

具体的には次のようなものです。

生命保険金等

　・契約者、被保険者、受取人すべてが異なる場合の死亡保険金

　・契約者と受取人が異なる場合の満期保険金

　例）父が保険料を負担していた生命保険が満期になり、子が受け取った満期保険金

低額譲受

　著しく低い価額の対価で財産を譲り受けた場合に、その財産の時価と支払った対価の額との差額相当額

　例）時価1,000万円の土地を200万円で譲ってもらった場合、差額の800万円

債務免除益（原則）

　借金などを肩代わりしてもらう場合など

　例）子の借金2,000万円を親が肩代わりして支払った場合、肩代わり分の2,000万円

非課税財産

贈与税の課税対象とならない財産のことです（他の税
金が課税される場合もあります）。

- ・扶養義務者から受け取った、社会通念上必要の範囲とされる生活費、教育費など。
- ・個人からの社会通念上相当とされる範囲内での祝い金、贈答、香典、見舞金など
- ・個人が法人から贈与された財産（所得税の対象）

5　贈与税の基礎控除

贈与税の基礎控除は、1年間に受贈者ごとに110万円
です。　※複数の人から受贈しても110万円となります。

自分が、110万円入る紙コップを持っているところをイメージしてください。その紙コップに、ほかの人から1年間にもらった贈与財産を入れていき、溢れ出たら課税される、と理解しましょう。

語呂合わせ

暦年課税は110番と覚えよう！

6　贈与税の税額

　贈与税の税額は、1年間（1月1日から12月31日＝暦年という）に贈与された財産から、基礎控除である110万円を引いた金額に対して、税率（速算表参照）をかけて計算します。

　税率は一般贈与財産の一般税率と、特例贈与財産の特例税率の2つがあります。

贈与税（暦年課税）

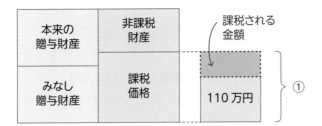

①1月1日～12月31日の1年間に贈与された財産の合計（複数の個人から贈与を受けた場合はその合計額）から、基礎控除の110万円を引いた金額に課税されます。

②したがって、
　贈与税 ＝（課税価格 － 110万円）× 税率 － 控除額
　となります。

贈与税の速算表は
P.409にあるよ

公式

$$贈与税額 = (課税価格 - 110万円) \times 税率 - 控除額$$

基礎控除

贈与税額速算表より

特例税率を適用できる要件

原則、**直系尊属**（父母や祖父母）から贈与により財産を取得した受贈者が、贈与を受けた年の1月1日において**18歳以上**であること。

間違えやすい！これは110万円の基礎控除を引いた後の金額

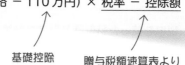

贈与税額速算表※

基礎控除後の課税価格 （A）		一般贈与財産		特例贈与財産	
		一般税率 （B）	控除額 （C）	特例税率 （D）	控除額 （E）
	200万円以下	10%	—	10%	—
200万円超	300万円以下	15%	10万円	15%	10万円
300万円超	400万円以下	20%	25万円		
400万円超	600万円以下	30%	65万円	20%	30万円
600万円超	1,000万円以下	40%	125万円	30%	90万円
1,000万円超	1,500万円以下	45%	175万円	40%	190万円
1,500万円超	3,000万円以下	50%	250万円	45%	265万円
3,000万円超	4,500万円以下	55%	400万円	50%	415万円
4,500万円超				55%	640万円

※本試験では速算表が与えられますので、表を使って計算できるようにしましょう。

※直系尊属からの教育資金の一括贈与、結婚・子育て資金の一括贈与の非課税制度の適用により取得する贈与資金のうち、非課税期間終了時に課税される一定の部分については一般税率が適用されます。

1月1日～12月31日（暦年）に父親から金銭510万円の
贈与を受けた25歳の長男の贈与税は？

（解答）
税額＝A×D−E
※基礎控除の110万円を引いた数字がAに入ります。したがって、
（510万円−基礎控除110万円）×15％−10万円＝50万円

ここに注意！

510万円から基礎控除の110万円を引くと、400万円です。ここ
で贈与税額速算表の「特例贈与財産」欄を見ると、税率は15％で、
控除額は10万円であることがわかります。まずは、表を見る前に
贈与された金額から基礎控除の110万円を引くのを忘れないこ
と！

暦年課税の
基礎控除110万円を超えたら
課税されます！

ホント？

あなたに
財産を贈与します

じゃ、毎年
110万ずつ
このコップに入れてね

えーーー

そんな
めんどくさい!!

あーーーー
このコップから
あふれた分は
課税されるんだよ！

す、すまぬ…

贈与税の特例

ほら、
出してあげるよ！

・マイホーム資金
・学費
・結婚・子育て
　費用

ありがとう！
おじいちゃん！

年齢や金額の制限はあるけど
これらの贈与には控除や非課税措置があるよ！

1　贈与税の配偶者控除

　婚姻期間が20年以上の配偶者から、居住用不動産または居住用不動産を取得するための金銭の贈与があった場合、基礎控除110万円とは別に2,000万円までを贈与税の課税価格から控除することができます。

合計で2,110万円
まで控除できる！

贈与税の配偶者控除のポイント

- ・贈与日時点で、婚姻期間が 20 年以上の配偶者からの贈与であること
- ・居住用不動産または、居住用不動産を取得するための金銭の贈与であること
- ・その居住用不動産に、贈与を受けた年の翌年 3 月 15 日までに居住しており、その後も引き続き居住の見込みがあること
- ・この特例を適用すると贈与税が 0 円となる場合も、申告が必要
- ・この特例を適用した贈与財産のうち、2,000 万円以下の部分は、相続税の生前贈与加算の対象とならない

ここが狙われる！

贈与税の配偶者控除 → 婚姻期間 20 年以上が適用要件
相続税の配偶者の税額軽減 → 婚姻期間は問わない

公式

贈与税額 ＝
(課税価格 － 2,000 万円 － 110 万円) × 税率 － 控除額

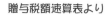

贈与税額速算表より

2 直系尊属から住宅取得資金等の贈与を受けた場合の非課税制度

2026年12月31日までの間に、贈与年の1月1日において**18歳以上**の子または孫が、直系尊属（父母や祖父母）から、一定の住宅を新築、取得、増改築等するための資金の贈与を受けた場合には、一定金額※が非課税となります。

※省エネ等住宅は1,000万円、それ以外の住宅は500万円

住宅取得等資金贈与の特例適用のための主な要件

贈与者要件	受贈者の直系尊属である父母、祖父母
受贈者要件	・贈与を受けた年の1月1日において18歳以上 ・原則、合計所得金額が2,000万円以下 （床面積が40㎡以上50㎡未満の場合、合計所得金額1,000万円以下）
物件要件	・取得する住宅の床面積が40㎡以上（または50㎡）240㎡以下 ・床面積の2分の1以上に相当する部分が受贈者の居住用
その他	贈与年の翌年2月1日から3月15日までの間に贈与税の申告をすること

暦年課税（基礎控除110万円）or 相続時精算課税制度のいずれかと併用もできます。

受贈者の合計所得金額が
1,000円万円以下だと
少し狭い住宅でもOKなんだね！

3 教育資金の一括贈与に係る贈与税の非課税制度

　2026年3月31日までの間に、贈与年の前年の合計所得金額1,000万円以下の**30歳未満**の子・孫が、直系尊属（父母・祖父母）から教育資金の一括贈与を受けた場合には、受贈者1人につき**1,500万円**まで（うち、学校等以外への支払いは受贈者1人につき**500万円**が限度）が非課税となります。

・教育資金の一括贈与後、贈与者死亡時に使い残しがあれば、一定の場合（相続税の課税価格が5億円以下で、かつ受贈者が23歳未満である場合など）を除き一定の残額が相続税の課税対象となります。

・贈与を受けた子・孫が30歳（一定の要件を満たす場合最長40歳）に到達したとき、在学中でなく残額がある場合は、原則、残額が贈与税の課税対象となります。

贈与を受ける前年の、受贈者の合計所得金額が1,000万円以下であることも必要だよ！

1,000万円の所得要件は「結婚・子育て資金の一括贈与」の場合も同じだよ

4 結婚・子育て資金の一括贈与に係る贈与税の非課税制度

2025年3月31日までの間に、前年の合計所得金額1,000万円以下の18歳以上50歳未満の子・孫が、直系尊属（父母・祖父母）から結婚・子育て資金の一括贈与を受けた場合には、受贈者1人につき1,000万円まで（うち、結婚費用については300万円が限度）が非課税となります。

おまけ！

・結婚・子育て資金の一括贈与後、贈与者が死亡した場合は、死亡時に使い残しがあれば、原則、残額が相続税の課税対象となります。

・贈与を受けた子・孫が50歳に到達したときに残額がある場合は、原則、その残額が贈与税の課税対象となります。

直系尊属からの一括贈与のまとめ（原則）

贈与の種類	受贈者の年齢	非課税金額
住宅取得等資金の贈与	18歳以上	省エネ等住宅：1,000万円 その他の住宅：　500万円
教育資金の一括贈与	30歳未満	1,500万円まで （うち学校関係等以外 500万円まで）
結婚・子育て資金の一括贈与	18歳以上 50歳未満	1,000万円まで （うち結婚資金 300万円まで）

直系尊属からの贈与、
その非課税額は…

結婚して子どもが
できたよ！

じゃ、
1,000万
あげよう！

家を買ったよ！

今度も
1,000万
あげるよ！

子どもの
教育には
お金をかけたいなぁ

よし！
1,500万
あげよう！

使った分は
全部税金は
かからないよ！

すごいねー

相続時精算課税制度

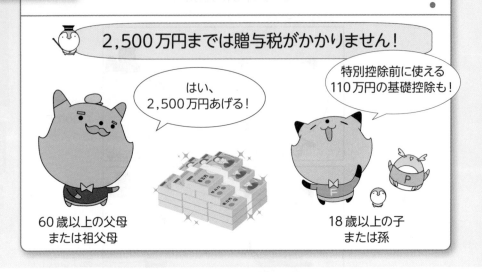

2,500万円までは贈与税がかかりません！

はい、
2,500万円あげる！

特別控除前に使える
110万円の基礎控除も！

60歳以上の父母
または祖父母

18歳以上の子
または孫

1 相続時精算課税制度のあらまし

相続時精算課税制度とは、贈与者が亡くなった時に、相続財産に、相続時精算課税を適用した贈与財産の価額（原則、**贈与時の価額**）を加算して相続税額を計算する制度です。

原則、贈与年の１月１日において**60歳以上**の父母または祖父母から、**18歳以上**の子（代襲相続を含む）または孫に対して贈与した場合、贈与者ごと累計で**2,500万円**までは贈与税がかかりません（それを超える部分は一律20％の税率で贈与税が課税されます）。

すでに納めた贈与税額は、相続税から控除されます。この制度を適用することを選択した贈与者からの贈与は、暦年課税に戻すことはできません。

相続時精算
課税制度は
片道切符です！

相続時精算課税の計算式

＜2023年まで＞

公式 贈与税額 ＝（課税価格 － 2,500万円）× 20％

＜2024年以降＞

公式 贈与税額 ＝
{（課税価格 － 受贈者ごと110万円[※]）－ 2,500万円} × 20％

※特別控除前に暦年課税とは別枠で年間110万円を控除でき、110万円以内であれば、贈与税が課税されず、申告も不要で、相続財産にも加算されません。

手続き

相続時精算課税制度を選択する場合は、最初の贈与を受けた年の翌年2月1日から3月15日までに「相続時精算課税選択届出書」を提出します。

24年以降は
計算式が
変わったから注意ね！

しかも
ちょっと複雑になってるからね！

相続時精算課税制度のポイント

・贈与者ごと、受贈者ごとに、この制度を使うかどうかを選択できます

・相続税の課税価格に加算される価額は、原則、贈与時の価額です

・一度この制度を適用した者の間での贈与は、暦年課税には戻せません

・住宅取得資金等の贈与について、相続時精算課税制度を利用する場合には、親の年齢要件は不問となります

特別控除額は 2,500 万円！
超えた分には 20％の課税だよ

暦年課税と相続時精算課税の贈与税の計算

暦年課税

（例）父と母からの贈与について暦年課税を選択した場合

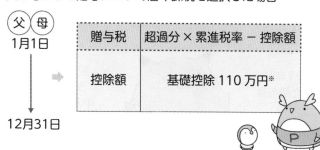

贈与税	超過分 × 累進税率 − 控除額
控除額	基礎控除 110 万円※

相続時精算課税制度

（例）父からの贈与について、相続時精算課税制度を選択した場合

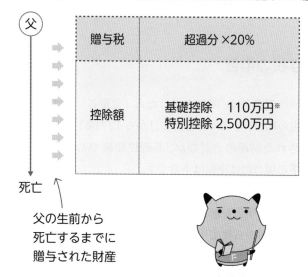

贈与税	超過分 ×20%
控除額	基礎控除　　110万円※ 特別控除 2,500万円

父の生前から
死亡するまでに
贈与された財産

※暦年課税、相続時精算課税の制度別に適用できます。

LESSON 9 贈与税の申告と納付

1月1日 → 12月31日

この1年に受けた贈与は

翌年の2月1日〜3月15日までに申告と納付が必要！

物納できないのが相続税との違いだよ！

1 贈与税の申告

　贈与税の申告義務者は、贈与を受けた人（受贈者）です。暦年課税の場合、その年の1月1日から12月31日の間に贈与された財産の合計額が、基礎控除額である**110万円以下**の場合には申告は不要です。

　ただし、**特例の適用**を受ける場合には、納付税額がゼロとなる場合でも、**申告が必要**となります（贈与税の配偶者控除、直系尊属から住宅取得等資金の贈与を受けた場合の非課税制度）。贈与を受けた年の翌年**2月1日**から**3月15日**までに、**受贈者の住所地を管轄する税務署長**に申告します。

2 贈与税の納付

　贈与税は、申告期限までに金銭で一括納付するのが原則ですが、一定の要件を満たした場合には5年以内の延納が認められています。

贈与税には
物納はありません

試験にこう出る！

相続税と贈与税の制度の違いは、
試験で時折出題されるので注意しましょう

	相続税	贈与税
延納制度	あり	
延納の担保	必要（一定要件に該当する場合は不要） 担保は、相続や贈与を受けた財産に限らない	
物納制度	あり	なし

LESSON 10

宅地の評価

同じ面積の土地でも道路からの奥行きで
「路線価」が変わってくるよ！

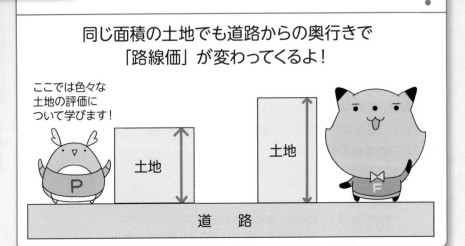

ここでは色々な
土地の評価に
ついて学びます！

土地

土地

道　路

1　宅地の評価

　土地を評価する方法は、土地の地目（宅地、田・畑、山林など）によって異なりますが、ここでは建物の敷地として用いられる「宅地の評価方法」について覚えましょう。

　宅地の評価は、一筆単位ではなく、**利用単位（一画地）**ごとに計算します。

　一筆の土地に自宅と貸家がある場合は、これらを分けて評価します。

一筆とは、
土地登記記録の
1つの土地の単位

宅地の評価方法

　宅地の評価方法には、路線価方式と倍率方式の２つが
あり、どの宅地についてどちらの評価方法をとるのかと
いうことは国税庁が定めています（１つの宅地について
任意に選択することはありません）。

　路線価方式
　　市街地にある宅地の評価に用いる
　　路線（道路）に面する宅地の１㎡あたりの価額「路線価」（千円
　　単位）を使用して計算する

　倍率方式
　　郊外にある宅地の評価に用いる
　　固定資産税評価額に一定の倍率を乗じて計算する

FP試験では
路線価方式を覚えよう

ビシ!

試験では、評価単位の説明が
入れ替わっているひっかけ問題に注意！

【路線価方式の計算方法】

　同じ地積（土地の面積）の宅地でも、奥行きが長すぎたり短すぎたりすると利用しづらい土地になるので、この場合は**各種補正率**で評価額を補正します。

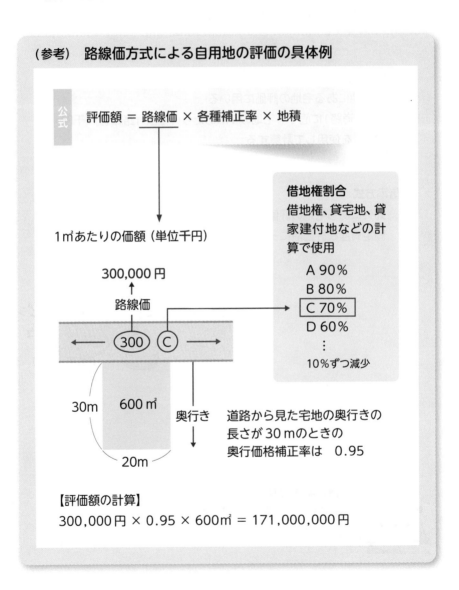

（参考）　路線価方式による自用地の評価の具体例

公式　　評価額 ＝ 路線価 × 各種補正率 × 地積

1㎡あたりの価額（単位千円）

300,000円
↑
路線価

借地権割合
借地権、貸宅地、貸家建付地などの計算で使用

A 90%
B 80%
C 70%
D 60%
　：
10%ずつ減少

300　C

30m　　600㎡
20m

奥行き　道路から見た宅地の奥行きの長さが30mのときの奥行価格補正率は　0.95

【評価額の計算】
300,000円 × 0.95 × 600㎡ ＝ 171,000,000円

【倍率方式の計算方法】

　路線価の付されていない郊外の宅地は、倍率方式によって評価します。倍率方式の計算は路線価方式と比べて単純で、固定資産税評価額に一定の倍率をかけて計算します。宅地の形状による補正はありません。

> **公式**　評価額 ＝ 固定資産税評価額 × 国税局長の定める倍率

2 宅地の分類と評価

　宅地は、主に自用地、借地権、貸宅地、貸家建付地等に分類して評価します。
　それぞれ次の計算式で求めます。

①自用地

　自己の利用のほか、青空駐車場や使用貸借の場合も自用地扱いになります。

自分が所有する土地を自分で使っている場合

Fさんの家

Fさんの土地

公式！

自用地評価額
（自分が所有する土地を自分で使っている宅地）

公式 評価額 ＝ 路線価 × 各種補正率 × 地積

使用貸借

他人の物を無償で使用収益した後に返還する契約

例）親が所有する土地に息子が地代を払わず家を建てた。
⇒この場合は賃貸借契約にはならず、借地権の贈与も認定
されません（贈与税非課税）。この宅地の評価額は自用
地評価額として計算します。

② 普通借地権と貸宅地

　土地の権利には所有権と借地権があります。自用地の
場合、所有権は100％となりますが、他者の土地を借り
て家を所有する場合は借地権となります。路線価図では
借地権割合を90％のAから30％のGまで10％刻みで
7段階で示しています。

　一方、借地権が借りている土地の権利の評価なのに対
して、貸宅地は貸している土地の評価のことです。自分
の土地から借地権割合を差し引くことで評価します。

ひと言！

借地権割合は、数値
が高いほど利用価値
が高い土地となりま
す。

宅地を他者に貸して地代を受け取っている場合

借りている人（借地人）→ 借地権の評価
貸している人（地主）　→ 貸宅地の評価

※借地権：建物の所有を目的とする地上権または土地の賃借権

公式！

普通借地権の評価額
（建物の所有を目的とする地上権または土地の賃借権）

公式　　評価額 ＝ 自用地評価額 × 借地権割合

借りている人の土地の評価額 ←

（例）自用地評価額　1,000万円
　　　借地権割合　70％の借地権の評価額

　　　1,000万円 × 0.7 ＝ 700万円

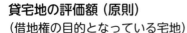

貸宅地の評価額（原則）
（借地権の目的となっている宅地）

公式　評価額 ＝ 自用地評価額 × （1 − 借地権割合）

貸している人の土地の評価額

（例）1,000万円 ×（1 − 0.7）= 300万円

③ 貸家建付地

　土地所有者が宅地の上に建物を所有し、他者に貸している場合の宅地（賃貸マンションやアパートなどの大家さんの土地）を貸家建付地といいます。

　貸家建付地は、宅地を貸しているわけではなく、その上の建物を貸しています。その建物には他者が住んでいるので、その宅地の利用が制限されます。この要素を加味した評価額の計算式は次のとおりです。

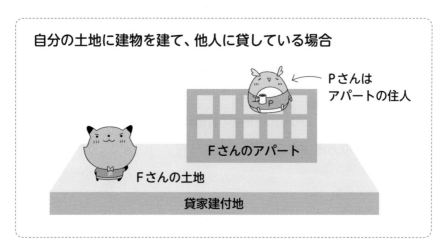

自分の土地に建物を建て、他人に貸している場合

Pさんは
アパートの住人

Fさんのアパート

Fさんの土地

貸家建付地

貸家建付地の評価額の計算式

公式

評価額 ＝
自用地評価額 ×（1 −借地権割合×借家権割合×賃貸割合）

・借家権割合 → 全国一律30％（= 0.3）
・賃貸割合 → 満室の場合は100％（= 1）

（例）自用地評価額 1,000万円
　　　借地権割合70％　借家権割合30％　賃貸割合100％の
　　　貸家建付地の評価額

　　　1,000万円 ×（1− 0.7 × 0.3 × 1）＝790万円

3　家屋の評価

　自用家屋とは、貸付けをしていない自宅建物のことです。貸家とはアパートやマンションなど、他者に貸付けをしている建物です。それぞれの評価額は、次の計算式で求めます。

自用家屋の評価額の計算式

公式

評価額 ＝ 自用家屋の固定資産税評価額 × 1.0

（例）自用家屋の固定資産税評価額　1,000万円
　　　1,000万円 × 1.0 ＝ 1,000万円

貸家の評価額の計算式

公式

評価額 ＝
固定資産税評価額 × 1.0 × （1 － 借家権割合 × 賃貸割合）

（例）自用家屋の固定資産税評価額　1,000万円
　　　借家権割合30％　賃貸割合100％の貸家の評価額
　　　1,000万円 × （1 － 0.3 × 1） ＝ 700万円

4　小規模宅地等についての評価減の特例

　被相続人の居住用や事業用の建物・構築物がある宅地
は、一定の要件を満たした場合に、その評価額を減額す
る特例を適用することができます。

　住まいだった宅地や事業用の宅地をそのまま評価する
と、相続税額が高額となり、親族が宅地を売却しなけれ
ば相続税を支払えなくなったり、事業承継が難しくなっ
たりすることがあるからです。

利用区分	限度面積	減額割合
①特定居住用宅地等	330㎡	80%
②特定事業用宅地等 　特定同族会社事業用宅地等	400㎡	
③貸付事業用宅地等	200㎡	50%

特定とくれば
8割カットだよ

小規模宅地等の特例のポイント

・特定居住用宅地等を配偶者が相続した場合は、所有要件も居住要件も問われません（申告前に賃貸、売却しても適用を受けられます）

・特例を適用して相続税が0円になった場合でも、申告が必要です

小規模でよかった…

我が家は
土地は狭いし
小さいけど
住み慣れたおうち

え！

小規模だから
評価減になって
かえってお得だね

そうか！
「評価減」のほうが
相続税が
安くなるわけね！

あーーー
バカでかい
豪邸じゃなくて
よかった！

それ、
自慢？

LESSON 11

株式および
その他の財産の評価

1　上場株式の評価

　上場株式の評価は、次の①〜④のうち、**最も低い価額**となります。相続における課税時期とは、相続の開始時（死亡日）です。

①課税時期（死亡日など）の終値（最終価格）
　土日祝日などで終値がない場合は、課税時期前後の近い日の最終価格を適用します。2つある場合は平均額。

②課税時期の属する月の終値の平均

③課税時期の属する月の前月の終値の平均

④課税時期の属する月の前々月の終値の平均

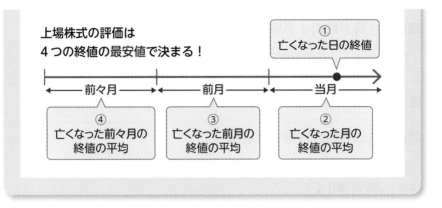

上場株式の評価は
4つの終値の最安値で決まる！

① 亡くなった日の終値

前々月 ──── 前月 ──── 当月

④ 亡くなった前々月の終値の平均

③ 亡くなった前月の終値の平均

② 亡くなった月の終値の平均

2 取引相場のない株式（非上場会社の株式）の評価

取引相場のない株式は、原則的評価方式または特例的
評価方式の配当還元方式により評価します。

配当還元方式は評価額が
最も低くなりやすいよ！

評価方式の種類

原則的評価方式	類似業種比準方式	類似した上場会社の株価の1株あたりの配当、利益、純資産の3つの要素と比較して評価する
	純資産価額方式	課税時期の相続税評価額による純資産価額をもとに、法人税額等相当額を差し引いた残額で評価する
	併用方式	類似業種比準方式と純資産価額方式を併用して算出する方法
特例的評価方式	配当還元方式	直前期末以前2年間の年平均配当額を10％で割ったものをもとに評価額を算出する方法

同族株主等が取得する場合

　原則、評価する株式を発行した会社の規模によって異なり、原則的評価方式の、**類似業種比準方式**、**純資産価額方式**、**併用方式**のいずれかによって評価します。

同族株主以外等が取得する場合

　会社の規模に関わらず、原則、特例的評価方式の配当還元方式で評価します。

3　その他の財産の評価（原則）

定期預金など

> 公式
>
> 評価額 ＝ 預入残高 ＋（相続開始までの経過利息 － 源泉徴収税額）

取引相場のあるゴルフ会員権

> 公式
>
> 評価額 ＝ 通常の取引価格（時価）× 70％

生命保険契約に関する権利

　被相続人が保険料の支払者であるが、被保険者ではない場合の生命保険契約に関する権利を評価します。

> 公式
>
> 評価額 ＝ 解約返戻金相当額

STAGE 6 相続・事業承継

LESSON 11 株式およびその他の財産の評価

さあ、テキストは
ここでおしまいです！

問題集を
何度も解いて
復習しよう！

出題傾向を
把握したら
また何度も
本書を読み返そう！

ボクたちも
応援してるよ！

430

厳選！

FP 3級

学科＆実技 問題集

ライフプランニングと資金計画

リスク管理

金融資産運用

タックスプランニング

不動産

相続・事業承継

問題集は
アプリを使って
スマートフォンや PC でも
演習できます！

簡単アクセス
▼

パソコンの方は特設サイトから
▶ https://sugoibook.jp/tp → 「FP3級 厳選問題集」をクリック
【アプリ配信期間：2024 年 6 月 1 日〜 2025 年 5 月 31 日】

※学科問題の★の数は過去 10 回のペーパー試験での出題傾向からみた重要度を表しています。
※問題文の最後に記載されている（　）内の数字は本試験の出題年月です。記載のないものはオリジナル問題です。

ライフプランニングと資金計画 LESSON 1～LESSON 2、LESSON 4

1
★★★
個人のライフプランニングにおいて、キャッシュフロー表に記載する金額は、物価変動等が予測されるものについては、通常、その変動等を加味した将来価値で計上する。
(19年5月)

2
★★★
給与収入が700万円、所得税・住民税が60万円、社会保険料が100万円、生命保険料が10万円のとき、可処分所得は530万円である。
(21年9月)

3
★★★
元金を一定の利率で複利運用しながら、毎年一定金額を一定の期間にわたり取り崩していくときの毎年の取崩し金額を計算する場合、元金に乗じる係数は、資本回収係数である。
(19年1月)

4
★★
税理士資格を有しないファイナンシャル・プランナーが、顧客のために反復継続して確定申告書を作成しても、その行為が無償であれば税理士法に抵触しない。
(20年9月)

5
★★
ファイナンシャル・プランナーは、顧客の依頼を受けたとしても、公正証書遺言の作成時に証人となることはできない。
(20年1月)

ポイント  &解答!

2
可処分所得＝年収－(所得税＋住民税＋社会保険料)です。
本問は700万円 －(60万円 ＋ 100万円)＝ 540万円です。

4
税理士法では、税理士・税理士法人でない者が、他人の求めに応じ税務の代行、税務書類の作成、個別具体的な計算を含む税務相談などを行うことについて、有償・無償を問わず禁止しています。

5
特別の資格がなくても証人にはなれますが、推定相続人、受遺者(推定相続人ではないが遺贈を受ける者)、その配偶者、直系血族などは、公正証書遺言の証人にはなれません。

1 ◯ **2** ✕ **3** ◯ **4** ✕ **5** ✕

6 ★★★
日本政策金融公庫の教育一般貸付（国の教育ローン）において、融資の対象となる学校は、中学校、高等学校、大学、大学院等の小学校卒業以上の者を対象とする教育施設である。 (22年1月)

7 ★★
日本政策金融公庫の教育一般貸付（国の教育ローン）は、日本学生支援機構の奨学金制度と重複して利用することができない。 (21年9月)

8 ★★★
日本政策金融公庫の教育一般貸付（国の教育ローン）の金利は固定金利で、返済期間は、最長18年である。 (21年3月)

9 ★★
日本学生支援機構が取り扱う奨学金には、返済不要の第一種奨学金と利子付（在学中は無利子）の第二種奨学金がある。

10 ★★★
住宅金融支援機構と民間金融機関が提携した住宅ローンであるフラット35の融資金利は固定金利であり、その利率は取扱金融機関がそれぞれ独自に決定している。 (20年1月)

11 ★
住宅金融支援機構と民間金融機関が提携した住宅ローンであるフラット35（買取型）の融資額は、土地取得費を含めた住宅建設費用または住宅購入価額以内で、最高1億円である。 (23年9月改)

ポイント &解答！

6
教育一般貸付の融資対象となる学校は、中学校卒業以上の者を対象とする教育施設ですので、中学校は対象外です。

7
要件を満たせば、教育一般貸付と日本学生支援機構の奨学金制度を重複して利用することもできます。

9
貸与型のため返済が必要であり、無利子の第一種奨学金と利子付（在学中は無利子）の第二種奨学金と、返済不要の給付型があります。

11
融資額は、最高8,000万円です。

6 ✕ **7** ✕ **8** ◯ **9** ✕ **10** ◯ **11** ✕

12 ★★★ 住宅ローンの返済方法のうち、元利均等返済は、毎回の返済額が一定で、返済期間の経過とともに毎回の元金の返済額が減少する返済方法である。(21年5月)

13 ★★★ 住宅ローンの総返済額は、借入額、金利、借入期間等の条件が同一であれば、通常、元金均等返済よりも元利均等返済のほうが多くなる。　　(21年9月)

14 ★★ 貸金業法の総量規制により、個人が貸金業者による個人向け貸付を利用する場合の借入合計額は、原則として、年収の4分の1以内でなければならない。　　(19年9月)

15 ★★★ 健康保険の被保険者が同一月内に同一の医療機関等で支払った医療費の一部負担金等の額が、その者に係る自己負担限度額を超えた場合、その支払った一部負担金等の全額が、高額療養費として支給される。　　(21年1月)

16 ★★★ 全国健康保険協会管掌健康保険の被保険者に支給される傷病手当金の額は、1日につき、原則として、支給開始日の属する月以前12カ月間の各月の標準報酬月額の平均額を30で除した金額に、4分の3を乗じた額である。　　(18年9月)

ポイント 　 & 解答！

12 元利均等返済は、毎回の返済額が一定で、返済期間の経過とともに毎回の元金の返済額が増加する返済方法です。

14 個人が貸金業者（クレジットカード会社、消費者金融会社、信販会社）を利用した個人向け貸付を利用する場合、総量規制により借入金の合計は年収の3分の1以内でなければなりません。

15 一部負担金等が自己負担限度額を超えたときに、自己負担限度額を超えた分が高額療養費として支給されます。

16 傷病手当金の額は、1日につき、支給開始日の属する月以前12カ月間の各月の標準報酬月額の平均額を30で除した金額に、3分の2を乗じた額です。

12 ✕ 　 **13** ○ 　 **14** ✕ 　 **15** ✕ 　 **16** ✕

17 ★★	全国健康保険協会管掌健康保険の被保険者に支給される傷病手当金の支給期間は、同一の疾病または負傷およびこれにより発した疾病に関して、その支給開始日から最長1年6カ月である。 (21年3月)

| 18 ★★ | 全国健康保険協会管掌健康保険の被保険者が、産科医療補償制度に加入する病院で出産した場合の出産育児一時金の額は、1児につき50万円である。 |

| 19 ★★★ | 健康保険の任意継続被保険者となるためには、健康保険の被保険者資格を喪失した日の前日まで継続して2カ月以上被保険者であった者が、原則として、資格喪失の日から14日以内に任意継続被保険者の資格取得手続きを行う必要がある。 (19年5月) |

| 20 ★★ | 健康保険の被保険者（障害の状態にない）は、原則として、70歳になると健康保険の被保険者資格を喪失し、後期高齢者医療制度の被保険者となる。 (21年1月) |

| 21 ★★ | 公的介護保険の第2号被保険者は、要介護状態または要支援状態となった原因を問わず、保険給付を受けることができる。 (21年5月) |

ポイント  &解答!

17	被保険者が病気やケガで連続して3日以上休業して、給料が支払われない場合、休業4日目から支給開始日より通算で1年6カ月を限度に傷病手当金が支給されます。最長ではなく通算がポイントです。
19	原則として20日以内です。なお、国民健康保険の被保険者となるためには14日以内に手続きを行う必要があります。
20	75歳になると後期高齢者医療制度の被保険者になります。
21	介護保険の第2号被保険者（40歳以上65歳未満）は、加齢に伴う特定疾病が原因で要介護（要支援）認定を受けたときに保険給付を受けることができます。

17 × 18 ○ 19 × 20 × 21 ×

22 ★★
アルバイトやパートタイマーが、労働者災害補償保険の適用を受けるためには、1週間の所定労働時間が20時間を超えていなければならない。

(23年9月)

23 ★★★
労働者災害補償保険の保険料は、その全額を事業主が負担する。　(21年5月)

24 ★★★
雇用保険の基本手当を受給するためには、倒産、解雇および雇止めなどの場合を除き、原則として、離職の日以前1年間に通算6カ月以上被保険者期間があることなどの要件を満たす必要がある。

(21年1月)

25 ★★★
20年以上勤務した会社を60歳到達月の末日で定年退職し、雇用保険の基本手当の受給資格者となった者が受給することができる基本手当の日数は、最大200日である。

(22年1月)

26 ★
雇用保険の教育訓練給付金のうち、一般教育訓練に係る教育訓練給付金の額は、教育訓練施設に支払った教育訓練経費の20％相当額（10万円を限度）である。

(22年5月)

ポイント ＆解答！

22
所定労働時間に関係なく、アルバイトやパートタイマーを含むすべての労働者が適用を受けます。

24
離職日以前1年間に6カ月ではなく、2年間に12カ月以上です。なお、連続している必要はなく「通算」もポイントです。

25
最大150日です。

22 × 　23 ○ 　24 × 　25 × 　26 ○

27
★★★

国民年金の第1号被保険者によって生計を維持している配偶者で20歳以上60歳未満の者は、国民年金の第3号被保険者となる。
(21年5月)

28
★★★

国民年金の保険料免除期間に係る保険料のうち、追納することができる保険料は、追納に係る厚生労働大臣の承認を受けた日の属する月前10年以内の期間に係るものに限られる。
(21年1月)

29
★★★

国内に住所を有する60歳以上75歳未満の者は、厚生年金保険の被保険者である者を除き、国民年金の任意加入被保険者となることができる。
(19年9月)

30
★

2009年4月以後の国民年金の保険料全額免除期間（学生納付特例制度等の適用を受けた期間を除く）は、その3分の1に相当する月数が老齢基礎年金の年金額に反映される。
(21年9月)

31
★★

国民年金の被保険者が学生納付特例制度の適用を受けた期間は、その期間に係る保険料を追納しない場合、老齢基礎年金の受給資格期間に算入されず、老齢基礎年金の年金額にも反映されない。
(21年5月)

ポイント & 解答！

27 国民年金の第3号被保険者は、第2号被保険者によって生計を維持している配偶者で20歳以上60歳未満の者です。

29 設問の場合、年齢の要件は60歳以上65歳未満です。

30 2分の1に相当する月数が反映されます。

31 学生納付特例によって猶予された期間は、老齢基礎年金の受給資格期間に算入されますが、老齢基礎年金の年金額には反映されません。

27 ✕ **28** ◯ **29** ✕ **30** ✕ **31** ✕

32
★★★

65歳到達時に老齢基礎年金の受給資格期間を満たしている者が、68歳到達日に老齢基礎年金の繰下げ受給の申し出をした場合の老齢基礎年金の増額率は、18%となる。

(18年5月)

33
★★★

国民年金の第1号被保険者が、国民年金の定額保険料に加えて月額200円の付加保険料を納付し、65歳から老齢基礎年金を受け取る場合、400円に付加保険料納付済期間の月数を乗じて得た額が付加年金として支給される。

(19年1月)

34
★

国民年金の付加保険料納付済期間を有する者が、老齢基礎年金の繰下げ支給の申出をした場合、付加年金は、老齢基礎年金と同様の増額率によって増額される。

(22年1月)

35
★★

老齢厚生年金に加給年金額が加算されるためには、老齢厚生年金の受給権者本人が有する厚生年金保険の被保険者期間が原則として25年以上なければならない。

(19年1月)

ポイント  ＆解答!

32

老齢基礎年金の繰下げ受給は1カ月あたり0.7%増額なので、増額率は0.7%×12カ月×3年＝25.2% となります。

33

支払う付加保険料は月額400円、受け取る付加年金は、200円×付加保険料納付済月数です。

35

加給年金額が加算されるためには、厚生年金保険の被保険者期間が原則20年以上なければなりません。

32 ✕ **33** ✕ **34** ◯ **35** ✕

36
★★
子のいない障害等級1級に該当する者に支給される障害基礎年金の額は、子のいない障害等級2級に該当する者に支給される障害基礎年金の額の1.25倍に相当する額である。

(21年5月)

37
★★
遺族基礎年金を受給することができる遺族は、国民年金の被保険者等の死亡の当時、その者によって生計を維持され、かつ、所定の要件を満たす「子のある妻」または「子」である。

(22年5月)

38
★★
遺族厚生年金の額（中高齢寡婦加算額および経過的寡婦加算額を除く）は、原則として、死亡した者の厚生年金保険の被保険者記録を基礎として計算した老齢厚生年金の報酬比例部分の額の3分の2に相当する額である。

(22年1月)

39
★★★
確定拠出年金の個人型年金の加入者が国民年金の第1号被保険者である場合、原則として、掛金の拠出限度額は年額816,000円である。

(22年1月)

40
★★★
国民年金基金の掛金の額は、加入員の選択した給付の型や加入口数によって決まり、加入時の年齢や性別によって異なることはない。

(22年9月)

ポイント ＆解答!

37 「子のある配偶者」または「子」です。

38 4分の3に相当する額です。

40 掛金の額は、加入時の年齢、性別、選択した給付の型、加入口数などによって決まります。

| 36 ○ | 37 × | 38 × | 39 ○ | 40 × |

440

次の設例にもとづいて、下記の（問1）に答えなさい。

（21年5月・改）

《設例》

　X株式会社（以下、「X社」という）に勤務するAさん（59歳）は、妻Bさん（60歳）との2人暮らしである。Aさんは、大学卒業後から現在に至るまでX社に勤務しており、本年10月に定年を迎えるが、X社の継続雇用制度を利用しない予定としている。定年退職後は仕事をせず、趣味を楽しみながら暮らしたいと考えている。

　Aさんは、老後の生活設計を考えるために、公的年金等の社会保険制度の仕組みについて、理解を深めたいと思っている。そこで、Aさんは、懇意にしているファイナンシャル・プランナーのMさんに相談することにした。

＜Aさん夫妻に関する資料＞
（1）Aさん（19XX年10月11日生まれ）
　　・公的年金加入歴：下図のとおり（60歳でX社を退職した場合の見込みを含む）。20歳から大学生であった期間（30月）は国民年金に任意加入していない。
　　・全国健康保険協会管掌健康保険、雇用保険に加入中

20歳	22歳		60歳
Aさん	国民年金 未加入期間 （30月）	厚生年金保険 （450月）	

（2）妻Bさん（19XX年4月17日生まれ・専業主婦）
　　・公的年金加入歴：18歳からAさんと結婚するまでの期間（182月）は、厚生年金保険に加入。結婚後は、国民年金に第3号被保険者として加入している。

18歳	34歳（Aさんと結婚）		60歳
妻Bさん	厚生年金保険 （182月）	国民年金 （310月）	

※妻Bさんは、現在および将来においても、Aさんと同居し、Aさんと生計維持関係にあるものとする。
※Aさんおよび妻Bさんは、現在および将来においても、公的年金制度における障害等級に該当する障害の状態にないものとする。

※上記以外の条件は考慮せず、各問に従うこと。

（問1） Mさんは、Aさん夫妻が老齢基礎年金の受給を65歳から開始した場合の年金額を試算した。Mさんが試算した老齢基礎年金の年金額（本年度価額）の計算式として、次のうち最も適切なものはどれか。

1） Aさん：$816,000円 \times \dfrac{450月}{480月}$　　妻Bさん：$816,000円 \times \dfrac{492月}{480月}$

2） Aさん：$816,000円 \times \dfrac{450月}{480月}$　　妻Bさん：$816,000円 \times \dfrac{480月}{480月}$

3） Aさん：$816,000円 \times \dfrac{480月}{480月}$　　妻Bさん：$816,000円 \times \dfrac{492月}{480月}$

解答・解説　　　　　　　　　　　　　　　　　　　　　　　　STAGE 1 ／ LESSON 12

正解　2

老齢基礎年金 $= 816,000円 \times \dfrac{保険料納付済月数等}{480月}$ で求めます。

Aさんは60歳になるまで保険料を納付したとすると保険料納付済月数は450月となり、計算式は

Aさんの老齢基礎年金 $= 816,000円 \times \dfrac{450月}{480月}$

妻Bさんは18歳から60歳まで保険料を納付していますが、第2号被保険者期間は20歳から60歳になるまでが保険料納付済期間となるので保険料納付済月数は480月となり、計算式は

Bさんの老齢基礎年金 $= 816,000円 \times \dfrac{480月}{480月}$

したがって、正解は**2**となります。

次の設例にもとづいて、下記の（問2）に答えなさい。　　　　　（21年1月・改）

━━━━━━━━━━━━━━━━━━━━━━━ 《設 例》 ━━━━━━━━━━━━━━━━━━━━━

　　会社員のAさん（40歳）は、妻Bさん（40歳）、長女Cさん（9歳）、二女Dさん（6歳）および三女Eさん（4歳）との5人暮らしである。Aさんは、最近、公的年金制度の遺族給付について確認し、教育資金の準備や生命保険の見直しなど、今後の資金計画を検討したいと思っている。また、Aさんは、40歳となり、公的介護保険の保険料負担が生じたことから、当該制度についても理解を深めたいと考えている。

　　そこで、Aさんは、ファイナンシャル・プランナーのMさんに相談することにした。

＜Aさんの家族構成＞

Aさん　　　：19XX年4月11日生まれ
　　　　　　　会社員（厚生年金保険・全国健康保険協会管掌健康保険に加入中）
妻Bさん　　：19XX年4月22日生まれ
　　　　　　　専業主婦（国民年金に第3号被保険者として加入している）
長女Cさん　：20XX年7月6日生まれ
二女Dさん　：20XX年10月10日生まれ
三女Eさん　：20XX年9月12日生まれ

＜公的年金加入歴（本年12月まで）＞

20歳		40歳

Aさん	国民年金 第1号被保険者期間 （36月）	厚 生 年 金 保 険 （213月）

18歳	（Aさんと結婚）	40歳

妻Bさん	厚 生 年 金 保 険 （120月）	国民年金 第3号被保険者期間 （141月）

※妻Bさん、長女Cさん、二女Dさんおよび三女Eさんは、現在および将来においても、Aさんと同居し、Aさんと生計維持関係にあるものとする。また、妻Bさんの就業の予定はないものとする。

※Aさんとその家族は、現在および将来においても、公的年金制度における障害等級に該当する障害の状態にないものとする。

※上記以外の条件は考慮せず、各問に従うこと。

（問2）　初めに、Mさんは、Aさんが現時点（本年度現時点）において死亡した場合に妻Bさんが受給することができる遺族基礎年金の年金額（本年度価額）を試算した。Mさんが試算した遺族基礎年金の年金額の計算式として、次のうち最も適切なものはどれか。

1）816,000円＋234,800円＋　78,300円＋　78,300円＝1,207,400円
2）816,000円＋234,800円＋234,800円＋　78,300円＝1,363,900円
3）816,000円＋234,800円＋234,800円＋234,800円＝1,520,400円

解答・解説　　　　　　　　　　　　　　　　　　　　　　　　　STAGE 1／LESSON 15

正解　2

遺族基礎年金の年金額は　老齢基礎年金（満額）＋子の加算　で求めます。

本年度の老齢基礎年金の満額は、816,000円になり、配偶者が受け取る場合の子の加算は2人目まで1人あたり234,800円、3人目からは1人あたり78,300円になります。
したがって、老齢基礎年金の満額（816,000円）＋長女Cさん分の子の加算（234,800円）＋二女Dさん分の子の加算（234,800円）＋三女Eさん分の子の加算（78,300円）となり、正解は2となります。

下記の（問1）、（問2）について解答しなさい。

（問1） ファイナンシャル・プランニング業務を行うに当たっては、関連業法を
　　　　順守することが重要である。ファイナンシャル・プランナー（以下「FP」
　　　　という）の行為に関する次の記述のうち、最も不適切なものはどれか。

（22年9月）

1．生命保険募集人、保険仲立人の登録を受けていないFPが、生命保険契約を検
　討している顧客のライフプランに基づき、必要保障額を具体的に試算し、相談
　料金を受け取った。
2．投資助言・代理業の登録を受けていないFPが、顧客と投資顧問契約を締結し、
　当該契約に基づいて具体的な投資銘柄と投資タイミングについて有償で助言
　をした。
3．税理士資格を有していないFPが、相続対策を検討している顧客に対し、一般
　的な相続税制度の仕組みと手順を解説し、相談料金を受け取った。

解答・解説　　　　　　　　　　　　　　　　　　　　　STAGE 1 ／ LESSON 4

正解　**2**

1．適切
　生命保険募集人・生命保険仲立人の登録をしていないFPが生命保険契約を募集す
　ると保険業法違反となります。

2．不適切
　投資助言・代理業の登録を受けていないFPは、顧客と投資顧問契約を締結するこ
　とはできず、また具体的な投資銘柄や投資タイミングについて助言することは、金
　融商品取引法違反となります。

3．適切
　税理士でないFPは、有償と無償とにかかわらず、業として税務代理、税務書類の
　作成、税務相談をおこなうと税理士法違反となります。仮定の事例に基づく計算や、
　一般的な税法の解説は税務相談に含まれません。

（問2）　下記は、安西家のキャッシュフロー表（一部抜粋）である。このキャッシュフロー表の空欄（ア）〜（ウ）にあてはまる数値の組み合わせとして、正しいものはどれか。なお、計算過程においては端数処理をせず計算し、計算結果については万円未満を四捨五入すること。

（21年1月）

＜安西家のキャッシュフロー表＞　　　　　　　　　　　　　　　　　（単位：万円）

経過年数			基準年	1年	2年	3年	4年
家族・年齢	安西　秀夫	本人	50歳	51歳	52歳	53歳	54歳
	由美	妻	48歳	49歳	50歳	51歳	52歳
	佑	長男	14歳	15歳	16歳	17歳	18歳
	奈々	長女	12歳	13歳	14歳	15歳	16歳
ライフイベント		変動率		奈々中学校入学	佑高校入学	住宅ローン完済	奈々高校入学
収入	給与収入（夫）	－	572	572	572	572	572
	給与収入（妻）	－	100	100	100	100	100
	収入合計	－	672	672	672	672	672
支出	基本生活費	2％	316				（ア）
	住宅関連費	－	157	157	157	157	40
	教育費	－					
	保険料	－	32	32	32	32	47
	一時的支出	－					
	その他支出	－	15	15	15	15	15
	支出合計	－			693		
年間収支				46	（イ）	33	48
金融資産残高		1％	726	（ウ）			

※年齢および金融資産残高は各年12月31日現在のものとする。
※給与収入は可処分所得で記載している。
※記載されている数値は正しいものとする。
※問題作成の都合上、一部を空欄にしてある。

1．（ア）341　　（イ）　　21　　（ウ）779
2．（ア）342　　（イ）▲21　　（ウ）779
3．（ア）342　　（イ）▲21　　（ウ）780

正解 2

（ア）基本生活費の4年経過後を算出するので、基本生活費に4年分の変動率を加味します。
＜計算式＞
316万円（基準年基本生活費）× 1.02 × 1.02 × 1.02 × 1.02
＝ 342.048…万円 → 万円未満を四捨五入して342万円

（イ）年間収支ですので、収入−支出で計算します。
＜計算式＞
672万円（収入合計）− 693万円（支出合計）＝▲21万円

（ウ）金融資産残高を算出するので、前年（ここでは基準年）の金融資産残高に
「1＋変動率」を掛けて、年間収支を足します（マイナスの場合は引きます）。
＜計算式＞
726万円× 1.01（1＋変動率）＋ 46万円＝ 779.26万円
→ 万円未満を四捨五入して779万円

下記の（問3）、（問4）について解答しなさい。

(21年1月)

＜設例＞

荒木将大さんは今後の生活設計について、FPで税理士でもある福岡さんに相談をした。なお、下記のデータはいずれも本年1月1日現在のものである。

［家族構成（同居家族）］

氏名	続柄	年齢	職業
荒木　将大	本人	48歳	会社員
雅子	妻	46歳	専業主婦
咲	長女	20歳	大学生

［保有財産（時価）］　　　　　　　　　（単位：万円）

金融資産	
普通預金	350
定期預金	900
財形年金貯蓄	310
上場株式	140
投資信託	240
生命保険（解約返戻金相当額）	50
不動産（自宅マンション）	2,500

［負債残高］

住宅ローン（自宅マンション）：1,800万円（債務者は将大さん、団体信用生命保険付き）

［その他］

上記以外については、各設問において特に指定のない限り一切考慮しないものとする。

（問３）　FPの福岡さんは、荒木家のバランスシートを作成した。下表の空欄（ア）にあてはまる金額として、正しいものはどれか。なお、＜設例＞に記載のあるデータにもとづいて解答することとする。

＜荒木家のバランスシート＞　　　　　　　　　（単位：万円）

［資産］	×××	［負債］	×××
		［純資産］	（ア）
資産合計	×××	負債・純資産合計	×××

1．2,550（万円）
2．2,640（万円）
3．2,690（万円）

正解　3

＜計算＞
　［資産］
　　保有財産の合計
　　350 ＋ 900 ＋ 310 ＋ 140 ＋ 240 ＋ 50 ＋ 2,500 ＝ 4,490（万円）

　［負債］
　　住宅ローン（自宅マンション）1,800万円

　［純資産］
　　［資産］4,490万円 － ［負債］1,800万円 ＝ 2,690万円

（問４） 将大さんは、60歳で定年を迎えたあと、公的年金の支給が始まる65歳までの５年間の生活資金に退職一時金の一部を充てようと考えている。仮に退職一時金のうち700万円を年利1.0％で複利運用しながら５年間で均等に取り崩すこととした場合、年間で取り崩すことができる最大金額として、正しいものはどれか。なお、下記＜資料＞の３つの係数の中から最も適切な係数を選択して計算し、解答にあたっては、万円未満を切り捨てること。また、税金や記載のない事項については一切考慮しないこととする。

＜資料：係数早見表（年利1.0％）＞

	減債基金係数	現価係数	資本回収係数
５年	0.19604	0.95147	0.20604

※記載されている数値は正しいものとする。

1. 133万円
2. 137万円
3. 144万円

解答・解説

STAGE 1／LESSON 2

正解 3

「取り崩す」「毎年の金額」を求める（一時金ではない）場合は、**資本回収係数**を使います。

＜計算式＞
700万円×0.20604（**資本回収係数**）＝1,442,280円
万円未満を切り捨てると144万円になります。

リスク管理

1
★★
国内で事業を行う少額短期保険業者と締結した保険契約は、生命保険契約者保護機構および損害保険契約者保護機構による補償の対象とならない。

(21年1月)

2
★★★
国内で事業を行う生命保険会社が破綻した場合、生命保険契約者保護機構による補償の対象となる保険契約は、高予定利率契約を除き、死亡保険金額の90％まで補償される。

(22年9月・改)

3
★
国内銀行の窓口において加入した個人年金保険は、生命保険契約者保護機構による保護の対象となるのではなく、預金保険機構による保護の対象となる。

(19年1月・改)

4
★
生命保険会社のソルベンシー・マージン比率が100％を超えていれば、通常の予測を超えるリスクに対する保険金等の支払余力が十分にあるとされ、金融庁による早期是正措置の対象とならない。

(18年1月)

5
★
生命保険契約を申し込んだ者は、保険業法上、原則として、契約の申込日から8日以内であれば、口頭により申込みの撤回等をすることができる。

(20年1月)

ポイント  & 解答！

| 2 | 高予定利率契約を除いて、責任準備金等の90％まで補償されます。 |

| 3 | 銀行が販売する生命保険や個人年金保険も、生命保険契約者保護機構の対象です。 |

| 4 | 保険会社の健全性を計る指標であるソルベンシー・マージン比率は、200％を下回ると金融庁による早期是正措置の対象になります。 |

| 5 | クーリング・オフの申込み撤回等の手続きは口頭ではなく、書面、または電磁的記録でする必要があります。 |

1 ○ **2** × **3** × **4** × **5** ×

6 ★
保険法の規定によれば、保険契約者や被保険者に告知義務違反があった場合、保険者は原則として保険契約を解除することができるが、この解除権は、保険者が解除の原因があることを知った時から1カ月間行使しないとき、または契約締結の時から5年を経過したときは消滅する。
(19年5月)

7 ★★★
生命保険の保険料のうち、保険会社が保険契約を維持・管理するための費用に充当される付加保険料は、予定死亡率および予定利率にもとづいて計算される。
(19年5月)

8 ★★
逓増定期保険では、保険期間の経過にともない保険料が所定の割合で増加するが、保険金額は保険期間を通じて一定である。
(21年9月・改)

9 ★★★
収入保障保険の死亡保険金を一時金で受け取る場合の受取額は、一般に、年金形式で受け取る場合の受取総額よりも少なくなる。
(23年5月)

10 ★★
定期保険特約付終身保険（更新型）は、定期保険特約の更新の都度、告知が必要であり、健康状態によっては定期保険特約を更新できない。
(18年5月)

11 ★
定期保険特約付終身保険では、定期保険特約を同額の保険金額で自動更新すると、更新後の保険料は、通常、更新前よりも安くなる。
(18年1月)

ポイント &解答!

7
付加保険料は予定事業費率にもとづいて計算され、純保険料は予定死亡率および予定利率にもとづいて計算されます。

8
逓増定期保険は、保険期間の経過にともない保険金額は増加しますが、保険料は保険期間を通じて一定です。

10
定期保険特約（更新型）は、告知不要で自動更新されます。

11
定期保険特約の更新において、更新後の保険料は、その時点の年齢等で再計算されるため、同額の保険金額であれば通常は更新前よりも高くなります。

6 ○ **7** × **8** × **9** ○ **10** × **11** ×

12
★★★
学資（こども）保険は、保険期間中に契約者が死亡した場合、死亡時点における解約返戻金相当額が支払われて保険契約が消滅する。 (19年9月)

13
★★
個人年金保険において、確定年金は、年金支払期間中に被保険者が生存している場合に限り、契約で定めた一定期間、年金が支払われる。 (21年5月)

14
★★★
変額個人年金保険は、特別勘定の運用実績によって、将来受け取る年金額や死亡給付金額は変動するが、解約返戻金額は変動しない。 (23年9月))

15
★★
がん保険では、一般に、責任開始日前に180日程度の免責期間が設けられており、その期間中にがんと診断されたとしてもがん診断給付金は支払われない。 (20年1月)

ポイント ＆解答！

12 学資保険の契約者である親等が死亡した場合、それ以降の保険料の支払いは免除されますが、保険契約は継続し、満期保険金等は契約どおり支払われます。

13 契約で定めた期間のうち、被保険者が生存している場合に支払われるのは有期年金です。確定年金では、被保険者が年金支払期間中に死亡した場合には、遺族が残り期間の年金を受け取れます。

14 変額個人年金保険は、一般に年金額や解約返戻金は変動しますが、死亡給付金額は最低保証があります。

15 がん保険は、責任開始日前に90日程度の免責期間が設けられています。

12 ✕　13 ✕　14 ✕　15 ✕

16
★★
リビング・ニーズ特約は、被保険者の余命が3カ月以内と判断された場合に、所定の範囲内で死亡保険金の一部または全部を生前に受け取ることができる特約である。
(21年9月)

17
★★★
医療保険等に付加される先進医療特約では、療養を受けた日時点において厚生労働大臣により定められている先進医療が給付の対象となる。(23年9月・改)

18
★★
払済保険とは、保険料の払い込みを中止して、その時点での解約返戻金相当額をもとに、保険金額を変えずに、一時払いの定期保険に変更するものである。
(20年1月)

19
★★
定期保険特約付終身保険の保険料の払込みを中止して、払済終身保険に変更した場合、元契約に付加していた定期保険特約はそのまま継続する。
(20年9月・改)

20
★★
現在加入している生命保険契約を、契約転換制度を利用して、新たな契約に転換する場合、転換後の保険料は、転換前の契約の保険料率が引き続き適用される。
(19年9月)

ポイント  & 解答!

16 リビング・ニーズ特約は、被保険者の余命が6カ月以内と判断された場合に、死亡保険金の一部または全部を受け取れます。

18 保険金額を変えずに、一時払いの定期保険に変更するのは、延長保険です。

19 払済保険に変更した場合は、契約を維持することはできますが、一部を除き、特約は消滅します。

20 契約転換制度は、新たな契約として扱われます。そのため、転換後の保険料は転換時の年齢や保険料率で計算されます。

16 × **17** ○ **18** × **19** × **20** ×

21 ★
本年中に契約した生命保険に付加されている傷害特約に係る保険料は、介護医療保険料控除の対象となる。 (19年1月)

22 ★★★
生命保険の入院特約に基づき、被保険者が病気で入院したことにより被保険者が受け取った入院給付金は、非課税である。 (20年9月)

23 ★
養老保険の福利厚生プランでは、契約者（＝保険料負担者）を法人、被保険者を従業員全員、死亡保険金受取人を被保険者の遺族、満期保険金受取人を法人とすることにより、支払保険料の全額を福利厚生費として損金の額に算入することができる。 (19年5月)

24 ★
火災保険において、保険金額が保険価額に満たない保険を一部保険という。 (18年1月)

25 ★★
民法および失火の責任に関する法律（失火責任法）によれば、借家人が軽過失によって借家と隣家を焼失させた場合、借家の家主に対して損害賠償責任を負わない。 (20年9月・改)

26 ★
居住用建物および家財を対象とした火災保険では、地震もしくは噴火またはこれらによる津波を原因とする損害は、補償の対象とならない。 (21年1月)

ポイント  & 解答!

21 | 2012年以降の生命保険料控除では、傷害特約、災害割増特約など身体の傷害のみに基因して保険金が支払われる保険の保険料は控除対象外です。

23 | 福利厚生プラン（ハーフタックスプラン）は、受取人等の要件が満たされていれば、支払保険料の半分を資産計上し、残り半分は福利厚生費として損金算入することができます。

25 | 失火責任法では、借家人が軽過失によって（＝重過失なく）借家と隣家を焼失させた場合、隣家に対しては損害賠償責任を負いませんが、借家の家主に対しては損害賠償責任を負います。

21 ✕ 22 ◯ 23 ✕ 24 ◯ 25 ✕ 26 ◯

27 ★
地震保険の保険料の割引制度には、「建築年割引」「耐震等級割引」「免震建築物割引」「耐震診断割引」があり、割引率は「耐震等級割引（耐震等級3）」および「免震建築物割引」の50％が最大となる。なお、それぞれの割引制度の重複適用はできない。
(19年1月・改)

28 ★★
地震保険では、保険の対象である居住用建物または家財の損害の程度が「全損」「大半損」「小半損」のいずれかに該当した場合に限り、保険金が支払われる。
(21年9月・改)

29 ★★
自動車損害賠償責任保険において、被害者1人あたりの保険金の支払限度額は、死亡の場合は3,000万円、後遺障害の場合は5,000万円である。
(19年1月)

30 ★★★
自動車保険の人身傷害補償保険では、被保険者が自動車事故により負傷した場合、自己の過失割合にかかわらず、保険金額の範囲内で治療費や休業損害などの実際の損害額が補償される。
(19年5月)

31 ★★
自動車保険の車両保険では、一般に、洪水により自動車が水没したことによって被る損害は補償の対象とならない。
(22年1月)

ポイント  &解答!

28
地震保険では、損害の程度を「全損」「大半損」「小半損」「一部損」の4区分に分けて保険金の支払いをします。

29
自賠責保険の支払限度額は、被害者1人あたり死亡の場合は3,000万円、後遺障害の場合は4,000万円です。

31
洪水や高潮による水没は、車両保険の補償対象です。なお、津波による水没は特約がなければ補償対象外です。

27 ○ **28** × **29** × **30** ○ **31** ×

32
★★★

普通傷害保険（特約付帯なし）では、一般に、被保険者が細菌性食中毒により入院した場合は、保険金支払の対象となる。

(21年9月)

33
★★

家族傷害保険の被保険者の範囲には、被保険者本人と生計をともにする別居の未婚の子は含まれない。

(21年5月・改)

34
★

海外旅行傷害保険は、国内空港を出発してから国内空港に帰着するまでが補償の対象となるため、住居から国内空港に移動する間に負ったケガは補償の対象とならない。

(20年1月)

35
★★★

個人賠償責任保険（特約）では、被保険者が、業務中に自転車で歩行者に衝突してケガをさせてしまい、法律上の損害賠償責任を負うことによって被る損害は、補償の対象とならない。

(22年5月・改)

ポイント  &解答！

32
細菌性食中毒やウイルス性食中毒による損害は、普通傷害保険（特約なし）では補償対象外です。国内旅行傷害保険や海外旅行傷害保険では補償されます。

33
家族の範囲には、被保険者本人、配偶者、生計を一にする（ともにする）同居親族のほかにも、生計を一にする別居の未婚の子も含まれます。

34
海外旅行傷害保険の補償は、家を出てから帰宅するまでが補償の対象です。そのため、住居から空港へ移動する間に負ったケガも補償されます。

32 ✕ **33** ✕ **34** ✕ **35** ◯

36
★★

店舗の床に清掃時の水が残っていたため、顧客が転倒・負傷した場合に、顧客に対して法律上の損害賠償責任を負うことによって被る損害を補償する保険として、生産物賠償責任保険（PL保険）がある。

(21年9月・改)

37
★★

スーパーマーケットを経営する企業が、店舗内で調理・販売した食品が原因で食中毒を発生させ、顧客に対して法律上の損害賠償責任を負うことによって被る損害を補償する保険として、施設所有（管理）者賠償責任保険がある。

(22年5月・改)

38
★

ホテルを運営する企業が、クロークで預かる顧客の荷物の紛失・盗難リスクの補償に備えるために、受託者賠償責任保険に加入した。

(19年9月)

39
★★

自動車事故でケガを負い、相手方が加入していた自動車保険の対人賠償保険から受け取った保険金は、非課税とされる。

(21年1月・改)

40
★★★

所得税において、個人が自宅建物について支払う地震保険の保険料は、5万円を限度として年間支払保険料の2分の1相当額が地震保険料控除の対象となる。

(21年1月)

ポイント ＆解答！

36
店舗内での事故により、顧客に対して損害賠償責任を負うリスクに対しては、施設所有（管理）者賠償責任保険が適しています。

37
店舗内で調理等した食品は生産物にあたるため、食中毒による損害賠償責任リスクに対しては、生産物賠償責任保険（PL保険）が適しています。

40
所得税における地震保険料控除の限度額は最高5万円で、年間支払保険料の全額が控除対象です。2分の1相当額（最高2万5,000円）が控除されるのは住民税です。

36 ✕　**37** ✕　**38** ○　**39** ○　**40** ✕

次の設例にもとづいて、下記の各問（問1）、（問2）に答えなさい。 (19年5月)

《設 例》

　会社員のAさん（32歳）は、専業主婦である妻Bさん（29歳）および長女Cさん（1歳）との3人暮らしである。Aさんは、先日、職場で生命保険会社の営業担当者から生命保険を勧められた。現在加入している終身保険はAさんが結婚する前に加入したものである。

　そこで、Aさんは、懇意にしているファイナンシャル・プランナーのMさんに相談することにした。Aさんが現在加入している生命保険の内容等は、以下のとおりである。

＜Aさんが現在加入している生命保険の内容＞

主契約および特約の内容	保障金額	保険期間
終身保険	500万円	終身
傷害特約	500万円	10年

＜Aさんが提案を受けた生命保険の内容＞

保険の種類：5年ごと配当付終身保険（60歳払込満了）

月払保険料（集団扱い）：15,600円

契約者（＝保険料負担者）・被保険者：Aさん／死亡保険金受取人：妻Bさん

主契約および特約の内容	保障金額	保険期間
終身保険	100万円	終身
定期保険特約	1,000万円	10年
収入保障特約（注1）	年額60万円×60歳まで	10年
重度疾病保障特約（注2）	150万円	10年
総合医療特約（180日型）	1日目から日額10,000円	10年
先進医療特約	先進医療の技術費用と同額	10年
リビング・ニーズ特約	—	—
指定代理請求特約	—	—

（注1）最低支払保証期間は5年（最低5回保証）

（注2）所定のがん（悪性新生物）、急性心筋梗塞、脳卒中、重度の糖尿病、重度の高血圧性疾患、肝硬変、慢性腎不全、慢性すい炎のいずれかを保障する。重度疾病保険金を支払った場合、本特約は消滅する。

※上記以外の条件は考慮せず、各問に従うこと。

（問1） Mさんは、現時点の必要保障額を試算することにした。下記の＜算式＞
および＜条件＞に基づき、Aさんが現時点で死亡した場合の必要保障額
は、次のうちどれか。

1） 4,610万円
2） 6,010万円
3） 10,110万円

＜算式＞

必要保障額＝遺族に必要な生活資金等の総額－遺族の収入見込金額

＜条件＞

1．長女Cさんが独立する年齢は、22歳（大学卒業時）とする。
2．Aさんの死亡後から長女Cさんが独立するまで（21年間）の生活費は、現在の日常生活費（月額25万円）の70％とし、長女Cさんが独立した後の妻Bさんの生活費は、現在の日常生活費（月額25万円）の50％とする。
3．長女Cさん独立時の妻Bさんの平均余命は、38年とする。
4．長女Cさんの教育資金および結婚援助資金の総額は、1,500万円とする。
5．Aさんの死亡整理資金（葬儀費用等）・緊急予備資金は、500万円とする。
6．金融資産（預貯金等）の合計額は、1,400万円とする。
7．Aさん死亡後に妻Bさんが受け取る公的年金等の総額は、6,100万円とする。
8．Aさんが現在加入している生命保険の保障金額は考慮しなくてよい。

正解　1

<計算式>

支出（遺族に必要な生活資金等の総額）

　①長女Cさん独立までの生活費

　　　25万円×70％×12ヵ月×21年＝4,410万円

　②長女Cさん独立後の妻Bさんの生活費

　　　25万円×50％×12ヵ月×38年＝5,700万円

　③その他資金

　　　教育資金・結婚援助資金＝1,500万円

　　　死亡整理資金（葬儀費用等）・緊急予備資金＝500万円

支出合計：①＋②＋③＝12,110万円

収入（遺族の収入見込金額）

　④金融資産（預貯金等）＝1,400万円

　⑤公的年金等＝6,100万円

収入合計：④＋⑤＝7,500万円

必要保障額

　　支出12,110万円−収入7,500万円＝4,610万円

生活費を見積もるときは、末子独立前と独立後で生活費の減少率が変化することと、生活費は月額なので年額に直すことに注意します。

（問2）　Mさんは、Aさんが提案を受けた生命保険について説明した。Mさんの Aさんに対する説明として、次のうち最も適切なものはどれか。

1）「所定の重度疾病に罹患した場合、重度疾病保障特約により150万円を受け取ることができます。さらに、その後、死亡した場合には、当該特約により死亡保険金150万円が妻Bさんに支払われます」

2）「収入保障特約は、被保険者が死亡した場合、所定の期間、死亡保険金が年金形式で支払われるタイプの特約です。仮に、Aさんが40歳（支払対象期間20年）で死亡した場合、妻Bさんが当該特約により受け取る年金受取総額は1,200万円となります」

3）「終身保険、定期保険特約の保険料は、生命保険料控除の対象となりますが、収入保障特約の保険料は、生命保険料控除の対象となりませんのでご注意ください」

解答・解説　　　　　　　　　　　　　　　　　　　　　　STAGE 2／LESSON 5、7

正解　2

1.不適切

設問の重度疾病保障特約は、注釈欄に「重度疾病保険金を支払った場合、本特約は消滅する」と記載があるため、この特約は150万円を受け取った時点で消滅します。そのため、その後に死亡した場合、死亡保険金150万円は支払われません。

2.適切

収入保障特約は、死亡保険金が年金形式で支払われます。Aさんの特約では毎年60万円が、Aさんが生存していた場合の年齢で60歳まで妻Bさんへ支払われます。
60万円×（60歳－40歳）＝1,200万円
なお、注釈欄の最低支払保証期間5年（最低5回保証）とは、たとえ59歳で死亡しても1年分だけではなく最低支払保証期間分の5年分（5回）は、妻Bさんへ死亡保険金が支払われるということです。

3.不適切

収入保障特約も定期保険の1つであり、生命保険料控除の対象になります。

次の設例にもとづいて、下記の各問（問3）、（問4）に答えなさい。　　(21年5月)

《本問は、「リスク管理」を主たる内容とする総合問題ですが、「STAGE 4」の問題も含まれます。一通り学習してから、再度ここに戻って解いてみましょう。》

《設 例》

　Aさん（43歳）は、X株式会社（以下、「X社」という）の創業社長である。Aさんは、先日、生命保険会社の営業担当者から、自身の退職金準備を目的とした下記の＜資料＞の生命保険の提案を受けた。

　そこで、Aさんは、ファイナンシャル・プランナーのMさんに相談することにした。

＜資料＞Aさんが提案を受けた生命保険の内容

保険の種類：無配当低解約返戻金型終身保険（特約付加なし）	
契約者（＝保険料負担者）	： X社
被保険者	： Aさん
死亡・高度障害保険金受取人	： X社
死亡・高度障害保険金額	： 5,000万円
保険料払込期間	： 65歳満了
年払保険料	： 200万円
65歳までの払込保険料累計額（①）	： 4,400万円
65歳時の解約返戻金額（②）	： 4,600万円（低解約返戻金期間満了直後）
受取率（②÷①）	： 104.5%（小数点第2位以下切捨て）
※解約返戻金額の80%の範囲内で、契約者貸付制度を利用することができる。	

※上記以外の条件は考慮せず、各問に従うこと。

（問3）　仮に、将来Ｘ社がＡさんに役員退職金5,000万円を支給した場合、Ａさんが受け取る役員退職金に係る退職所得の金額として、次のうち最も適切なものはどれか。なお、Ａさんの役員在任期間（勤続年数）を40年とし、これ以外に退職手当等の収入はなく、障害者になったことが退職の直接の原因ではないものとする。

1）1,400万円
2）2,200万円
3）2,800万円

解答・解説　　　　　　　　　　　　　　　　　　　　STAGE 4／LESSON 2

正解　1

<計算式>
　退職所得控除額：800万円 ＋（70万円 ×（40年 － 20年））＝ 2,200万円

　退職所得：（5,000万円 － 2,200万円）× $\frac{1}{2}$ ＝ 1,400万円

役員退職金であっても、通常の退職所得の計算により算出します。仮に、役員の勤続年数が5年以下であれば「特定役員退職手当等」に該当するため、1／2課税の適用はありません。また、障害者になったことが退職の原因であれば、退職所得控除額が100万円加算されます。

（問４）《設例》の終身保険の第１回保険料払込時の経理処理（仕訳）として、次のうち最も適切なものはどれか。

1）

借　　方	貸　　方
保険料積立金　　200万円	現金・預金　　　200万円

2）

借　　方	貸　　方
定 期 保 険 料　　100万円 前 払 保 険 料　　100万円	現 金 ・ 預 金　　　200万円

3）

借　　方	貸　　方
定 期 保 険 料　　200万円	現 金 ・ 預 金　　　200万円

正解　1

終身保険は貯蓄性のある保険であり、保険金受取人が法人であるため、支払保険料は保険料積立金として資産計上します。一方で、貯蓄性のない定期保険の場合の経理処理（仕訳）は選択肢3となります。

下記の（問1）、（問2）について解答しなさい。　　　　　　　　　(22年5月)

（問1）　井上隆文さんが加入している医療保険（下記＜資料＞参照）の保障内容
　　　　　に関する次の記述の空欄（ア）にあてはまる金額として、正しいものは
　　　　　どれか。なお、保険契約は有効に継続しているものとする。また、隆文
　　　　　さんはこれまでに＜資料＞の保険から保険金および給付金を一度も受け
　　　　　取っていないものとする。

＜資料＞

保険種類　終身医療保険（無配当）		保険証券記号番号　△△△－××××	
保険契約者	井上　隆文　様	ご印鑑	◆契約日 2017年11月1日
被保険者	井上　隆文　様 契約年齢　50歳　男性	井上	◆主契約の保険期間 終身
受取人	〔給付金受取人〕被保険者　様 〔死亡保険金受取人〕井上　里佳子　様 ＊保険契約者との続柄：妻		◆主契約の保険料払込期間 終身

■ご契約内容

給付金・保険金の内容	給付金額・保険金額	保険期間
入院給付金	日額　10,000円 ＊病気やケガで2日以上継続入院のとき、入院開始日を含めて1日目から支払います。 ＊同一事由の1回の入院給付金支払い限度は60日、通算して1,000日となります。	終身
手術給付金	給付金額　入院給付金日額×10・20・40倍 ＊所定の手術を受けた場合、手術の種類に応じて、手術給付金（入院給付金日額の10倍・20倍・40倍）を支払います。	
死亡・高度障害保険金	保険金　1,000,000円 ＊死亡または所定の高度障害状態となった場合に支払います。	

■保険料の内容

払込保険料合計　　×,×××円／月
払込方法（回数）：年12回 払込期月　　　：毎月

■その他付加されている特約・特則等

保険料口座振替特約
＊以下余白

井上隆文さんは、本年中に初めて大腸がんと診断され、がんの治療のために8日間入院し、その間に開腹手術（給付倍率20倍）を1回受け、退院後に交通事故による骨折で5日間入院した場合に支払われる保険金および給付金は、合計（　ア　）である。

1）130,000 円
2）280,000 円
3）330,000 円

解答・解説

正解 3

＜計算式＞
入院給付金：（8 日＋ 5 日）× 10,000 円＝ 130,000 円
手術給付金：10,000 円× 20 （倍）＝ 200,000 円
合計：330,000 円

設問の入院給付金は 2 日以上継続入院があれば 1 日目から支払われるため、合計 13 日分となります。手術給付金は入院給付金日額（10,000 円）に所定の倍率を乗じるため、20 万円となります。

（問2） 牧村健太さんが本年中に支払った生命保険の保険料は下記＜資料＞のとおりである。この場合の健太さんの本年分の所得税の計算における生命保険料控除の金額として、正しいものはどれか。なお、＜資料＞の保険について、これまでに契約内容の変更はないものとする。また、本年分の生命保険料控除額が最も多くなるように計算すること。 (22年9月)

＜資料＞

| ［定期保険（無配当、新生命保険料）］
契約日：2018 年 5 月 1 日
保険契約者：牧村　健太
被保険者：牧村　健太
死亡保険金受取人：牧村 洋子（妻）
本年の年間支払保険料：78,240 円 | ［医療保険（無配当、介護医療保険料）］
契約日：2016 年 8 月 10 日
保険契約者：牧村　健太
被保険者：牧村　健太
死亡保険金受取人：牧村 洋子（妻）
本年の年間支払保険料：46,200 円 |

＜所得税の一般の生命保険料控除、介護医療保険料控除および個人年金保険料控除の控除額の速算表＞
［2012 年 1 月 1 日以降に締結した保険契約（新契約）等に係る控除額］

年間の支払保険料の合計		控除額
	20,000 円 以下	支払保険料の全額
20,000 円 超	40,000 円 以下	支払保険料×1／2＋10,000 円
40,000 円 超	80,000 円 以下	支払保険料×1／4＋20,000 円
80,000 円 超		40,000 円

(注) 支払保険料とは、その年に支払った金額から、その年に受けた剰余金や割戻金を差し引いた残りの金額をいう。

1）39,560 円
2）40,000 円
3）71,110 円

正解　3

<計算式>

一般の生命保険料控除：定期保険の保険料

$$78,240円×1/4＋20,000円＝39,560円…①$$

介護医療保険料控除：医療保険の保険料

$$46,200円×1/4＋20,000円＝31,550円…②$$

本年分の生命保険料控除の金額：

$$①39,560円＋②31,550円＝71,110円$$

一般の生命保険料控除と介護医療保険料控除は別々に利用することができ、どちらも2012年以降の契約（各限度額4万円）であるため、足し合わせて本年分の所得税の生命保険料控除額とします。

金融資産運用

1
★★
一定期間に国内で生産された財やサービスの合計額から物価変動の影響を取り除いた指標を名目GDPという。 (21年1月)

2
★★
景気動向指数において、完全失業率は、遅行系列に採用されている。 (24年1月)

3
★★
全国の世帯が購入する家計に係る財およびサービスの価格等を総合した物価の変動を時系列的に測定する消費者物価指数は、総務省が公表している。 (19年5月)

4
★
マネーストック統計は、中央政府や地方公共団体を除く経済主体が保有する通貨量の残高を集計したものであり、日本銀行が毎月公表している。 (19年9月)

5
★★
米国の市場金利が上昇し、同時に日本の市場金利が低下することは、米ドルと円の為替相場においては、一般に、米ドル安、円高の要因となる。 (20年9月)

ポイント & 解答!

1
一定期間内に国内で生産された財やサービスの付加価値の合計をGDP（国内総生産）といい、物価変動の影響を含んだGDPを名目GDP、名目GDPから物価変動の影響を取り除いたGDPを実質GDPといいます。

4
マネーストックは、中央政府と金融機関を除きます。日本銀行が毎月公表しています。

5
市場金利が上昇している国の通貨は人気があるので高くなり、市場金利が低下している国の通貨は人気がないので低くなると理解しましょう。

1 ✕ **2** ◯ **3** ◯ **4** ✕ **5** ✕

6 ★★ 日本銀行による金融引き締め対策は、一般に、日本の株式市場における株価の上昇要因となる。 （18年5月）

7 ★★ 日本銀行の公開市場操作による売りオペレーションは、市中の資金量を増加させ、金利の低下を促す効果がある。 （19年5月・改）

8 ★★ 預金保険制度の対象金融機関に預け入れた決済用預金は、預入金額にかかわらず、その全額が預金保険制度による保護の対象となる。 （22年9月）

9 ★★ 日本国内に本店のある銀行の国内支店に預け入れた外貨預金は、元本1,000万円までとその利息が預金保険制度による保護の対象となる。 （24年1月）

10 ★ 日本投資者保護基金は、会員である金融商品取引業者が破綻し、分別管理の義務に違反したことによって、一般顧客から預託を受けていた有価証券・金銭を返還することができない場合、一定の範囲の取引を対象に一般顧客1人につき1,300万円を上限に金銭による補償を行う。 （22年5月）

 ポイント ＆解答！

6 日本銀行の金融引き締め対策とは、売りオペにより市中の資金量を減少させることなので、金利は上昇しやすくなり、株価は下落しやすくなります。

7 日本銀行の公開市場操作の売りオペは、市中の資金量を減少させ、金利の上昇を促す効果があります。逆に買いオペは市中の資金量を増加させ、金利の低下を促す効果があります。

9 外貨預金、譲渡性預金は対象外、国内銀行の海外支店、外国銀行の日本支店も対象外です。

10 証券会社が破綻したときは、日本投資者保護基金により1人1,000万円まで補償されます。

 **6** ✕ **7** ✕ **8** ◯ **9** ✕ **10** ✕

STAGE **3** 学科問題　金融資産運用

11
★★

金融商品の販売にあたって、金利、通貨の価格、金融商品市場における相場その他の指標に係る変動を直接の原因として元本欠損が生ずるおそれがあるときは、その旨および当該指標などについて顧客に説明することが、消費者契約法で義務づけられている。 (19年5月)

12
★★

元金1,000,000円を年利1％の1年複利で2年間運用した場合の元利合計金額（税金や手数料などを考慮しない）は、1,020,000円である。 (19年1月)

13
★★

個人向け国債の金利の下限は、年0.05％である。 (20年9月)

14
★★

一般に、市場金利が上昇すると債券価格は上昇し、市場金利が低下すると債券価格は下落する。 (21年9月)

ポイント  ＆解答！

11

設問で説明されている内容を義務づけているのは金融サービス提供法です。金融サービス提供法による金融商品販売業者等に対する規制としては、ほかに、顧客に対する重要事項の説明義務、断定的判断の提供による勧誘の禁止などがあります。

12

1,000,000円 × 1.01 × 1.01 ＝ 1,020,100円

14

一般的に、市場金利が上昇すると低い金利の債券が売られるので、債券価格は下落します。逆に、市場金利が低下すると債券価格は上昇します。

11 ✕ **12** ✕ **13** ○ **14** ✕

15 ★★ 他の条件が同じであれば、償還期限までの期間の長い債券の方が短い債券よりも価格変動幅は小さくなる。 (15年9月)

16 ★★ 債券の信用格付とは、債券やその発行体の信用評価を記号等で示したものであり、一般に、BBB（トリプルビー）格相当以上の格付が付された債券は、投資適格債とされる。 (23年9月)

17 ★★ 残存期間や表面利率（クーポンレート）などのほかの条件が同一であれば、一般に、格付けの高い債券ほど安全性が高いため、利回りが高くなる。 (19年9月)

18 ★ 証券取引所での株式の売買において、ある銘柄に価格の異なる複数の買い指値注文がある場合は、指値の安い注文から優先して売買が成立する。 (19年1月)

19 ★★ 国内の証券取引所に上場している内国株式を普通取引により売買する場合、約定日の翌営業日に決済が行われる。 (22年5月)

STAGE **3** 学科問題

金融資産運用

ポイント  & 解答!

15 償還期限が近づくと、債券価格は額面金額に収斂していきます。言い換えれば、償還期限までの期間が長い債券のほうが価格変動幅は大きくなります。

17 発行条件などが同一であれば、一般的に、格付けが高い（安全性が高いと評価されている）債券は人気があるので、欲しい人が多く、価格が高くなり、利回りは低くなります。格付けが低い債券はその逆で、利回りが高くなります。

18 指値注文は不利な注文から優先されます。したがって買い注文では高い注文、売り注文では安い注文が優先されます。

19 約定日を含めて3営業日目に決済（受渡し）が行われます。

15 ✕ **16** ◯ **17** ✕ **18** ✕ **19** ✕

20 ★★　日経平均株価は、東京証券取引所プライム市場に上場している内国普通株式の全銘柄を対象とする株価指数であり、時価総額の大きい銘柄（大型株）の値動きの影響を受けやすいという特徴がある。

(19年9月・改)

21 ★★★　X社の株価が1,200円、1株あたり純利益が80円、1株あたり純資産が800円のとき、X社のPERは1.5倍、PBRは15倍である。

(21年1月)

22 ★★★　ROEは、自己資本に対する当期純利益の割合を示す投資指標であり、これが低いほど、会社が自己資本を活用して効率良く利益をあげていることを示す。

(20年9月・改)

23 ★★★　X社の株価が1,200円、1株あたり純利益が36円、1株あたり年間配当金が24円である場合、X社株式の配当利回りは3％である。

(19年5月・改)

ポイント  ＆解答！

20　日経平均株価は東京証券取引所プライム市場に上場する代表的な225銘柄を対象とする修正平均株価であり、株価が高い銘柄の影響を受けやすいとされます。

21　PERは株価÷1株あたり純利益で求めるので、1,200円÷80円＝15倍、PBRは株価÷1株あたり純資産で求めるので、1,200円÷800円＝1.5倍となります。

22　ROEは高いほど、会社が自己資本を活用して効率よく利益をあげていることを示します。

23　配当利回り＝1株あたりの年間配当金÷株価×100で求めるので、24円÷1,200円×100＝2％となります。

20 ✕　**21** ✕　**22** ✕　**23** ✕

24 ★★★ 配当性向とは、当期純利益に占める配当金総額の割合を示す指標である。

(22年5月)

25 ★ 投資信託約款に株式を組み入れることができる旨の記載がある証券投資信託は、株式をいっさい組み入れていなくても株式投資信託に分類される。

(19年5月)

26 ★★ 投資信託の運用管理費用（信託報酬）は、投資信託を購入する際に年間分を前払いする必要がある。

(20年1月)

27 ★★★ 投資信託におけるパッシブ運用は、経済環境や金利動向などをふまえ、ベンチマークを上回る運用成果を目指す運用手法である。

(19年1月)

28 ★★★ インデックス型投資信託は、日経平均株価などの特定の指標に連動するよう運用される投資信託である。

(21年1月・改)

29 ★★★ 投資信託におけるバリュー運用は、企業の成長性が市場平均よりも高いと見込まれる銘柄に投資する運用手法である。

(19年5月)

30 ★★★ 上場投資信託（ETF）は、証券取引所に上場され、上場株式と同様に指値注文や成行注文により売買することができる。

(21年9月)

STAGE **3** 学科問題　金融資産運用

ポイント  ＆解答！

26 信託報酬は、信託財産から日々差し引かれます。

27 パッシブ運用とはベンチマーク（評価対象となる株価指数など）に連動する運用成果を目指します。ベンチマークを上回る運用成果を目指すのがアクティブ運用です。

29 投資信託の運用手法には、将来の成長（グロース）が見込める銘柄に投資するグロース運用や、利益や資産価値などからみて割安（バリュー）な銘柄に投資するバリュー運用があります。

24 ◯　**25** ◯　**26** ✕　**27** ✕　**28** ◯　**29** ✕　**30** ◯

31
★★
為替予約を締結していない外貨定期預金において、満期時の為替レートが預入時の為替レートに比べて円安になれば、当該外貨定期預金の円換算の利回りは高くなる。
（22年9月）

32
★★
外貨預金の払戻時において、預金者が外貨を円貨に換える場合に適用される為替レートは、預入金融機関が提示するTTSである。
（19年5月）

33
★★
A資産の期待収益率が2.0%、B資産の期待収益率が4.0%の場合に、A資産を40%、B資産を60%の割合で組み入れたポートフォリオの期待収益率は3.0%となる。
（19年1月）

34
★★★
相関係数が0である2資産に投資するポートフォリオにおいては、両資産が同一の値動きをするため、分散投資によるリスク低減効果は得られない。
（19年9月）

35
★★★
オプション取引において、特定の商品を将来の一定期日（まで）に、あらかじめ決められた価格（権利行使価格）で売る権利のことをコール・オプションという。
（20年1月）

ポイント  & 解答!

| 32 | 預金者が外貨を円にするときのレートはTTBです。 |

| 33 | ポートフォリオ全体の期待収益率は各資産の「収益率×投資割合」を合計して求めます。（2.0%×40%）＋（4.0%×60%）＝3.2%となります。 |

| 34 | 相関係数は、「0」を中心として、「－1」〜「＋1」の範囲で表されます。相関係数が「＋1」でない限り、リスク低減効果はあります。 |

| 35 | オプション取引とは、買う権利や売る権利を売買する取引のことをいいます。買う権利はコール・オプション、売る権利はプット・オプションといいます。 |

31 ○　32 ×　33 ×　34 ×　35 ×

| 36 ★ | 個人が国内において支払を受ける預貯金の利子は、原則として、20.315%（所得税15.315%、住民税5%）の税率により源泉徴収等され、課税関係が終了する。 (22年9月) |

| 37 ★ | 追加型の国内公募株式投資信託の収益分配金のうち、元本払戻金（特別分配金）は非課税となる。 (18年9月) |

| 38 ★★ | 追加型株式投資信託を基準価額1万800円で1万口購入した後、最初の決算時に1万口あたり300円の収益分配金が支払われ、分配落ち後の基準価額が1万600円となった場合、その収益分配金のうち、普通分配金は200円であり、元本払戻金（特別分配金）は100円となる。 (20年1月) |

| 39 ★★ | 新NISAのつみたて投資枠において、国債や社債は投資対象商品ではない。 (21年5月・改) |

| 40 ★★ | 新NISAのつみたて投資枠を利用して公募株式投資信託等を購入することができる限度額（非課税投資枠）は、年間40万円である。 (23年1月・改) |

STAGE **3** 学科問題　金融資産運用

ポイント  &解答!

| 38 | 追加型株式投資信託の分配金は、利益から支払われ、課税対象となる「普通分配金」と、元本の払い戻しのため非課税となる「特別分配金（元本払戻金）」があります。
300円（収益分配金）＋ 10,600円（分配落ち後の基準価額）＝ 10,900円（分配前の基準価額）
10,900円 － 10,800円（購入時の基準価額）＝ 100円（普通分配金）
300円（収益分配金）－ 100円＝ 200円（特別分配金）となります。 |

| 40 | 年間120万円です。 |

36 ○　37 ○　38 ✕　39 ○　40 ✕

次の設例にもとづいて、下記の（問1）に答えなさい。

(21年1月)

《設 例》

会社員のAさん（30歳）は、株式や投資信託による運用を考えている。Aさんは、先日、会社の上司から「わたしは配当金と株主優待を目的に上場企業の株式を10銘柄以上保有している。投資未経験のAさんの場合、最初は新NISAのつみたて投資枠がいいのではないか」といわれた。

そこで、Aさんは、金融機関に勤務するファイナンシャル・プランナーのMさんに相談することにした。Mさんは、Aさんに対して、X社株式（東京証券取引所プライム市場上場）およびY投資信託を例として、説明を行うことにした。

<X社に関する資料>

総資産	1兆6,000億円
自己資本（純資産）	9,600億円
当期純利益	1,200億円
年間配当金総額	450億円
発行済株式数	3億株
株価	4,000円
決算期	2月28日

※決算期:20XX年2月28日（金）（配当の権利が確定する決算期末）

<Y投資信託（公募株式投資信託）に関する資料>

銘柄名	： 日経225インデックスファンド（新NISAのつみたて投資枠対象商品）
投資対象地域／資産	： 国内／株式
信託期間	： 無期限
基準価額	： 13,000円（1万口あたり）
決算日	： 年1回（9月10日）
購入時手数料	： なし
運用管理費用（信託報酬）	： 0.187％（税込）
信託財産留保額	： なし

※上記以外の条件は考慮せず、各問に従うこと。

（問1）　初めに、Mさんは、X社株式の投資指標および投資の際の留意点について説明した。MさんのAさんに対する説明として、次のうち最も適切なものはどれか。

1）「＜X社に関する資料＞から算出されるX社のROEは、12.50% です」
2）「＜X社に関する資料＞から算出されるX社株式の配当利回りは、37.50% です」
3）「Aさんは、権利付き最終日である 20XX 年 2 月 28 日（金）までにX社株式を買付約定（購入）すれば、X社株式の次回の期末配当を受け取ることができます」

解答・解説　　　　　　　　　　　　　　　　　　　　　STAGE 3／LESSON 8、9

正解　1

1. 適切　$ROE = \dfrac{\text{当期純利益（1,200 億円）}}{\text{自己資本（9,600 億円）}} \times 100 = 12.50\%$

電卓で計算するときは「億」を無視して、$1,200 \div 9,600 \times 100$ で計算できます。

2. 不適切　はじめに配当利回りを求めるため、1 株あたりの配当金額を求めます。

$$1 \text{株あたりの配当金} = \dfrac{\text{年間配当金総額（450 億円）}}{\text{発行済株式数（3 億株）}} = 150 \text{円}$$

$$\text{配当利回り} = \dfrac{1 \text{株あたりの配当金（150 円）}}{\text{株価（4,000 円）}} \times 100 = 3.75\%$$

3. 不適切　期末配当を受け取るためには、権利付き最終日である 20XX 年 2 月 28 日（金）までに受渡が終わっていなければなりません。受渡日は約定日を含めて 3 営業日目なので、この場合は 20XX 年 2 月 26 日（水）までに買付約定すると期末配当金を受け取ることができます。

下記の（問1）、（問2）について解答しなさい。

（問1）

下記<資料>に基づくRV株式会社の投資指標に関する次の記述のうち、最も適切なものはどれか。なお、購入時の手数料および税金は考慮しないこととし、計算結果については表示単位の小数点以下第3位を四捨五入すること。 (21年9月)

<資料：RV株式会社に関するデータ>

株価	2,000円
1株当たり純利益（今期予想）	300円
1株当たり純資産	2,200円
1株当たり年間配当金（今期予想）	30円

1．株価純資産倍率（PBR）は、1.1倍である。
2．配当利回りは、1.36％である。
3．配当性向は、10％である。

解答・解説

正解 3

1．不適切　PBR＝株価÷1株当たり純資産で求めます。
　　　　　RV社のPBR＝2,000円÷2,200円＝約0.91倍

2．不適切　配当利回り＝1株当たりの年間配当金÷株価×100で求めます。
　　　　　RV社の配当利回り＝30円÷2,000円×100＝1.5％

3．適切　　配当性向＝1株当たりの年間配当金÷1株当たり純利益×100で求めます。
　　　　　RV社の配当性向＝30円÷300円×100＝10％

（問2）　目黒さんは、預金保険制度の対象となる HA 銀行の国内支店に下記＜資料＞の預金を預け入れている。仮に、HA 銀行が破たんした場合、預金保険制度によって保護される金額に関する次の記述のうち、最も不適切なものはどれか。

（22年5月）

＜資料＞

決済用預金	1,500万円
円定期預金	800万円
円普通預金	300万円
外貨預金	200万円

※目黒さんは HA 銀行からの借入れはない。

※預金の利息については考慮しないこととする。

※円普通預金は決済用預金ではない。

1．決済用預金 1,500 万円は全額保護される。

2．円定期預金および円普通預金は、合算して 1,000 万円が保護される。

3．外貨預金 200 万円は全額保護される。

解答・解説　　　　　　　　　　　　　　　　　　STAGE 3／LESSON 3

正解　3

1.適切　　決済用預金は、全額が保護の対象です。

2.適切　　1 金融機関ごとに合算して、元本 1,000 万円とその利息が保護されます。

3.不適切　外貨預金は、預金保険制度の保護の対象ではありません。

タックスプランニング

1
★★
税金には国税と地方税があるが、相続税は地方税に該当する。　(21年1月・改)

2
★
所得税において、自己の生活の用に供する家具や衣服（1個または1組の価額が30万円を超える貴金属、美術工芸品などは該当しない）を譲渡したことによる所得は、非課税所得とされる。　(18年9月)

3
★★
電車・バス等の交通機関を利用して通勤している給与所得者が、勤務先から受ける通勤手当は、所得税法上、月額10万円を限度に非課税とされる。
(23年9月)

4
★★
所得税において、医療保険の被保険者が病気で入院したことにより受け取った入院給付金は、非課税である。　(22年1月)

5
★
所得税法における居住者（非永住者を除く）は、原則として、国内で生じた所得について所得税の納税義務は生じるが、国外で生じた所得について所得税の納税義務は生じない。　(19年5月)

6
★
所得税においては、原則として、超過累進税率が採用されており、課税所得金額が多くなるに従って税率が高くなる。　(20年1月)

ポイント ＆解答！

1 相続税は国税です。所得税、法人税、贈与税なども国税です。

3 給与所得者の通勤手当は、月額15万円を限度に非課税とされます。

5 居住者（非永住者を除く）は、国内外を問わず全ての所得が課税対象であり、納税義務が生じます。

1 ✕　**2** ◯　**3** ✕　**4** ◯　**5** ✕　**6** ◯

| 7 ★ | 総所得金額とは、総合課税の対象となる所得金額を合算したもので、損益通算前の金額である。 |

| 8 ★★★ | 個人が国内において支払いを受ける預貯金の利子は、原則として、20.315％の税率により所得税および復興特別所得税と住民税が源泉徴収等され、課税関係が終了する。 (22年9月) |

| 9 ★ | 不動産の賃貸に伴い受け取った敷金のうち、不動産の貸付期間が終了した際に賃借人に返還を要するものは、受け取った年分の不動産所得の金額の計算上、総収入金額には算入しない。 (19年5月) |

| 10 ★★★ | 所得税において、事業的規模で行われている賃貸マンションの貸付けによる所得は、事業所得となる。 (22年5月) |

| 11 ★ | 所得税における事業所得の金額は、「(その年中の事業所得に係る総収入金額－必要経費)×2分の1」の算式により計算される。 (18年5月) |

STAGE **4** 学科問題

タックスプランニング

ポイント  ＆解答！

| 7 | 総所得金額は、損益通算後の金額をいいます。 |

| 10 | 賃貸マンションの貸付けによる所得は、事業的規模か否かを問わず不動産所得になります。 |

| 11 | 事業所得の金額は、「その年中の事業所得に係る総収入金額－必要経費」で求められ、算式に2分の1は用いません。 |

12 土地は、減価償却資産ではない。 (20年9月)
★★★

13 所得税において、新たに取得した建物（鉱業用減価償却資産等を除く）に係
★ る減価償却の方法は、定率法である。 (21年1月・改)

14 確定拠出年金の個人型年金の老齢給付金を一時金で受け取った場合、当該
★ 老齢給付金は、退職所得として所得税の課税対象となる。 (21年9月)

15 給与所得者が35年間勤務した会社を定年退職し、退職金3,000万円の支給
★★★ を受けた場合、退職所得の金額の計算上、退職所得控除額は800万円＋40
万円×（35年－20年）＝1,400万円となる。

16 個人が法人からの贈与により取得した財産については、原則として贈与税
★ の課税対象となり、所得税は課されない。 (20年9月)

ポイント &解答！

13 1998年4月1日以降、新たに取得した建物（鉱業用減価償却資産等を除く）
の減価償却の方法は、定額法です。

15 勤続年数35年の場合の退職所得控除額は、800万円＋70万円×（35年－
20年）＝1,850万円です。

16 法人からの贈与財産は、一時所得（雇用関係があれば給与所得）に分類され、
所得税および住民税の課税対象です。

12 ○ **13** × **14** ○ **15** × **16** ×

17 ★★★ 所得税における一時所得に係る総収入金額が500万円で、その収入を得るために支出した金額が400万円である場合、総所得金額に算入される一時所得の金額は、50万円である。 (21年5月)

18 ★ 所得税において、公的年金等に係る雑所得の金額は、その年中の公的年金等の収入金額から公的年金等控除額を控除して計算する。 (19年9月)

19 ★★ 所得税において、不動産所得、事業所得、山林所得、譲渡所得の金額の計算上生じた損失の金額は、一定の場合を除き、他の所得の金額と損益通算することができる。 (22年1月・改)

20 ★★ 不動産所得の金額の計算上生じた損失の金額のうち、不動産所得を生ずべき土地等を取得するために要した負債の利子の額に相当する部分の金額は、損益通算の対象とならない。 (19年1月)

21 ★★ 上場株式を譲渡したことによる譲渡所得の金額の計算上生じた損失の金額は、確定申告をすることにより、不動産所得や事業所得などの他の所得金額と損益通算することができる。 (22年9月)

ポイント &解答!

17 設問の一時所得は「500万円−400万円−特別控除50万円＝50万円」ですが、総所得金額に算入する際には2分の1するため、総所得金額に算入される一時所得は25万円です。

21 上場株式等の譲渡損失は、確定申告をすることで一定の配当所得や利子所得とは損益通算できますが、それ以外の所得（不動産所得等）とは損益通算できません。

17 ✕ **18** ○ **19** ○ **20** ○ **21** ✕

STAGE **4** 学科問題

タックスプランニング

22
★★★
所得税において、納税者の合計所得金額が2,400万円以下である場合、基礎控除の額は、48万円である。 (22年9月・改)

23
★★★
所得税において、生計を一にする配偶者の合計所得金額が48万円を超える場合、配偶者控除の適用を受けることはできない。 (23年5月)

24
★★★
所得税において、控除対象扶養親族のうち、その年の12月31日時点の年齢が18歳以上22歳未満である者は、特定扶養親族に該当する。 (23年5月・改)

25
★★
所得税法上、控除対象扶養親族のうち、その年の12月31日現在の年齢が70歳以上の者は、老人扶養親族に該当する。 (21年9月)

26
★★★
夫が生計を一にする妻の負担すべき国民年金の保険料を支払った場合、その支払った金額は、夫に係る所得税の社会保険料控除の対象となる。 (23年1月)

27
★★
夫が生計を一にする妻に係る確定拠出年金の個人型年金の掛金を負担した場合、その負担した掛金は、夫に係る所得税の小規模企業共済等掛金控除の対象となる。 (22年1月)

ポイント &解答！

24 特定扶養親族の年齢は、その年の12月31日時点で19歳以上23歳未満です。

27 小規模企業共済等掛金控除は、確定拠出年金の加入者が掛金を拠出した場合に受けられるため、妻の掛金を夫が負担しても、夫の控除の対象にはなりません。

22 ○ **23** ○ **24** × **25** ○ **26** ○ **27** ×

28 ★★ 確定拠出年金の個人型年金において加入者が拠出した掛金は、その２分の１相当額が小規模企業共済等掛金控除として所得控除の対象となる。

(19年5月)

29 ★ 所得税において、人間ドックの受診費用は、その人間ドックによって特に異常が発見されなかった場合であっても、医療費控除の対象となる。 (19年9月)

30 ★ 夫が生計を一にする妻に係る医療費を支払った場合、妻の合計所得金額が48万円を超えるときは、その支払った医療費は夫に係る所得税の医療費控除の対象とならない。

(21年9月)

31 ★ 所得税において、納税者がスイッチOTC医薬品を購入した場合、所定の要件を満たせば、88,000円を限度として、その購入費用の全額を医療費控除として総所得金額等から控除することができる。 (20年1月)

ポイント  ＆解答！

28 個人型確定拠出年金に支払った掛金は、支払った掛金の全額が小規模企業共済等掛金控除の対象になります。

29 人間ドックにより異常が発見されなかった場合の受診費用は、医療費控除の対象にはなりません。

30 医療費控除は、納税者本人や生計を一にする配偶者・その他の親族が支払った医療費であれば、各人の所得金額に関わらず、納税者本人の医療費控除の対象になります。

31 セルフメディケーション税制の控除額は、上限は88,000円ですが、OTC医薬品等の購入費用から、保険金等で補填される金額と12,000円を差し引いて控除額を求めます。

STAGE **4** 学科問題 タックスプランニング

32 ★
「ふるさと納税ワンストップ特例制度」の適用を受けるためには、同一年中の寄附金の額の合計額が5万円以下でなければならない。 (21年9月)

33 ★★★
上場不動産投資信託（J-REIT）の分配金は配当所得となり、所得税の配当控除の対象となる。 (22年1月)

34 ★
所得税において、住宅借入金等特別控除の対象となる新築住宅は、床面積が100㎡以上で、かつ、その2分の1以上に相当する部分がもっぱら自己の居住の用に供されるものとされている。 (19年9月)

35 ★★★
住宅ローンを利用してマンションを取得し、所得税の住宅借入金等特別控除の適用を受ける場合、借入金の償還期間は、20年以上でなければならない。 (23年5月)

ポイント &解答!

32
ふるさと納税ワンストップ特例は、寄附金の合計額に関わらず、寄附先が5自治体以内であれば適用を受けられます。

33
不動産投資信託（J-REIT）の分配金は配当所得ですが、配当控除の適用対象外です。

34
住宅借入金等特別控除の対象になる新築住宅は、床面積が原則は50㎡以上（一定の場合、40㎡以上）で、かつ、床面積の2分の1以上が自己の居住用であることです。

35
住宅借入金等特別控除の適用を受けるには、借入金の償還期間が10年以上でなければなりません。

32 ✕　**33** ✕　**34** ✕　**35** ✕

36
★★
所得税の確定申告をしなければならない者は、原則として、所得が生じた翌年の2月16日から3月15日までの間に、納税地の所轄税務署長に対して確定申告書を提出しなければならない。

（23年5月・改）

37
★★
給与所得者のうち、その年中に支払を受けるべき給与の収入金額が1,000万円を超える者は、所得税の確定申告をしなければならない。

（23年5月）

38
★★
その年の1月16日以後、新たに業務を開始した者が、その年分から所得税の青色申告の適用を受けるためには、その業務を開始した日から2カ月以内に、青色申告承認申請書を納税地の所轄税務署長に提出し、その承認を受けなければならない。

（19年1月）

39
★★★
所得税の計算において、青色申告書を提出した年に生じた純損失の金額は、所定の要件のもと、その損失が生じた年の翌年以降5年間繰り越すことができる。

（18年5月）

40
★
不動産所得のみを有する青色申告者は、その事業の規模にかかわらず、最高65万円の青色申告特別控除の適用を受けることができる。

（21年1月）

ポイント  ＆解答！

37 給与所得者でも、給与の収入金額が2,000万円を超える者は、確定申告をしなければなりません。

39 青色申告者の純損失は、翌年以降3年間にわたって繰り越して、各年分の所得金額から控除できます。

40 不動産所得のみの青色申告者が最高65万円の青色申告特別控除を受けるには、事業的規模（5棟10室以上）の貸付で、e-Taxによる申告等の要件を満たさなければなりません。

36 ○ **37** × **38** ○ **39** × **40** ×

STAGE **4** 学科問題 タックスプランニング

次の設例にもとづいて、下記の（問1）に答えなさい。　　　　　　　（21年1月保険）

《設 例》

　会社員のAさんは、妻Bさん、長男Cさんおよび二男Dさんとの4人家族である。Aさんは、本年中に終身保険の解約返戻金480万円および一時払変額個人年金保険（10年確定年金）の解約返戻金600万円を受け取っている。

＜Aさんとその家族に関する資料＞

Aさん	（50歳）	：	会社員
妻Bさん	（50歳）	：	専業主婦。本年中の収入はない。
長男Cさん	（21歳）	：	大学生。本年中に、アルバイトにより給与収入120万円を得ている。
二男Dさん	（19歳）	：	大学生。本年中の収入はない。

＜Aさんの本年分の収入等に関する資料＞

（1）給与収入の金額　　　　　　　　　　：　　800万円

（2）終身保険の解約返戻金

契約年月	：	1993年7月
契約者（＝保険料負担者）・被保険者	：	Aさん
死亡保険金受取人	：	妻Bさん
解約返戻金額	：	480万円
正味払込保険料	：	410万円

（3）一時払変額個人年金保険（10年確定年金）の解約返戻金

契約年月	：	2013年10月
契約者（＝保険料負担者）・被保険者	：	Aさん
死亡給付金受取人	：	妻Bさん
解約返戻金額	：	600万円
正味払込保険料	：	500万円

※妻Bさん、長男Cさんおよび二男Dさんは、Aさんと同居し、生計を一にしている。
※Aさんとその家族は、いずれも障害者および特別障害者には該当しない。
※Aさんとその家族の年齢は、いずれも本年12月31日現在のものである。

※上記以外の条件は考慮せず、各問に従うこと。

（問1）　Aさんの本年分の所得税における総所得金額は、次のうちどれか。

1) 610万円
2) 670万円
3) 730万円

＜資料＞給与所得控除額

給与収入金額	給与所得控除額
万円超　　万円以下	
〜　　180	収入金額×40%−10万円 （55万円に満たない 場合は、55万円）
180　〜　360	収入金額×30%＋8万円
360　〜　660	収入金額×20%＋44万円
660　〜　850	収入金額×10%＋110万円
850　〜	195万円

解答・解説

正解　2

＜計算式＞

①給与所得　800万円−（800万円×10%＋110万円）＝610万円

②一時所得　（480万円＋600万円）−（410万円＋500万円）−50万円（特別控除額）＝120万円

③総所得金額　610万円（給与所得）＋120万円（一時所得）×2分の1
＝670万円

※一時所得は、**総所得金額へ算入するときに2分の1を乗じます。**

下記の（問1）、（問2）について解答しなさい。

（問1）　会社員の室井さんは、本年中に勤務先を定年退職した 。室井さんの退職に係るデータが下記<資料>の通りである場合、室井さんの所得税に係る退職所得の金額として、正しいものはどれか。なお、室井さんは役員であったことはなく、退職は障害者になったことに基因するものではない。また、前年以前に受け取った退職金はないものとする。(21年1月)

<資料>

[室井さんの退職に係るデータ]
支給された退職一時金：4,500万円
勤続年数：38年

[参考：退職所得控除額の求め方]

勤続年数	退職所得控除額
20年以下	40万円×勤続年数（80万円に満たない場合には、80万円）
20年超	800万円＋70万円×（勤続年数−20年）

1．2,440万円
2．2,060万円
3．1,220万円

解答・解説

正解　3

<計算式>
①退職所得控除額を計算する。

　　800万円＋70万円×（38年−20年）＝2,060万円

②退職所得は、支給された退職一時金から退職所得控除額を差し引いて、2分の1を乗じて求めます。

　　（4,500万円−2,060万円）× $\frac{1}{2}$ ＝1,220万円

（問2） 飲食店を営む個人事業主の天野さんは、本年11月に器具を購入し、事業の用に供している。天野さんの本年分の所得税における事業所得の金額の計算上、必要経費に算入すべき減価償却費の金額として、正しいものはどれか。なお、器具の取得価額は90万円、本年中の事業供用月数は2カ月、耐用年数は5年とする。また、天野さんは個人事業を開業して以来、器具についての減価償却方法を選択したことはない。

（22年5月）

＜耐用年数表（抜粋）＞

法定耐用年数	定額法の償却率	定率法の償却率
5年	0.200	0.400

＜減価償却費の計算方法＞
取得価額×償却率×事業供用月数÷12カ月

1．　30,000円
2．　60,000円
3．180,000円

正解 1

個人事業主で減価償却方法を選択していない場合、法定償却方法は定額法であり、減価償却費は1年のうち事業の用に供した月数分に案分して求めます。

＜計算式＞
900,000円 (取得価額)×0.200 (定額法の償却率)×2カ月 (事業供用月数)÷12カ月
＝30,000円

不動産

1 ★★★
相続税路線価は、地価公示の公示価格の80％を価格水準の目安として設定されている。
(20年9月・改)

2 ★★★
土地および家屋に係る固定資産税評価額は、原則として、3年ごとの基準年度において評価替えが行われる。
(21年5月)

3 ★
土地の登記記録の表題部には、所在や地積など、土地の表示に関する事項が記録される。
(19年9月)

4 ★
不動産登記には公信力が認められていないため、登記記録上の権利者が真実の権利者と異なっている場合に、登記記録を信じて不動産を購入した者は、原則として、その不動産に対する権利の取得について法的に保護されない。
(23年5月)

5 ★★★
不動産の登記事項証明書の交付を請求することができる者は、当該不動産の所有者に限られる。
(22年1月)

6 ★★★
不動産の売買契約において、買主が売主に解約手付を交付した場合、売主は、買主が契約の履行に着手するまでは、受領した手付と同額を買主に現実に提供することで、契約の解除をすることができる。
(21年1月・改)

7 ★
宅地建物取引業者が自ら売主、買主が宅地建物取引業者でない宅地または建物の売買契約の締結に際して、売買代金の額の2割を超える額の手付金を受領することができない。
(22年5月・改)

ポイント 😺 😾 &解答!

5 登記事項証明書の交付請求は、手数料を納付して申請すれば誰でもできます。

6 解約手付をもって解約する場合には、売主は受領した手付の倍額を現実に提供することが必要です。

1 ○ **2** ○ **3** ○ **4** ○ **5** × **6** × **7** ○

8
★★
宅地建物取引業法の規定によれば、宅地建物取引業者が依頼者と締結する宅地または建物の売買の媒介契約のうち、専任媒介契約の有効期間は、最長で6カ月である。

(19年1月)

9
★
宅地建物取引業法に規定される宅地または建物の売買の媒介契約のうち、専属専任媒介契約では、依頼者は他の宅地建物取引業者に重ねて媒介の依頼をすることができる。

(18年9月・改)

10
★★★
借地借家法において、事業用定期借地権等は、専ら事業の用に供する建物の所有を目的とするものであり、居住の用に供する建物の所有を目的として設定することはできない。

(21年1月)

11
★★
借地借家法の規定によれば、事業用定期借地権等の設定を目的とする契約は公正証書によって締結しなければならない。

(19年5月)

12
★★
借地借家法の規定では、定期建物賃貸借契約（定期借家契約）において、貸主に正当の事由があると認められる場合でなければ、貸主は、借主からの契約の更新の請求を拒むことができないとされている。

(20年9月)

ポイント &解答!

8
専任媒介契約の有効期間は最長3カ月です。仮に、当事者間で3カ月を超える同意があったとしても、超える部分は無効です。

9
依頼者が他の宅地建物取引業者に重ねて依頼できる媒介契約の種類は、一般媒介契約だけです。

12
設問は普通借家契約の説明です。定期借家契約では、契約期間の満了後、契約は更新されずに終了します。

8 ✕ **9** ✕ **10** ◯ **11** ◯ **12** ✕

STAGE **5** 学科問題

不動産

13 ★★★ 建物の区分所有等に関する法律（区分所有法）によれば、規約の変更は、区分所有者および議決権の各5分の4以上の多数による集会の決議によらなければならない。
(23年9月・改)

14 ★★ 建物の区分所有等に関する法律の規定によれば、集会において、区分所有者および議決権の各3分の2以上の多数により、区分所有建物を取り壊し、その敷地上に新たに建物を建築する旨の決議をすることができる。
(18年1月・改)

15 ★★★ 都市計画法において、市街化調整区域とは、おおむね10年以内に計画的に市街化を図るべき区域である。
(21年5月)

16 ★★★ 都市計画法において、市街化区域内で行う開発行為は、その規模にかかわらず、都道府県知事等の許可を受けなければならない。
(23年1月)

17 ★ 建築基準法の規定によれば、住宅は、工業地域内および準工業地域内においても建築することができる。
(19年5月)

ポイント &解答！

13 規約の変更は、区分所有者および議決権の各4分の3以上の多数による集会の決議によらなければなりません。

14 区分所有建物の建替え決議に必要な区分所有者および議決権は、各5分の4以上です。

15 市街化調整区域は、市街化を抑制すべき区域であり、設問は市街化区域の説明です。

16 市街化区域では、原則、1,000㎡未満の開発行為は許可不要としています。

13 ✕　**14** ✕　**15** ✕　**16** ✕　**17** ◯

18 ★★ 建築基準法によれば、建築物の敷地が2つの異なる用途地域にわたる場合、その全部について、建築物の用途制限がより厳しい用途地域の建築物の用途に関する規定が適用される。
(23年9月)

19 ★★★ 建築基準法の規定によれば、都市計画区域および準都市計画区域内において、建築物の敷地は、原則として幅員4m以上の道路に2m以上接していなければならない。
(20年9月)

20 ★★ 都市計画区域内にある幅員4m未満の道で、建築基準法第42条第2項により道路とみなされるものについては、原則として、その中心線からの水平距離で4m後退した線がその道路の境界線とみなされる。
(23年1月・改)

21 ★ 建築基準法の規定によれば、建蔽率の限度が80%の近隣商業地域内で、かつ、防火地域内にある耐火建築物については、建蔽率に関する制限の規定は適用されない。
(19年1月)

22 ★ 建築基準法上、容積率とは、建築物の建築面積の敷地面積に対する割合をいう。
(21年9月)

ポイント＆解答！

18 建築物の敷地が2つの異なる用途地域にまたがる場合は、敷地の過半を属する地域の用途制限が敷地全体に適用されます。

20 建築基準法第42条第2項による道路（4m未満の道路）は、原則として、その中心線から水平距離で2m後退した線が道路境界線とみなされます。

22 設問は建蔽率の説明です。容積率とは、建築物の延べ面積の敷地面積に対する割合です。

18 × 19 ○ 20 × 21 ○ 22 ×

STAGE **5** 学科問題

不動産

23
★
幅員6mの市道に12m接する200㎡の敷地に、建築面積が120㎡、延べ面積が180㎡の2階建ての住宅を建築する場合、この住宅の容積率は、60%となる。

(20年9月)

24
★
建築物が防火地域および準防火地域にわたる場合においては、原則として、その全部について準防火地域内の建築物に関する規定が適用される。

(19年9月・改)

25
★
建築基準法の規定によれば、第一種低層住居専用地域内における建築物の高さは、原則として10mまたは20mのうち当該地域に関する都市計画において定められた建築物の高さの限度を超えてはならない。

(19年1月)

26
★
所有する農地を自宅の建築を目的として宅地に転用する場合、原則として都道府県知事等の許可が必要であるが、市街化区域内にある農地については、あらかじめ都道府県知事等に届出をすれば都道府県知事等の許可は不要である。

(20年1月・改)

ポイント  & 解答!

23 容積率（%）は「延べ面積÷敷地面積×100」で求めます。この住宅の容積率は、180㎡÷200㎡×100＝90%となります。

24 建築物が防火地域や準防火地域にわたる場合、原則として、厳しい方の規定が適用されるため、設問の場合は防火地域の規定が適用されます。

25 第一種低層住居専用地域に規定される建築物の高さの限度は、原則として10mまたは12mです。

26 自己の農地を自己が使用する目的で宅地に転用する場合は、原則として、農地法第4条の許可を要しますが、当該農地が市街化区域内であれば、あらかじめ農業委員会へ届け出れば足り、都道府県知事等の許可は不要です。

23 ✕　**24** ✕　**25** ✕　**26** ✕

27 ★★ 不動産取得税は、相続人が不動産を相続により取得した場合には課されない。 (20年1月)

28 ★ 新築の一戸建て住宅（一般住宅）の取得に対する不動産取得税の課税標準の算定上、「不動産取得税の課税標準の特例」の適用を受けることにより、固定資産税評価額から最高で1,500万円を控除することができる。 (19年5月)

29 ★ 「住宅用地に対する固定資産税の課税標準の特例」は、自己の居住用家屋の敷地である宅地にのみ適用されるため、賃貸アパートの敷地である宅地については適用されない。 (21年9月)

30 ★★★ 固定資産税における小規模住宅用地（住宅用地で住宅1戸あたり200㎡以下の部分）の課税標準については、当該住宅用地に係る固定資産税の課税標準となるべき価格の5分の1の額とする特例がある。 (19年9月)

31 ★★ 個人が土地・建物を譲渡したことによる譲渡所得の金額の計算において、譲渡した土地・建物の取得費が不明である場合、譲渡収入金額の10%相当額を取得費とすることができる。 (20年1月・改)

ポイント ＆解答！

28 一般住宅の場合、不動産取得税の課税標準の特例を受けられる場合は、固定資産税評価額から最高1,200万円を控除することができます。

29 「住宅用地」には、賃貸アパートの敷地も含まれ、当該課税標準の特例が適用されます。

30 当該小規模住宅用地では、固定資産税の課税標準となるべき価格の6分の1の額とする特例があります。

31 譲渡した土地・建物の取得費が不明な場合は、譲渡収入金額の5％相当額を取得費とすることができます。

STAGE **5** 学科問題

不動産

27 ○ **28** × **29** × **30** × **31** ×

32 ★
相続により取得した土地について、「相続財産に係る譲渡所得の課税の特例」（相続税の取得費加算の特例）の適用を受けるためには、当該土地を、当該相続の開始があった日の翌日から相続税の申告期限の翌日以後3年を経過する日までの間に譲渡しなければならない。

（22年1月・改）

33 ★★
譲渡した日の属する年の1月1日において所有期間が5年を超える土地を譲渡した場合、当該譲渡による譲渡所得については、長期譲渡所得に区分される。

（18年9月）

34 ★
Aさんが、取得日が2019年10月1日の土地を譲渡する場合、その譲渡日が2024年1月1日以降であれば、当該譲渡は、所得税における長期譲渡所得に区分される。

（21年1月・改）

35 ★
「居住用財産を譲渡した場合の3,000万円の特別控除」は、自己が居住していた家屋を配偶者や子に譲渡した場合には、適用を受けることができない。

（22年9月）

36 ★★
「居住用財産を譲渡した場合の3,000万円の特別控除」の適用を受けるためには、譲渡した居住用財産の所有期間が譲渡した日の属する年の1月1日において10年を超えていなければならない。

（21年5月）

ポイント &解答!

34
2024年1月1日時点では、所有期間が5年以下のため短期譲渡所得に区分されます。

36
当該特別控除の適用にあたり、その居住用財産の所有期間の長短は問いません。

32 ○ **33** ○ **34** × **35** ○ **36** ×

37 ★

「被相続人の居住用財産（空き家）に係る譲渡所得の特別控除の特例」の適用を受けるためには、譲渡の対価の額が5,000万円以下でなければならない。

（20年9月）

38 ★★

土地の有効活用方式のうち、一般に、土地所有者が土地の全部または一部を拠出し、デベロッパーが建設費等を拠出して、それぞれの出資比率に応じて土地・建物に係る権利を取得する方式を、事業受託方式という。 （20年9月・改）

39 ★★★

土地の有効活用において、一般に、土地所有者が入居予定の事業会社から建設資金を借り受けて、事業会社の要望に沿った店舗等を建設し、その店舗等を事業会社に賃貸する手法を、事業用定期借地権方式という。

（21年9月）

40 ★★★

投資総額1億円で購入した賃貸用不動産の年間収入の合計額が1,000万円、年間費用の合計額が350万円である場合、この投資の純利回り（NOI利回り）は、10.0%である。

（21年1月・改）

ポイント  &解答!

37 当該特別控除の適用要件のうち、譲渡の対価の額は1億円以下であることが要件です。

38 設問の手法は、等価交換方式の説明です。

39 設問の手法は、建設協力金方式の説明です。

40 純利回りの純収益は、年間収入の合計額から年間費用の合計額を差し引いて計算するため、（1,000万円－350万円）÷1億円×100＝6.5%となります。

STAGE **5** 学科問題

不動産

次の設例にもとづいて、下記の（問1）に答えなさい。

(21年1月)

―――――――――《設例》―――――――――

Aさん（58歳）は、本年9月、父親が死亡し、アスファルト敷きの月極駐車場（甲土地）および実家（建物とその敷地である乙土地）を相続により取得した。父親が1人で暮らしていた実家の建物は、父親が亡くなったときのまま、空き家として放置している。

Aさんは、別の都市に自宅を保有し、居住しているため、実家に戻る予定はない。築45年の実家の建物は老朽化が激しく、管理にも手間がかかるため、Aさんは実家の建物を取り壊し、乙土地を売却するか、あるいは乙土地上に賃貸マンションを建築することを検討している。

＜甲土地および乙土地の概要＞

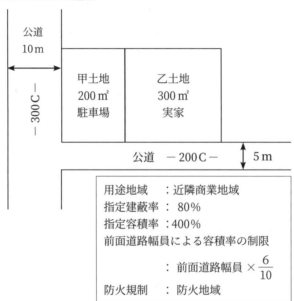

・甲土地は、建蔽率の緩和について特定行政庁が指定する角地である。
・指定建蔽率および指定容積率とは、それぞれ都市計画において定められた数値である。
・特定行政庁が都道府県都市計画審議会の議を経て指定する区域ではない。

※上記以外の条件は考慮せず、各問に従うこと。

（問１）　乙土地に耐火建築物を建築する場合の①建蔽率の上限となる建築面積と②容積率の上限となる延べ面積の組合せとして、次のうち最も適切なものはどれか。

1 ）① 270 ㎡　　② 1,200 ㎡
2 ）① 300 ㎡　　② 1,200 ㎡
3 ）① 300 ㎡　　②　　900 ㎡

| 解答・解説 |

正解　3

計算対象は乙土地です。

①建蔽率の上限となる建築面積
　　300㎡×100％＝300㎡
　　指定建蔽率80％の地域で、防火地域内に耐火建築物を建築する場合は、建蔽率の制限はなくなります（100％）。

②容積率の上限となる延べ面積
　　前面道路の幅員が12ｍ未満の場合、指定容積率と前面道路の幅員に法定乗数をかけたものを比較して、低い方を選びます。
　　容積率の判定

$$5m \times \frac{6}{10} = 300\% < 400\% （指定容積率）$$

　　上記の低い方の数字が容積率の制限になります。

　　容積率の上限となる延べ面積は「敷地面積×容積率」の式で算出されます。
　　300㎡×300％＝900㎡

下記の（問1）、（問2）について解答しなさい。

（問1） 建築基準法に従い、下記＜資料＞の土地に建築物を建築する場合の延べ
面積（床面積の合計）の最高限度として、正しいものはどれか。なお、
記載のない条件については一切考慮しないこととする。

(21年1月)

＜資料＞

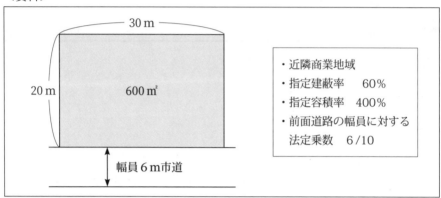

1. 360 ㎡
2. 2,160 ㎡
3. 2,400 ㎡

解答・解説

STAGE 5 ／ LESSON 6

正解　2

＜計算式＞

①前面道路の幅員が12ｍ未満の場合、指定容積率と前面道路の幅員に法定乗数を
かけたものを比較して、低い方を選びます。

容積率の判定

$$6 \text{m} \times \frac{6}{10} = 360\% < 400\% \text{ （指定容積率）}$$

②上記の低い方の数字が容積率の制限になります。

容積率の上限となる延べ面積は「敷地面積×容積率」の式で算出されます。

600㎡ × 360% = 2,160㎡

（問2）　宮本さんは、20年前に購入し、現在居住している自宅の土地および建物を売却する予定である。売却に係る状況が下記＜資料＞のとおりである場合、所得税における課税長期譲渡所得の金額として、正しいものはどれか。

（20年9月）

＜資料＞

・譲渡価額（合計）：7,000万円
・取得費（合計）：2,800万円
・譲渡費用（合計）：200万円
※居住用財産を譲渡した場合の3,000万円特別控除の特例の適用を受けるものとする。
※所得控除は考慮しないものとする。

1．4,000万円
2．1,200万円
3．1,000万円

解答・解説　　　　　　　　　　　　　　　　　　　　STAGE 5／LESSON 8

正解　3

3,000万円特別控除後の居住用財産の譲渡所得の金額は
「譲渡収入金額－（取得費＋譲渡費用）－特別控除額（3,000万円を限度）」
により求めます。

＜計算式＞
　7,000万円（譲渡価額）－（2,800万円（取得費）＋200万円（譲渡費用））
　－3,000万円（特別控除額）＝1,000万円
　所得控除は考慮しないため、課税譲渡所得金額も同額となります。

STAGE **5** 実技問題

不動産

相続・事業承継

1
★★★
相続において、民法上、実子と養子または嫡出子と嫡出子でない子は、相続人としての扱いで区別される。
(18年9月)

2
★★
普通養子縁組によって養子となった者については、原則として、養子縁組の成立と同時に、実方の父母との法律上の親族関係が終了する。
(19年9月)

3
★★★
被相続人に配偶者がなく、遺族が被相続人の子と母の計2人である場合、その相続に係る子の法定相続分は3分の2、母の法定相続分は3分の1である。
(18年5月)

4
★★★
相続人が相続の放棄をするには、原則として、自己のために相続の開始があったことを知った時から3カ月以内に、家庭裁判所にその旨を申述しなければならない。
(22年5月)

5
★★★
相続税額の計算において、遺産に係る基礎控除額を計算する際の法定相続人の数は、相続人のうちに相続の放棄をした者がいる場合であっても、その放棄がなかったものとしたときの相続人の数とされる。
(22年9月)

6
★★★
自筆証書遺言を作成する場合において、自筆証書に添付する財産目録については、自書によらずにパソコンで作成しても差し支えない。
(20年1月)

ポイント &解答!

| 1 | 相続人としての扱いに区別はなく、同等に扱われます。 |

| 2 | 実方の父母との法律上の親族関係が終了するのは、特別養子縁組です。 |

| 3 | 子がいるので、相続人は相続の第一順位である子のみとなり、母には法定相続分はありません。 |

1 ✕ **2** ✕ **3** ✕ **4** ◯ **5** ◯ **6** ◯

7 ★★★ 公正証書遺言は、証人2人以上の立会いのもと、遺言者が遺言の趣旨を公証人に口授し、公証人がそれを筆記して作成される遺言であり、相続開始後に家庭裁判所における検認手続きが不要である。 (22年5月)

8 ★★ 公正証書遺言の作成においては、証人の立会いが必要であるが、遺言者の推定相続人はその証人となることができない。 (21年9月)

9 ★★★ 遺留分算定の基礎となる財産の価額が1億2,000万円で、相続人が被相続人の妻、長女、二女の合計3人である場合、妻の遺留分の金額は2,000万円となる。 (18年9月)

10 ★★★ 遺産分割において、共同相続人の1人または数人が、遺産の一部または全部を相続により取得し、他の共同相続人に対して生じた債務を金銭などの財産で負担する方法を代償分割という。 (19年1月)

11 ★★★ 本年中に相続または遺贈により財産を取得した者が、その相続開始前3年以内に被相続人からの暦年課税方式により取得した財産があるときは、その財産の相続時における時価により評価した金額を、原則として相続税の課税価格に加算する。 (19年5月)

ポイント ＆解答！

9 この場合、配偶者と子が相続人なので、相続財産全体の遺留分は相続財産の2分の1となる6,000万円で、各人の遺留分は法定相続分割合となります。配偶者の遺留分は2分の1を掛けて、3,000万円となります。

11 生前贈与加算の対象となる財産は、贈与時の評価額が相続税の課税価格に加算されます。なお、2027年以降の相続から段階的に長くなり（3年超）、2031年以降に発生する相続からは相続開始前7年以内が対象となります。2027年以降、相続税の課税価格に加算される財産は以下のとおりとなります。
相続開始前3年以内：贈与時の価額
相続開始前3年より前：贈与時の価額の合計額 － 100万円

7 ○ **8** ○ **9** × **10** ○ **11** ×

STAGE **6** 学科問題 相続・事業承継

12 ★★★ 法定相続人が4人いる場合、相続税額の計算において、死亡保険金の非課税限度額は「600万円×法定相続人の数（4人）」の算式により算出する。

(20年1月)

13 ★★ 相続税額の計算上、被相続人が生前に購入した墓碑の購入代金で、相続開始時において未払いであったものは、債務控除の対象となる。 (24年1月)

14 ★★★ 相続人が負担した被相続人の葬式の際の香典返戻費用は、相続税の課税価格の計算上、葬式費用として控除することができる。 (21年5月)

15 ★★ 被相続人の相続開始前に死亡している被相続人の子を代襲して相続人となった被相続人の孫が相続により財産を取得した場合、相続税額の計算上、相続税額の2割加算の対象となる。

(19年5月)

16 ★★★ 相続税額の計算における遺産に係る基礎控除額は、「3,000万円＋500万円×法定相続人の数」の算式により求められる。 (20年1月)

ポイント  ＆解答！

12 死亡保険金の非課税限度額の計算式は、「500万円×法定相続人の数」で算出します。

13 墓碑は非課税財産なので、債務控除の対象外です。

14 香典返戻費用や初七日などの法要費用は債務控除の対象にはなりません。

15 相続税額の2割加算の対象となるのは、被相続人の配偶者および1親等の血族（子、父母、代襲相続人となった孫を含む）以外の人（兄弟姉妹など）が相続または遺贈によって財産を取得した場合です。

16 「3,000万円＋600万円×法定相続人の数」の算式により求められます。

17 ★★★ 相続税の申告書の提出は、原則として、その相続の開始があったことを知った日の翌日から6カ月以内にしなければならない。 (22年9月)

18 ★★★ 相続税額の計算において、「配偶者に対する相続税額の軽減」の適用を受けることにより、納付すべき相続税額が算出されない場合、相続税の申告書を提出する必要はない。 (21年1月)

19 ★★★ 相続税は、相続税の申告書の提出期限までに金銭により一時に納付することが原則であるが、所定の要件を満たせば、延納による納付方法も認められる。 (19年9月)

20 ★★ 贈与は、当事者の一方が財産を無償で相手方に与える意思表示をすれば、相手方が受諾しなくても、その効力が生じる。 (22年1月)

21 ★★ 書面による贈与において、財産の取得時期は当該贈与契約の効力が発生した時とされる。 (20年1月)

ポイント  ＆解答！

| 17 | 原則、相続の開始があったことを知った日の翌日から10カ月以内です。 |

| 18 | 「配偶者に対する相続税額の軽減」の適用を受けることにより納付税額がゼロになったとしても、相続税の申告は必要です。 |

| 20 | 贈与の効力は、贈与者、受贈者の双方の合意が必要です。 |

 ✕ ✕ ◯ ✕ ◯

STAGE **6** 学科問題

相続・事業承継

22
★★

書面によらない贈与は、既に履行が終わった部分を除き、各当事者が解除することができる。 (19年5月)

23
★★

個人が死因贈与によって取得した財産は、課税の対象とならない財産を除き、贈与税の課税対象となる。 (20年1月)

24
★★

個人が法人からの贈与により取得した財産は、贈与税の課税対象とならない。 (22年1月)

25
★★★

子が父から時価300万円の株式を50万円で譲渡を受けた場合、原則として父から子への贈与があったものとみなされ、贈与税の課税対象となる。 (19年9月)

26
★★★

子が同一年中に父と母のそれぞれから贈与を受けた場合、その年分の暦年課税による贈与税額の計算上、課税価格から控除する基礎控除額は、最高で220万円である。 (20年9月)

27
★★★

贈与税の配偶者控除は、婚姻期間が20年以上である配偶者から居住用不動産の贈与または居住用不動産を取得するための金銭の贈与を受け、所定の要件を満たす場合、贈与税の課税価格から贈与税の基礎控除額とは別に1,000万円を限度として控除することができるものである。 (19年5月)

ポイント & 解答!

23
死因贈与とは「死んだら贈与する」契約を締結している（受贈者も承諾している）もので、相続税の課税対象となります。

26
暦年課税における基礎控除額110万円は、贈与者ではなく受贈者ごとです。

27
基礎控除110万円とは別に2,000万円までを贈与税の課税価格から控除することができます（合計で2,110万円が最高限度）。

22 ○ **23** × **24** ○ **25** ○ **26** × **27** ×

28
★★★
「直系尊属から教育資金の一括贈与を受けた場合の贈与税の非課税」の適用を受けた場合、受贈者1人につき1,000万円までは贈与税が非課税となる。

(19年9月)

29
★★★
本年中に相続時精算課税制度の適用を受けた場合、特定贈与者ごとに特別控除額として累計1,500万円までの贈与には贈与税が課されず、それを超えた部分については一律20％の税率により贈与税が課される。

(21年1月・改)

30
★★★
子が父親からの贈与により取得した財産について相続時精算課税の適用を受けた場合、その適用を受けた年以後、子は父親からの贈与により取得した財産について暦年課税を選択することはできない。

(21年9月)

31
★★
贈与税の申告書は、原則として、贈与を受けた年の翌年の2月16日から3月15日までの間に、受贈者の納税地の所轄税務署長に提出しなければならない。

(22年1月)

ポイント ＆解答！

28
受贈者1人につき1,500万円（うち学校等以外への支出は500万円が限度）まで贈与税が非課税となります。

29
2,500万円までの贈与には贈与税が課されず、それを超えた部分については一律20％の税率により贈与税が課されます。2024年以降、特別控除前に年間110万円を控除できる制度となった部分に注意しましょう。
贈与税額＝
｛(課税価格 － 年間110万円) － 特別控除2,500万円の残額｝×20％

31
贈与税の申告期間は、贈与を受けた年の翌年2月1日から3月15日までです。

 × ×  ○ ×

STAGE **6** 学科問題

相続・事業承継

32
★★★
贈与税の納付については、納期限までに金銭で納付することを困難とする事由があるなど、所定の要件を満たせば、延納または物納によることが認められている。
(19年1月)

33
★★
国税庁が公表している路線価図において、路線に「300C」と付されている場合、「C」の記号は、借地権割合が80％であることを示している。
(21年5月)

34
★★
貸家建付地の相続税評価額は、自用地としての価額×（1−借地権割合×賃貸割合）の算式により算出される。
(21年9月)

35
★★
貸家の用に供されている家屋の相続税評価額は、家屋の固定資産税評価額×（1−借家権割合×賃貸割合）の算式により算出される。
(18年9月)

36
★★★
特定居住用宅地等に係る「小規模宅地等についての相続税の課税価格の計算の特例」の適用対象面積は、200㎡までの部分である。
(18年1月)

ポイント &解答！

32
贈与税の納付は、所定の要件を満たすと延納は認められますが、物納は認められません。

33
借地権割合は、Aの90％から10％刻みで減っていき、Cは70％であることを示しています。

34
貸家建付地の相続税評価額は、自用地としての価額×（1−借地権割合×借家権割合×賃貸割合）の算式により算出されます。

36
特例適用の要件を満たせば、最大330㎡までの部分が80％評価減となります。

32 × 33 × 34 × 35 ○ 36 ×

37 ★★ 相続人が相続により取得した宅地が「小規模宅地等についての相続税の課税価格の計算の特例」における特定事業用宅地等に該当する場合、その宅地のうち330㎡を限度面積として、評価額の80％相当額を減額した金額を、相続税の課税価格に算入すべき価額とすることができる。 （22年1月）

38 ★ 取引相場のない株式の相続税評価において、純資産価額方式とは、評価会社の株式の価額を、評価会社と事業内容が類似した上場会社の株価および配当金額、利益金額、純資産価額を基にして算出する方式である。 （20年1月）

39 ★ 取引相場のない株式の相続税評価において、同族株主以外の株主等が取得した株式については、特例的評価方式である配当還元方式により評価することができる。 （19年1月）

40 ★★ 相続財産の評価において、相続開始時に保険事故が発生していない生命保険契約に関する権利の価額は、原則として、既払込保険料相当額によって評価する。 （19年5月）

ポイント  ＆解答！

37 400㎡までを限度面積として、評価額の80％相当額を減額した金額を、相続税の課税価格に算入すべき価額とすることができます。

38 設問は類似業種比準方式の説明です。

40 原則、解約返戻金相当額によって評価します。

 × ○ ×

STAGE **6** 学科問題 相続・事業承継

次の設例にもとづいて、下記の各問（問1）、（問2）に答えなさい。　（21年1月）

《設 例》

　Aさん（74歳）は、妻Bさん（70歳）、長女Cさん（42歳）および長男Dさん（40歳）との4人暮らしである。Aさんは、妻Bさんには自宅を、長女Cさんには賃貸アパートを相続させたいと考えており、遺言の作成を検討している。また、Aさんは、現在、一時払終身保険への加入を検討している。

＜Aさんの家族構成（推定相続人）＞
妻Bさん　：　Aさんと自宅で同居している。
長女Cさん：　会社員。Aさん夫妻と同居している。
長男Dさん：　会社員。Aさん夫妻と同居している。

＜Aさんが保有する主な財産（相続税評価額）＞
現預金　　　　　　　　　：　1億3,000万円
自宅（敷地300㎡）　　　：　3,000万円（注）
自宅（建物）　　　　　　：　1,000万円
賃貸アパート（敷地300㎡）：　3,000万円（注）
賃貸アパート（建物）　　：　2,000万円
（注）「小規模宅地等についての相続税の課税価格の計算の特例」適用前の金額

＜Aさんが加入を検討している一時払終身保険の内容＞
契約者（＝保険料負担者）・被保険者：　Aさん
死亡保険金受取人　　　　　　　：　妻Bさん
死亡保険金額　　　　　　　　　：　2,500万円

※上記以外の条件は考慮せず、各問に従うこと。

（問１） Ａさんの相続等に関する以下の文章の空欄①〜③に入る数値の組合せとして、次のうち最も適切なものはどれか。

ⅰ）「妻Ｂさんおよび長女Ｃさんが相続財産の大半を取得した場合、長男Ｄさんの遺留分を侵害する可能性があります。仮に、遺留分を算定するための財産の価額が２億円である場合、長男Ｄさんの遺留分の金額は（　①　）万円です」

ⅱ）「Ａさんが加入を検討している一時払終身保険の死亡保険金は、みなし相続財産として相続税の課税対象となります。Ａさんの相続開始後、妻Ｂさんが受け取る死亡保険金2,500万円のうち、相続税の課税価格に算入される金額は、（　②　）万円となります」

ⅲ）「Ａさんの相続が開始し、妻Ｂさんが特定居住用宅地等に該当する自宅の敷地を相続により取得し、その敷地の全部について『小規模宅地等についての相続税の課税価格の計算の特例』の適用を受けた場合、自宅の敷地（相続税評価額3,000万円）について、相続税の課税価格に算入すべき価額を（　③　）万円とすることができます」

---

1 ）① 2,500　　② 　 500　　③ 2,400

2 ）① 5,000　　② 1,000　　③ 2,400

3 ）① 2,500　　② 1,000　　③ 　 600

正解　3

①遺留分は、権利者全体の遺留分を求めたのち、各人の法定相続分を乗じて求めます。
　遺留分権利者全体に対する遺留分
　2億円×1/2＝1億円

　各人の遺留分の計算
　各人の遺留分は、権利者全体の遺留分に法定相続分で案分します。
　妻Bさん　　　1億円× 1/2 ＝ 5,000 万円
　長女Cさん　 1億円× 1/2 × 1/2 ＝ 2,500 万円
　長男Dさん　 1億円× 1/2 × 1/2 ＝ 2,500 万円

②相続税の対象となる死亡保険金を相続人が受け取る場合の非課税限度額は、500
　万円×法定相続人の数で求めます。
　相続税の課税価格に算入する金額の計算式
　死亡保険金（2,500万円）－（500万円×3人）＝ 1,000万円

③「小規模宅地等についての相続税の課税価格の計算の特例」を適用した場合は、自
　宅敷地が300㎡なので、敷地全体について相続税の課税価格に算入すべき価額の
　減額割合が80％になります。
　＜計算式＞
　3,000万円×（1－0.8）＝600万円

（問2） 仮に、Ａさんの相続が現時点（20XX 年 1 月 24 日）で開始し、Ａさんの相続に係る課税遺産総額（課税価格の合計額－遺産に係る基礎控除額）が 1 億 8,000 万円であった場合の相続税の総額は、次のうちどれか。

1）3,300 万円
2）3,400 万円
3）5,500 万円

<資料>相続税の速算表（一部抜粋）

法定相続分に応ずる取得金額		税率	控除額
万円超	万円以下		
	～　　　1,000	10%	－
1,000	～　　　3,000	15%	50 万円
3,000	～　　　5,000	20%	200 万円
5,000	～　　10,000	30%	700 万円
10,000	～　　20,000	40%	1,700 万円
20,000	～　　30,000	45%	2,700 万円

正解　2

相続税の総額は、法定相続人が法定相続分どおりに財産を取得したものとして求めた金額に、相続税率を乗じて求めます。

妻Bさんは配偶者なので法定相続分は1/2
よって、
法定相続分：1億8,000万円×1/2＝9,000万円
相続税　　：9,000万円×30％－700万円＝2,000万円

子（長女Cさん、長男Dさん）の法定相続分は1/2、
子が2人なので本問では更に1/2ずつ
よって、
法定相続分：それぞれ1億8,000万円×1/2×1/2＝4,500万円
相続税　　：それぞれ4,500万円×20％－200万円＝700万円

合計すると
2,000万円＋700万円＋700万円＝**3,400万円**

下記の（問1）、（問2）について解答しなさい。

（問1） 20XX 年1月4日に相続が開始された筒井賢太郎さん（被相続人）の＜親族関係図＞が下記の通りである場合、民法上の相続人および法定相続分の組み合わせとして、正しいものはどれか。なお、記載のない条件については一切考慮しないこととする。

(21 年 1 月)

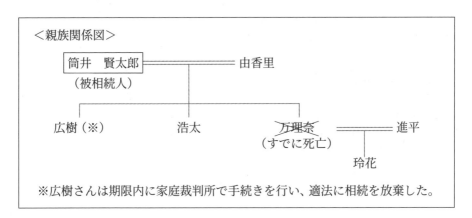

1. 由香里　1／2　　浩太　1／4　　　玲花　1／4
2. 由香里　1／2　　浩太　1／6　　　進平　1／6　　　玲花　1／6
3. 由香里　1／2　　広樹　1／6　　　浩太　1／6　　　玲花　1／6

正解　1

①民法上の相続人を確定します。

　由香里さん、浩太さん、玲花さんの3人です。

②相続順位から法定相続分を確認します。

　配偶者と第一順位の子（配偶者1/2、子1/2）→本問のパターン

③各人の法定相続分を計算します。

　由香里（配偶者）　1/2

　浩太（子）　1/2×1/2　　　　　（子が2人なので）＝1/4

　玲花（代襲相続人　子の扱い）　　　同上　　　＝1/4

（問2） 細川亜実さん（32歳）が本年中に贈与を受けた財産の価額と贈与者は以下のとおりである。 亜実さんの本年分の贈与税額として、正しいものはどれか。なお、本年中において、亜実さんはこれ以外の財産の贈与を受けておらず、相続時精算課税制度は選択していないものとする。 (22年9月)

<資料>

・亜実さんの父からの贈与 現金４００万円
・亜実さんの祖母からの贈与 現金６０万円
※上記の贈与は、住宅取得等資金や教育資金、結婚・子育てに係る
　資金の贈与ではない。

<贈与税の速算表>

（イ）18歳以上の者が直系尊属から贈与を受けた財産の場合（特例贈与財産、特例税率）

基礎控除後の課税価格		税率	控除額
	200万円 以下	10%	―
200万円 超	400万円 以下	15%	10万円
400万円 超	600万円 以下	20%	30万円
600万円 超	1,000万円 以下	30%	90万円
1,000万円 超	1,500万円 以下	40%	190万円
1,500万円 超	3,000万円 以下	45%	265万円
3,000万円 超	4,500万円 以下	50%	415万円
4,500万円 超		55%	640万円

（ロ）上記（イ）以外の場合（一般贈与財産、一般税率）

基礎控除後の課税価格		税率	控除額
	200万円 以下	10%	―
200万円 超	300万円 以下	15%	10万円
300万円 超	400万円 以下	20%	25万円
400万円 超	600万円 以下	30%	65万円
600万円 超	1,000万円 以下	40%	125万円
1,000万円 超	1,500万円 以下	45%	175万円
1,500万円 超	3,000万円 以下	50%	250万円
3,000万円 超		55%	400万円

1） 425,000円
2） 620,000円
3） 730,000円

解答・解説

正解 1

設問より、相続時精算課税制度は選択していないので、暦年課税制度での贈与となります。暦年課税制度では、受贈者が1月1日から12月31日までの1年間に受けた贈与財産の金額から、基礎控除額の110万円を控除した残りの額に贈与税が課税されます。

設問の場合、亜実さんが受け取った金額は、特例税率を使って計算します。

400万円＋60万円－110万円＝350万円
（イ）表に当てはめると、200万円超400万円以下に該当します。したがって、350万円×15％－10万円＝**425,000円**となり、1が正解です。

索引

英字

ア行

カ行

サ行

タ行

ナ行

ハ行

マ行

ヤ行

ラ行

書籍のお問い合わせ

　書籍に関するお問い合わせは、読者特典特設サイトのお問い合わせフォームまたは、郵送にてお送りください。

　なお、書籍内容の解説や学習相談等はお受けしておりませんので、あらかじめご了承ください。

　ご質問の内容によっては確認等に1週間前後要する場合や、お答えいたしかねる場合がございますので、あわせてご了承いただけますようお願い申し上げます。

> 書籍のお問い合わせは、本書企画・制作いたしました株式会社SAMURAI Officeより回答いたします。

● 法改正情報・正誤のご確認について

法改正情報・正誤情報は特設サイトに掲載いたします。
該当箇所が無い場合は、下記お問い合わせ先までお問い合わせください。

特設サイト：https://sugoibook.jp/fp

● お問い合わせ先

① 「お問い合わせフォーム」から問い合わせる

お問い合わせフォーム

https://sugoibook.jp/contact

② 郵送で問い合わせる

文書に書名、発行年月日、お客様のお名前、ご住所、電話番号を明記の上、下記の宛先までご郵送ください。

郵送先　〒160-0023
　　　　東京都新宿区西新宿3-9-7-208
　　　　株式会社SAMURAI Office書籍問い合わせ係

一般社団法人金融財政事情研究会　ファイナンシャル・プランニング技能検定3級学科試験、実技試験
（個人資産相談業務、保険顧客資産相談業務）
2020年5月11日【許諾番号】2005K000001

日本FP協会　3級ファイナンシャル・プランニング技能検定学科試験、実技試験（資産設計提案業務）
2021年4月7日【許諾番号】2104F000078

スゴい! だけじゃない!!
FP3級 テキスト＆問題集 2024-25年版

2024年5月31日　初版第1刷発行

著　者	**マイナビ出版FP試験対策プロジェクト**
発行者	**角竹輝紀**
発行所	**株式会社マイナビ出版**
	〒101-0003　東京都千代田区一ツ橋2-6-3 一ツ橋ビル2F
	電話　0480-38-6872（注文専用ダイヤル）
	03-3556-2731（販売部）
	03-3556-2735（編集部）
	URL　https://book.mynavi.jp/

編著者	マイナビ出版FP試験対策プロジェクト
監修	益山真一
執筆協力	中谷俊雄／鈴木暁子／古屋明美
カバーデザイン	大野虹太郎（ラグタイム）
本文デザイン	C.Room
編集	株式会社OSイースト
編集協力	長尾由芳、平田知巳、鈴木楓南、大友弥生
イラスト	東園子
DTP	トラストビジネス株式会社
印刷・製本	中央精版印刷株式会社
企画制作	株式会社SAMURAI Office

ISBN978-4-8399-8660-5